融合教育学校教学与管理

彭霞光 杨希洁 冯雅静 等◎编著

前　　言

　　二十一世纪以来，特别是党的十八大以来，我国特殊教育进入最好的历史发展时期，取得了重大成就。按照国务院统一部署，先后实施了第一期、第二期特殊教育提升计划，第一期、第二期特教学校建设工程和残疾人事业专项彩票公益金助学项目，各级政府财政投入大幅增长，财政保障能力大幅增强。总体上讲，我国特殊教育普及程度显著提高，特教学校办学条件得到较大改善，特教教师队伍不断壮大，特教学校课程教材建设、融合教育发展取得明显成效，特殊教育质量进一步提升。到2020年，全国共有特殊教育学校2244所，比2013年第一期《特殊教育提升计划（2014—2016）》实施之前增加了311所；在特教学校、普通学校就读及在籍享受送教上门服务的残疾学生共计88.08万，比2013年增加了51.27万；特殊教育学校共有专任教师6.62万，比2013年增加了2.05万。国家财政对特殊教育的投入大幅增长，特殊学校办学条件得到了进一步改善，课程、教材建设等取得了显著成效，总体上讲特殊教育规模、质量都得到了较大发展。

　　与此同时，在普通学校就读的残疾学生人数也创出历史新高，2020年达到了43.58万，比2013年的20.26万增加了23.32万，残疾儿童在普通学校就读的教育形式已成为我国普及义务教育的有效途径。在普通学校就读的残疾学生人数大幅增加得益于近十几年来随班就读相关法律法规政策的不断完善，特别是2017年新修订的《残疾人教育条例》及教育部《关于加强残疾儿童少年义务教育阶段随班就读工作的指导意见》《普通学校特殊教育资源教室建设指南》等。一系列法律法规文件的颁布及实施，使得在普通学校就读的残疾学生人均公用经费得到保障，普通学校建设的资源教室数量增加，普通学校特殊教师的配置也逐渐提上日程，普通学校无障碍设施建设等也都有较大的改善。总之，残疾学生在普通学校就读的规模及教育质量都得到了较快的发展及提高。

然而，在发展迅速的同时特殊教育领域也面临着诸多还未能及时解决或达成共识的问题，诸如一些概念性的问题，如何理解随班就读、同班就读、融合教育、全纳教育等概念之间的关系？如何有效应对在残疾学生入学后普通学校面临的学校行政管理及组织、班级管理、课程调整、课堂教学、评价评估等问题？本书基于学校随班就读典型及经验的梳理分析，在借鉴发达国家相对成熟的融合教育教学及管理模式的基础上，力图提出适合国情的学校随班就读教育教学和管理对策，引领普通学校为残疾学生提供有效、高质量的教育服务，使在普通学校就读的四十多万或未来更多的残疾学生得到适宜的教育。

本书共十一章：第一章梳理了随班就读、融合教育、全纳教育等相关概念及其之间的关系，旨在引起读者对上述概念及其关系的重视与讨论。此外，也介绍了欧盟和美国全纳教育的发展现状及目前全纳教育实践层面发生的些许变化，以期对我国未来融合教育发展有所借鉴。第二章讨论了融合教育学校的行政管理，包括政策与制度制定及如何建立支持干预体系。第三章主要聚焦学校的环境管理，包括创建包容友爱的文化环境及物理环境、环境无障碍及信息无障碍的建设。第四章聚焦随班就读的班级管理。第五章以融合教育学校的课程设置为主题，主要聚焦于课程调整，包括课程调整的原则、内容及方法等。第六章介绍了如何为残疾学生制订个别化教育计划。第七章聚焦随班就读的课堂教学。第八章探讨融合教育教师能力建设，包括教师的培训与培养。第九章介绍学校如何与家长合作，设立社区支持体系。第十章介绍了融合教育学校质量评价与评估，包括学生的多样化评估、考试便利及学校评估等相关内容。第十一章介绍特殊学校在融合教育中的功能地位及作用。另外，为了帮助读者理解相关内容，本书配有一些实例分析，供其阅读和思考。

  本书是中国教育研究院 2018 年年度基本科研业务费专项基金重点项目（B）（课题批准号：GYB2018011）研究成果之一。课题主持人彭霞光，主要承担课题研究设计策划、框架设计、组织协调、统稿等工作，并撰写前言及第一章。其他各章具体分工为：第二、六章由黄汝倩撰写，第三、四章由吴扬撰写，第五、八、十一章由冯雅静撰写，第七、九、十章由杨希洁撰写。本研究成果的出版得到了教育部基础教育司委托项目的部分经费支持，在此深表谢意。

  由于水平所限，疏漏在所难免，敬请广大读者批评指正。

编　者
2021 年 10 月

目 录

第一章 融合教育概述 ·· 1
    一、融合教育相关概念 ·· 1
    二、全纳教育起源及基本要素 ································ 10
    三、国际全纳教育发展经验与思考 ·························· 19
    四、中国融合教育发展建议 ···································· 29

第二章 融合教育学校行政与管理 ································ 37
    一、管理与组织职能 ··· 38
    二、学校政策与制度完善 ······································· 42
    三、行政与管理支持体系的建立 ····························· 53

第三章 融合教育学校的环境管理 ································ 57
    一、创建包容友爱的学校文化 ································ 58
    二、环境无障碍 ··· 69
    三、信息无障碍 ··· 77

第四章 融合教育学校的班级管理 ································ 85
    一、班级的教室环境创设 ······································· 86
    二、班级的课堂常规管理制度设立 ·························· 89

三、班级的应急行为管理……………………………………… 92
　　四、提供有效的课堂资源支持………………………………… 98

第五章　融合教育学校的课程……………………………………… 105
　　一、融合教育学校的课程设置………………………………… 105
　　二、融合教育学校的课程调整………………………………… 111
　　三、通用学习设计……………………………………………… 127

第六章　融合教育学校个别化教育计划的制订…………………… 131
　　一、个别化教育计划概述……………………………………… 131
　　二、个别化教育计划的特性和功能…………………………… 133
　　三、个别化教育计划的内容…………………………………… 134
　　四、个别化教育计划的制订…………………………………… 137
　　五、个别化教育计划的实施…………………………………… 144
　　六、个别化教育计划范例……………………………………… 149

第七章　融合教育学校的课堂教学………………………………… 159
　　一、教学调整的基本思路和方法……………………………… 159
　　二、教学调整的原则…………………………………………… 174

第八章　融合教育学校的教师……………………………………… 177
　　一、融合教育学校各类教师的角色和职责…………………… 177
　　二、普通教师融合教育素养的结构和内容…………………… 185
　　三、普通教师融合教育素养的培养和培训…………………… 189
　　四、资源教师能力建设………………………………………… 209
　　五、普通教师与资源教师的合作……………………………… 211

第九章　融合教育学校的家校合作 ………………………… 221
　　一、考虑"残疾"给父母带来的影响 ……………………222
　　二、和父母建立合作伙伴关系的原则 ……………………225
　　三、运用有效的沟通策略 …………………………………229
　　四、促进家校合作时学校应做的事 ………………………233

第十章　融合教育学校教育质量评价 ……………………… 235
　　一、结果导向融合教育质量评估：重视学生的发展 ……235
　　二、过程导向融合教育质量评估：重视学校提供的
　　　　服务 ……………………………………………………244

第十一章　特殊教育学校在融合教育中的作用 …………… 257
　　一、特殊教育学校的地位和角色 …………………………258
　　二、特殊教育学校的职能 …………………………………261
　　三、特殊教育学校与普通学校合作中的关键问题 ………269

第一章 融合教育概述

一、融合教育相关概念

在我国特殊教育领域,与融合教育概念相关的术语主要涉及随班就读、融合教育、全纳教育。有关三者的内涵与关系,许多著名的特殊教育专家、学者都曾有过论述与分析,但到目前为止业内还未达成共识,仍然处于研究、探索及逐步形成共识的过程中。笔者根据自己的理解及拙见,尝试分析三者的内涵及异同。

(一)随班就读

随班就读是指具有接受普通教育能力的适龄残疾儿童少年进入普通学校普通班,与普通儿童少年一起学习,平等接受并完成义务教育,是我国对残疾儿童少年实施义务教育的一种教育形式,是一种由政府主导、自上而下为解决残疾儿童少年义务教育问题而推行的特殊教育实践活动。

早期实施残疾儿童少年在普通学校普通班就读的初衷是为了提高残疾儿童少年的入学率而不得已采取的一种办学形式,其针对的主要教育对象是指有视力障碍(包括盲和低视力)、听力语言障碍(包括聋和重听)、智力障碍(轻度,有条件的学校可以接收中度)等的残疾儿童少年,后逐渐将残疾程度较轻的肢体残疾儿童纳入其中,此种教育形式称为残疾儿童随班就读,即残疾儿童要跟"随"普通儿童在班级内一起学习,在同一时间内学习相同的内容,需要基本完成同样的学习任务,最好通过同样标准的考试。如果不能够达到班级的平均考试成绩,则只能"随班混读",最后辍学。由此可见,残疾儿童少年随班就读的推行与实施本就不是适用所有适龄残疾儿童少年,那些残疾程度较轻且能够跟"随"普通儿童学习进度及学习内容的适龄残疾儿童才能够享受教育机会,随班就读并不是每个残疾儿童都能够享有的教育权利。

2017年,《残疾人教育条例》(修订版)的颁布与实施会推动普通教育系统逐渐消除任何"基于残疾的教育歧视",即普通教育体系不能基于残疾而排斥或限制残疾儿童入校学习,残疾人不仅享有平等接受教育的权利,而且其接受普通教育的权利也会逐渐得到保障,使更多残疾儿童少年能够最大限度获得与普通同伴一起学习的教育机会,即要尽最大可能,避免将残疾人排除在普通教育之外,推进残疾人与普通人融合教育的发展。只有确实有特殊需要、普通学校难于提供教育的残疾人才选择由特殊教育学校提供教育。

近几年来,残疾儿童少年随班就读在残疾儿童少年数量、残疾类别、特殊教师配置、资金保障等方面都相继发生了很大变化。首先,随班就读残疾学生在校生数量2020年已经达到了43.58万,超过了2010年在校残疾学生总数(特殊学校、随班就读及附设特教班残疾学生总数),是2010年随班就读在校学生人数的1.7倍多。其次,随班就读残疾学生类别更加复杂,不仅包括视力障碍、听力障碍及智力障碍等"三类"残疾儿童,而且还包括肢体障碍、孤独症、脑瘫及少量轻度多重障碍学生。最后,随班就读支持保障体系建设更加完善,特别是越来越多的普通学校开始根据需要及要求建立特殊教育的资源教室。2016年教育部办公厅印发了《普通学校特殊教育资源教室建设指南》，文件要求接收 5 名以上残疾学生的普通学校应该设立相对标准的特殊教育资源教室，并安排专职资源教师。对于招收不足 5 人的普通学校，也应该依据学校条件设立简单且相对固定的残疾学生补救教学场所。由此可见，随班就读在实践层面上不仅仅是"随"，而是更加强调提供支持辅助措施以便残疾学生能够更好地"读"。有些学者提出应该将"随班就读"称谓改为"同班就读"，以体现残疾儿童与普通儿童在教育过程中的同等地位。鉴于国家现行的法律法规及政策中仍沿用"随班就读"，且随班就读在特殊教育实践层面有着较为广泛的辨识度，因此继续使用有其合理性。

（二）融合教育与全纳教育

之所以将融合教育与全纳教育放在一起讨论，是因为早期大多数特殊教育专家认为，全纳教育和融合教育是由"Inclusive Education"翻译而来，中国台湾、香港等华语地区翻译为融合教育，而我国大陆地区将之翻译为全纳教育，二者之间基本上没有差别，只是中国大陆与港澳台地区不同翻译称谓而已。

全纳教育最早是由特殊教育专家学者陈云英博士根据"Inclusive Education"翻译而成，2004 年由其领衔将联合国教科文组织出版的书籍 *Open File on Inclusive Education* 翻译成《全纳教育共享手册》，2005 年联合国教科文组织发布的《全纳教育指南：确保全民教育的通路》也使用了"全纳教育"。此后相当长的时期内，特殊教育学界发表的特殊教育相关文章、论文、译著等基本都使用了"全纳教育"，比如 2003 年黄志成等著的《全纳教育——关注所有学生的学习和参与》一书，2008 年国务委员刘延东同志在第 48 届国际教育大会第一次全会上代表中国政府的发言"推进全纳教育，促进和谐世界建设"等稿中都使用了"全纳教育"。随着国际交流的日益扩大，有些特殊教育专家学者[①]认为"全纳教育"未能翻译出"Inclusive Education"中包含、融合的意思，应该采用港澳台地区普遍使用的"融合教育"更为妥帖，也便于华语地区顺畅沟通交流。此后至今，"融合教育"出现的频率远高于"全纳教育"。到目前为止，"Inclusive Education"到底应该翻译成"全纳教育"还是"融合教育"，一直未能达成共识。

政府特殊教育文件中两者使用的情况如何？政府相关特殊教育文件中"全纳教育""融合教育"都曾出现过。第一期《特殊教育提升计划（2014—2016）》在总体目标上使用了"全纳教育"，提出要"全面推进全纳教育，使每一个残疾孩子都能接受合适的教育"；在主要措施部分提到了要"探索建立特殊教育学校与普通学校定期举行交流活动的制度，促进融合教育"。2017年修订实施的《残疾人教育条例》中则选择使用了"融合教育"，在其总则第三条中指出"积极推进融合教育，根据残疾人的残疾类别和接受能力，采取普通教育方式或者特殊教育方式，优先采取普通教育方式"。第二期《特殊教育提升计划（2017—2020）》则遵循了上位法《残疾人教育条例》（2017年修订）的用法，通篇使用了"融合教育"。由此看出，早期特殊教育学界及政府文件或文稿使用"全纳教育"较多，而《残疾人教育条例》（2017年修订）实施后使用"融合教育"频率较高。近年来学术研究中则更倾向于使用"融合教育"。

到底如何理解全纳教育与融合教育？二者是否仅是因不同地区翻译差异而完全可以相互替代还是有些许差异？不同的研究者可能有不同见解和看法。笔者比较赞同华东师范大学方俊明教授《从融合到全纳：面向2030的融合教育新视野》一文中的观点[②]，即全纳教育

---

① 黄志成. 全纳教育——关注所有学生的学习和参与[M]. 上海：上海教育出版社，2004：5.
② 董奇，方俊明，国卉男. 从融合到全纳：面向2030的融合教育新视野[J]. 中国教育学刊，2017（10）：31-35.

是融合教育发展的新高度,是对一般意义上融合教育的突破和超越,也是融合教育的终极目标。从隔离到融合,再到全纳的转变,是对教育的终极价值深刻反省后的必然选择,是人类特殊教育思想的历史性超越。笔者认为,如果"全纳教育是通过增加学习、文化和社区参与,减少教育系统内外的排斥,应对所有学习者的多样化需求,并对其做出反应的过程"[1],那么融合教育可以看作是实现全纳教育目标的重要点位或阶段性成果。全面实现全纳教育目标并非一蹴而就,需要对常规的普通教育体制实施变革与调整,可能涉及变革教育内容、教育途径、教育评价、教育结构、教育战略等方方面面,而所有这些变革与调整都需要一定的时间和过程才可能达成。在此进行性的过程中,普通教育体系内允许某些时刻将普通班内就读的特殊需要学生抽离并单独提供辅导与帮助,允许对中重度或多重残疾学生单独设立特殊教育班或资源班,甚至允许在家长同意或要求下将极重度或多重残疾学生安置在独立的特殊学校。这些做法也许对特殊教育需要学生来说不那么完美或适宜,存在着一定程度的隔离甚至歧视,与全纳教育的理念有些许不同或背离,但如果这样做已经是现有普通教育体系下的最佳实践选择或状态,也应该具有一定的合理性和实践意义,特别是对于经济还不太发达的国家或地区更有实践操作价值。为了有别于全纳教育,可以将这种在普通教育体系下为特殊需要儿童提供教育的方式称为融合教育,这也是一种非常合情合理的现实选择。

早期欧美国家理论研究者有时会使用"FULL INCLUSION"表述一种更完美、更理想的融合状态,甚至反对任何形式的标签化,认为公立的教育系统不应给儿童贴上普通或特殊的标签,也不应该给儿童贴上何种类别的残疾标签,所有适龄儿童都必须在普通学校的普通班

---

[1] 朱小蔓. 全民教育全纳化:教师的准备与行动[J]. 教育学术月刊, 2009 (07): 3-5+18.

学习，甚至反对将特殊需要学生从普通教室抽离，单独为其提供特殊教育服务。但随着理论学者倡导的愿景与学校实操层面的现实困境之间碰撞与磨合，早期推行全纳教育相对比较"激进"的欧美国家逐渐开始反思，一些国家如瑞典、挪威等尝试在学校实践层面做些调整，如增加普通学校特殊班数量，提高特殊需要儿童单独辅导时间等。欧盟特殊需要和全纳教育机构（The European Agency for Special Needs and Inclusive Education）在2018年欧盟国家特殊教育与全纳教育的研究报告中表明，29个国家或地区仍然平均有30.24%特殊需要学生在特殊学校就读，其中意大利有0.88%，法国有17.23%[1]。由此看出，对于重度、极重度或多重障碍儿童的教育，特殊学校这一形式即使在融合教育水平比较高的国家仍然占有一席之地。检索近十几年来欧美发达国家的研究论文或理论论述等发现，"FULL INCLUSION"使用频率有相对减少的趋势。

综上所述，笔者认为可以这样理解全纳教育与融合教育的关系：

第一，尽管全纳教育与融合教育的理论基础及价值取向相同，但在其内涵上还是有些许不同，不能完全互相替代。

第二，融合教育简单来说就是指残疾学生在普通学校就读，包括普通班随班就读和特殊班就读两种形式，其内涵与英文"Mainstream Education"接近。

第三，融合教育与全纳教育应该是同一事件发展过程中的不同阶段，融合教育可以看作是实现全纳教育目标的重要点位或阶段性成果，全纳教育是融合教育的更高级发展阶段。在学校实践操作层面，可以参考欧盟特殊需要和全纳教育机构的界定，即在普通班与普通学

---

[1] European Agency for Special Needs and Inclusive Education. European Agency Statistics on Inclusive Education: 2018 Dataset Cross-Country Report[EB/OL]. https://www.european-agency.org/data/cross-country-reports,2021-9-18.

生一起学习时间超过80%以上的随班就读学生，可以称其为在全纳教育环境（Inclusive Settings）下学习。如果其在普通班学习时间低于80%，但绝大部分时间是在普通班，可以称其为随班就读学生。如果其绝大部分时间抽离普通班，接受额外的特殊教育服务，则应称其接受的是特殊班或资源班的教育服务方式。

第四，全纳教育的实现应该需要具备一定的标准，诸如一元制教育体系，即所有儿童都可以无歧视地进入普通学校，而不再根据其是普通或残疾来确定。不仅如此，所有学生在需要时都可以得到适宜的特殊支持与相关服务。

第五，鉴于欧美发达国家融合教育发展水平比较高，其远远超过80%的特殊需要儿童在普通学校普通班接受教育，因此在介绍欧美发达国家的特殊需要儿童教育时应该将"Inclusive Education"翻译成全纳教育，而不是融合教育。

（三）随班就读与融合教育

有学者建议应该将随班就读更名为"同班就读"，是否有必要？笔者认为没有太大的必要。尽管随班就读的"随"字缺乏对残疾学生的"支持"与"尊重"，暗含着残疾学生在普通班中的从属地位，但毕竟随班就读已经存在了几十年，而且现在实施的法律及法规政策文件中都在使用随班就读这一概念，如果将其名称更换为"同班就读"，可能会带来许多不便和工作上的麻烦。事实上，随班就读教育质量不高不是随班就读"随"字的问题，而是国家经济发展、社会大众态度、教育机制体制等多方面原因，即使将随班就读更改为"同班就读"，如果其他因素不调整、不改变，随班就读存在的诸多挑战与问题仍然不会得到解决。因此，将随班就读更改为"同班就读"以便从字面上体现残疾学生与普通学生具有同等的权利、同等的地位及享有同等质量的教育[①]并不是那么必要，重要的是国家政府应该积极实施普通教育改革，诸如在招生入学、教师培养、基层学校教师配置、经费拨款、教学方法及策略、评估考核等方面，推动普通学校不仅能够敞开大门接收残疾儿童，而且能够积极有效地提供支持措施，保障所有学生包括残疾学生得到有质量的教育，即便仍然沿用随班就读一词，但已经赋予了其更加积极有意义的内涵。因此，现阶段将随班就读更改为"同班就读"没有必要，也没有意义。

随班就读与融合教育应该是怎样的关系？如果从概念的内涵上看，融合教育等同于残疾学生在普通学校就读，包括随班就读和特殊班两种类型。如果单纯从随班就读的形式或物理环境及残疾学生在普通班的学习时间看，随班就读更接近于欧洲国家在实践操作层面上的"Inclusive Education or Settings"（全纳教育或环境）。因为从形式上看，都是就近入学，残疾学生与普通学生一起学习，并且大多数随班就读的残疾学生基本能够保障与普通同伴一起学习的时间超过80%，某种程度上体现了残疾学生与普通学生、特殊教育与普通教育相融合的思想。但从理念及实践层面的现实状况看，随班就读确实与"Inclusive Education or Settings"还有较大不同。表现在：首先，随班就读不是针对所有残疾儿童提供的一种教育权利，而是针对那些"具有接受普通教育能力"或"适应普通学校学习生活"的残疾儿童的一种有准入条件或标准的安置形式，也就是说随班就读并非是每个适龄残疾儿童少年都能享有的教育权利，只是为比较聪明、适应普通教育比较好的残疾儿童提供的一种教育服务。而融合教育则强调的是所有适龄学生都应可以在普通学校就读，是一种权利、一种选择而不是一

[①] 邓猛，景时. 从随班就读到同班就读：关于全纳教育本土化理论的思考[J]. 中国特殊教育，2013（08）：3-9.

种恩惠，不仅是病弱、双语、残疾等类型的学生，甚至包括严重的多重残疾学生，都有权利选择在普通学校学习，除非存在不能在普通学校就读的合理原因；其次，随班就读将"残障学生的自身条件（即她/他的生活能否自理、能否跟上教学进度）作为判断其能否进入普通学校的前提，要求学生适应学校，而不是学校想办法支持学生"[①]，也就是说残疾学生能"随"便"随"，否则就应该转学或辍学。由此可见，随班就读与融合教育在理念及实践层面上有所差异。

尽管从目前来看，随班就读与融合教育仍然存在着一定差距，但不管怎样，残疾儿童随班就读体现了融合教育的思想与理念，可以说是融合教育的初期发展形式或重要节点。随着国家和政府对随班就读越来越重视，一系列推动残疾人融入普通教育体系的政策与措施相继出台，诸如随班就读的残疾学生享受与特殊教育学校残疾学生相同的生均公共经费标准，招收5个以上残疾学生的普通学校必须建立资源教室并配备专职资源教师等。相信不久的将来随班就读会进入新的发展阶段。

综上所述，有关随班就读、同班就读及融合教育相关问题归纳总结如下：

第一，残疾学生在普通班就读，最好仍然称为随班就读，但需要加大对随班就读残疾学生的支持与辅助力度，诸如消除残疾儿童进入普通学校准入门槛，调整普通学校的设施设备及教师配置以便学校有能力为残疾学生提供个性化教育服务，采取更加有效的措施促进残疾学生与普通学生的彼此"认同"及"尊重"，以便使随班就读的教育质量确实得到有效保障。

[①] 倪震，崔凤鸣，郭锐. 连载系列之十一：随班就读和融合教育有什么区别？融合与发展：关于残障的法律手册[EB/OL]. http://blog.sina.com.cn/s/blog_72c88fcb0102x2hu.html. 2016-09-24.

第二,将融合教育定义为残疾学生在普通学校就读,包括随班就读和特殊班两种形式。推动融合教育的发展就等于不仅推动随班就读的发展,也推动特殊班的建设和发展。随着新修订的《残疾人教育条例》(2017年修订)的贯彻与实施,普通学校需要依法接收需求更加多样化的残疾学生,但并不是所有残疾学生都能完全适应普通班的学习,普通学校除了需要提供更加灵活弹性、多样化的学习活动和课程设置以外,也需要针对智力障碍、情绪行为障碍等残疾程度较重的残疾学生设立特殊班,使这些学生既能享受融合教育的益处,又不给普通班级教师和学生带来困扰。因此普通学校应该根据需要建设更多的特殊班,以便使每一个学生都能学有所得。

二、全纳教育起源及基本要素

(一)全纳教育起源

有关全纳教育的起源与发展的论述较多,为了保持篇章完整性,在此进行简单回顾与介绍。全纳教育经历了不同的发展阶段。传统的特殊教育是将被鉴定为残疾的学生安置在专门为他们建立的特殊学校或机构内,通常这些特殊学校的设施相对比较齐全,教师是接受过专业训练的,残疾学生大多在校住宿,基本与有同样残疾的学生在一起,与家庭、社会接触较少。这种隔离封闭的特殊学校教育对残疾学生回归社会非常不利。从20世纪60年代开始,一些国家(特别是北欧国家)受国际有关人权议题的一系列公约、宪章等的影响,开始反思特殊教育学校这种教育形式对残疾人发展及社会化的不利影响,提出应该最大限度地将残疾学生安置在普通学校的普通班级接受教育,与普通学生一起学习和生活。"回归主流"思想的出现使残疾学生能够有机会与普通学生共同学习,为普通学校在"零拒绝""最少受限制环境"的原则下给残疾人提供教育奠定了基础。这种新型教育的出现拉开了全纳教育初期探索的帷幕。

在全纳教育的形成和发展过程中，国际组织或机构，特别是联合国教科文组织的积极推动发挥了重要的作用，其中三次国际性教育大会发挥了直接作用。1990年"世界全民教育大会"（World Conference on Education For All）上通过的《世界全民教育宣言》提出了："教育是人的基本权利；全民教育的目标是满足所有人基本的学习需要。残疾人的学习需要应受到特别的关注。必须采取措施为各类残疾人提供平等的受教育机会，并且使这种教育成为教育体系中的一个组成部分。"1994年"世界特殊需要教育大会"上通过的《萨拉曼卡宣言》正式提出融合教育和融合性学校的理念，即每个人都有其独特的个性、兴趣、能力和学习需要，学校要接纳全体儿童，并满足他们的特殊教育需要。2008年第48届国际教育大会以"全纳教育：未来之路"（Inclusive Education：the Way of the Future）这一主题强调现有的教育体系应当承担教育全部儿童的责任，不仅能够承担教育天才儿童、普通儿童的责任，也要承担教育残疾儿童、学习困难儿童及所有处于不利处境儿童的责任，承认并尊重他们的多样性，并且为这些学生提供友好的学习环境和多样的学习机会。

联合国教科文资料表明，世界各国教育体系中存在着排斥和歧视处境不利的弱势群体的现象，改变或减少这种排斥和歧视现象的最有效办法是让普通学校逐步实现融合，尊重学生的多样性，接纳所有儿童包括残疾儿童，最终引领实现一个融合的社会。融合社会的表现不只是城市的盲道、坡道等无障碍设施的修建，还包括人们心中"无障碍""无偏见"地去接纳残疾人。因此，不仅残疾人需要融入社会，同样，普通人也需要融入残疾人的世界，只有这样才能打造一个公平、和谐的社会。许多发达国家及国际组织已经达成"全纳教育是未来教育发展归宿"的共识，通过制订实施有效教育政策、破除普通教育体系机制体制障碍、完善教师培养与培训等使残疾人在普通教育系统中获得必要的支持和便利，推动全纳教育的发展。

（二）全纳教育基本要素

1. 全纳教育的价值理念

诸多研究论述了全纳教育的理念、价值取向，综合梳理分析其基本要素如下：

第一，人与人之间的差异并不意味着人与人之间是不平等的，并不构成人与人之间高贵与低贱。相反，每个人都有独特的价值和能力，所有人都能做出贡献。教育的责任就是给予每个人平等的机会，让每个人都做出独特的贡献。

第二，教育不是少数人的特权，是所有人的基本人权。所有人都是平等的。所有儿童都有接受教育的权利。为残疾儿童提供的教育不是对其特别的恩赐，是其应该享有的基本权利。

第三，所有人都是可以学习的。所有学生包括残疾学生甚至是严重的残疾学生都能学习，都能取得成功，且能学会成长。尽管这种学业成功并不是以同一种方式获得、在同一时间完成或以同一标准衡量。"残疾学生并不是不能学习"，只不过是以一种独特的方式来学习。因此，教育系统不应拒绝、排斥、歧视那些边缘化儿童，包括残疾儿童少年。设置任何入学限制性条款都可以解读为对某一群体的拒绝、排斥或歧视。教育应该关注每一个学生的发展，做到平等地对待每一个学生，而不是只关注一部分学生，歧视或排斥另一部分学生。

第四，教育系统应该关注所有学生，正视、善待所有人的差异。人与人之间是有差异的，正视、善待差异是融合教育的出发点和归宿。差异不是缺陷，不是有待克服的障碍，而是一种实际存在的现象，承认它、接纳它、尊重它才是正确的态度，如此才能有效利用差异带给我们的可供挖掘的教育资源。满足每一位学生的特殊教育需要，特别是要重点解决那些处于处境不利的弱势群体、易边缘化者和易遭排斥者的学习需要，不仅仅是残疾儿童，也包括诸如患病儿童、少数民族儿童、贫困儿童、留守及流动儿童、边远地区的游牧民族儿童、其他有特殊需要儿童等所有可能被边缘化和遭歧视的儿童。

第五，教育公平与平等并非是指要所有儿童表面上、形式上看起来都一样。班级内所有学生都必须在相同的时间内学习完全同样的课程、经历完全一样的学习过程、参加同一标准的考试仅是所谓"形式上"的公平，完全忽视了身体、能力及其他特点的不同，蕴含着更大的"结果不同"。因此，教育公平与平等绝不仅仅是要保障入学机会的平等，事实上，忽视残疾学生的特殊需要而追求"形式上"的平等等于扼杀残疾儿童少年的学习机会。公平与平等更应该关注和聚焦于"过程与结果"的平等，即根据残疾学生的需要通过恰当的课程设计、有效教学策略的采用和内容的有序安排、教学资源的合理利用等为其提供必要的支持保障，以保证其与其他学生一样享有高质量教育。

总之，全纳教育的理念是多维的。就人权而言，受教育是人的基本权利，特殊需要学生包括残疾学生也有基本的教育权利，学校应该"无差异"地接收接纳所有学生，而不应该接收一些学生而排斥另一些学生。就价值观而言，所有人都是可以学习的，而且能学会成长且都能取得成功。成功并不是以同一种方式获得、同一时间完成或同一标准衡量。就民主而言，学生和教师一样是学校生活的主体，每一个学生都要积极参与教学活动并发挥自己的作用，而不是特殊需要学生只被允许参加一些非学术的活动或教学。就课程设置而言，强调优先向所有学生提供普通课程，采取有效的策略满足学生个体的特殊需求。课程设置应该适应学生的需要,而不是让学生去适应课程的需要。就教学策略和方法而言,全纳教育倡导团队合作的策略。就教师而言,强调跨学科教师之间的合作或协作;就学生而言,强调学生之间的友爱互助,小组同伴之间的合作教学或协作,每个人都是主角,每一个人都学有所得。

2. 全纳教育基本要素

实施全纳教育至少需要做到以下几个方面:

第一,保障所有残疾儿童(不是选择部分轻度的残疾儿童)或是所有处于处境不利的儿童享有平等的入学机会。残疾儿童达到了法定入学年龄,应该像普通儿童一样,申请在其户籍所在地或者居住地就近入学。各级各类学校在接受残疾儿童入学时均应实施"零拒绝"的注册原则,让每个残障儿童以机会均等的原则与其他学生一样享有入学的权利,并尽可能进入与残疾学生年龄相当的普通班级接受教育。

第二,所有残疾儿童都应该优先考虑普通学校普通班的教育安置,若在普通班中残疾儿童已被提供了额外的辅助和服务,仍不能完成既定的教育目标或感到不满意,这时才可以被安置在特殊班、特殊学校或隔离式教育机构中。特殊班级、隔离式特殊学校或其他将残疾儿童从普通教育环境中分离出来的举动,只适合那些因残疾性质或严重程度使得即使学校额外提供了辅助服务也不能取得预期成就的学生,只有在这种情况下残疾学生才可以被允许从普通班抽离或安置在隔离的特殊班、特殊学校等。即使安置在特殊班级、隔离式特殊学校的残疾儿童,包括公立或私立机构或其他养护机构中的残疾儿童,都应该尽可能接受与普通儿童一起参加活动、学习的机会。

第三,普通教育体系必须为包括残疾儿童在内的所有儿童提供有效的教育服务。残疾儿童在普通学校就学并不是不需要特殊教育服务，他们之所以被界定为残疾儿童必然是有其特殊需求。由于普通学校教育环境、教学课程等是针对普通儿童设计，残疾儿童可能无法从普通儿童的教育活动中获益，因此需要教育行政部门或普通学校为残疾儿童提供保证其接受有效教育并从中获益的任何相关服务和辅助技术，包括清除环境中妨碍残疾人活动的障碍、提供特殊交通工具、配备所需的特殊教育专业教师、配备所需的特殊设备或辅助用具、提供所需的专业康复服务等。同时需要增强为残疾儿童提供不同形式服务的意识，如为了使残疾学生不落后，在残疾学生与普通学生一起参加学区考试的时候，为一些轻度残疾和中度残疾的学生提供额外的时间、为严重低视力的学生提供大字考试卷、为盲人提供盲文试卷等便利条件。因此，残疾儿童不仅需要在普通教育课堂学习的机会，也需要特殊教育的服务支持。

第四，残疾儿童接受义务教育应该是全部免费的。残疾学生比普通学生的教育花费多。残疾学生应享有和普通学生相同的"两免一补"政策，然而，从事实上看，残疾学生并没有完全享受到"免费"义务教育，因为残疾学生家长或监护人仍然需要支付普通家长不需要支付的诸如食宿（住校）、交通（往返特殊学校）、康复训练、辅助用具等费用，其经济负担远远重于普通儿童家长。"一个残疾孩子可以拖垮一个中等收入的家庭。"因此，实施融合教育需要政府承担所有教育费用并补助其他所需费用，保障残疾儿童不因家庭贫困而上不起学。

根据联合国教科文组织 2009 年出版的《全纳教育政策指导方针》（*Policy guidelines on inclusion in education*）、2016 年出版的《课程发展培训工具》（*Training Tools for Curriculum Development*）和 2012 年出版的《解决教育中的排斥问题：使教育系统走向融合与公正的评估指南》（*Addressing Exclusion in Education: a Guide to Assessing Educating*

Systems Towards More Inclusive and Just Societies），以及香港特别行政区政府教育统筹局编制的《照顾学生个别差异——共融校园指标》、理查德和杰奎琳（Richard & Jacqueline）根据美国特殊儿童理事会全纳教育工作论坛上确定的全纳学校 12 特征开发研制并出版的《全纳教育检核表：自我评估的最佳实践》（*Inclusive Education Checklist: a Self-Assessment of Best Practice*）等综合分析梳理，全纳教育内涵在安置、行政、相关服务、课程安排、教师、同伴等方面应该及不应该的要素如下表所列：

表 1-1 全纳教育的应该与不应该

	全纳教育应该	全纳教育不应该
理念方面	1. 所有儿童都应该享有受教育的权利，享有在普通学校学习和生活的权利； 2. 每一个儿童都有能力学习，并有能力在普通学校里学习和生活； 3. 每个个体都是全纳学校的重要成员，都能获得他人的认同和支持。	1. 只有那些几乎能够完成普通儿童能够完成的任务的残疾儿童才应该就读普通学校； 2. 重度或极重度的残疾儿童应该在特殊学校就读或待在家里； 3. 就读于普通学校的残疾学生仅可以上如体育、音乐、艺术等课程或参与其他非学术活动。
安置方面	1. 所有儿童都可以进入学区内的普通学校，并能够与同龄或相近年龄的普通学生一起学习； 2. 尊重每一个儿童的差异及独特需要，并尽最大可能提供适宜的相关服务； 3. 提供的支持辅助服务尽可能在班级内，只有非常必要的情况下才会提供"抽离（FULL-OUT）"服务。	1. 残疾学生优先考虑安置在特殊学校或其他非正规教育形式的机构； 2. 普通学校只接收那些能够轻松适应普通学校学习的残疾学生； 3. 残疾学生优先考虑安置在特殊班，特殊班设在学校校园的边缘角落； 4. 普通班只接收肢体残疾、有较好残余视力或听力及其他轻度障碍的特殊需要儿童； 5. 将年龄较大的残疾学生安置在年龄较小的普通学生的班级。

续表

	全纳教育应该	全纳教育不应该
行政方面	1. 学校有明确持续改进的全纳教育支持政策、各种支援及应急制度等，制订了奖励或激励措施； 2. 学校校长及其他行政人员与全体教职员工共同承担责任；学校协调各种支援措施及资源； 3. 学校为班级上有残疾学生的教师提供必要且适宜的支持； 4. 学校为教师专业化发展提供支持与便利。	1. 学校个别行政人员参与特殊需要学生的具体事务； 2. 期待普通教师教育好残疾学生，但却没有提供任何支持； 3. 学校期望教师是全能教师，能够应对所有残疾学生的教育教学； 4. 学校的行政会议几乎很少涉及残疾学生的教育问题； 5. 学校的集体活动不要求残疾学生参加或参与。
相关服务方面	1. 根据个体需要提供相关服务，诸如盲文、手语、语言、各种康复治疗（PT、OT、音乐治疗等）； 2. 学校尊重家长对孩子未来的期望，重视家长对学校教育教学的建议及意见，并定期与家长有效沟通交流； 3. 以团队合作的方式（包括父母）为学生规划制订教育方案，并定期针对问题展开讨论积极解决； 4. 学校需要对疑似学生建立或完善初级观察与监测、针对性观察与评估及支持干预反应等体系，确保及时发现问题学生并采取应对措施； 5. 各种专业人士协助残疾学生，使其能够融入班级； 6. 学校环境设施设备符合《无障碍环境条例》要求。	1. 将残疾学生安置在普通班，教育教学由其相关教师完全承担； 2. 较少与父母们讨论、沟通交流； 3. 较少安排教师助手、特殊教育专业人士在课堂内提供帮助； 4. 由于没有经费或资源，学校不提供诸如 OP、PT、定向行走、盲文、手语等额外服务； 5. 如果学生需要，家长需要自行购买盲板、盲笔、盲文打字机、盲杖及手语翻译器等学习所必需的用品或用具； 6. 学校只是安排特殊学生就读在普通班，但对其所需的支持、服务及参与人员等没有规划和安排； 7. 学校不具备坡道、电梯等设施供需要坐轮椅的学生使用。

续表

	全纳教育应该	全纳教育不应该
课程安排方面	1. 课程内容设置考虑了所有儿童的需要； 2. 所有学生均能参加课堂学习，为了达成不同的教育目标一起学习； 3. 强调合作及整合特殊、普通教育资源； 4. 普通教育教师能接受不同的学生使用不同的学习方式，并创新学习策略； 5. 提供特殊学生大量参与班级及学校活动的机会； 6. 安排特殊学生在社区内接受职业训练； 7. 所有学生达到与他们的能力相符的、高水平的学业成就； 8. 学生可以根据自己的特点确定学习的进度与方式，学习材料是具体的、有意义的和有区别的； 9. 学校的评估方式多样化，确保每个学生都在朝着自己的目标前进。	1. 课程设置根据国家对普通学校的要求和规定，不做任何更改与调整补充； 2. 班级内没有其他教师助手或特殊教师协助，导致残疾学生无法得到关注或照顾； 3. 所有学生在相同的时间，以相同的方式，学习相同的内容； 4. 只安排特殊学生在午餐时间及其他时间与普通学生一起； 5. 班级内单独设立特殊学生座位，特殊学生绝大部分时间接受单独辅导； 6. 允许特殊学生可以不用学习绝大部分课程内容，也可以不参加考试。
教师方面	1. 教师、其他教育者和教辅人员都接受过培训，无条件接纳特殊学生； 2. 教师资源相对固定也具有一定的灵活性，根据学生情况按需配备； 3. 教师们密切合作，一同制订、推行与检讨教育计划； 4. 教职员利用所有可能的资源，关注和支持协助所有学生的学习； 5. 课堂教学能切合学生的个体需要； 6. 当学生需要时，总能提供最大可能的支援与支持； 7. 教师们的专业多样化，具备为特殊学生提供教育教学及康复服务的能力； 8. 教师对特殊学生有耐心并有适度期望。	1. 教师们的专业背景是普通教育； 2. 极少数教师接受过一些特殊教育方面的培训；其他教育者和教辅人员没有接受相应的培训； 3. 教师编制依据普通学生人数按比例配备； 4. 班主任教师拒绝残疾学生在普通班级获得服务； 5. 教师及管理者常常在不经意间将特殊学生暴露在不必要的公开场合中； 6. 教师的课堂教学方式多为满堂灌，主要以班级中等水平学生的能力为基准，按教学大纲统一教授； 7. 即便有特殊教师，为了规范管理也将普通教师、特殊教师隔离开。

续表

	全纳教育应该	全纳教育不应该
同伴方面	1. 每个学生都秉持所有人都一样，都具有价值这一观念； 2. 特殊学生与普通学生互相帮助，关系融洽。	1. 支持将特殊学生和普通学生隔离安排； 2. 给特殊学生贴标签，如弱智班或瞎子班等； 3. 将特殊学生安置在普通班之前，没有做任何准备工作。

三、国际全纳教育发展经验与思考

国际社会上全纳教育发展最为先进的当属欧美发达国家，这些国家率先开始关注、研究、实施全纳教育，至今已数十年，积累了实践层面的发展经验及做法，同时对全纳教育实践层面存在的一些困惑及挑战也一再思考，这些经验、做法及困惑也许对我国未来特殊教育的发展有些借鉴意义。

（一）全纳教育实践的经验与做法

欧美各发达国家的全纳教育实践各有其独特的历程、途径及模式。美国不过分强调残疾儿童必须在常规的普通班学习，而是注重遵从"最少受限制的环境"。意大利则相对比较"激进"，推行完全全纳教育（Full Inclusive Education），几乎关闭了所有特殊教育学校[①]，在普通班就读且与普通学生一起学习的时间超过80%的残疾学生占法定残疾儿童总数的比例达到99.12%，英国及德国则有较大不同，在普通班就读且与普通学生一起学习的时间超过80%的残疾学生占法定残疾儿童总数的比例则分别为51.96%和43.39%，也就是说英国和德国仍

① 贾利帅. 激进的改革：意大利全纳教育发展历程评析[J]. 中国特殊教育，2017（06）：25-32.

然有48.04%和56.04%的残疾学生在普通班学习的时间低于80%，而其安置方式被界定为特殊班安置或独立的特殊学校安置[①]。尽管欧美各国全纳教育实践的做法各有不同，但仍有必要归纳概括其发展经验与做法。

1. 推动舆论形成共识

由于全纳教育强调在已有教育体系内实施改革使其能够接纳并尽最大可能满足所有学生的教育需求，但并不是所有人都能理解和支持，可能会面临来自教育体系内及政府其他层面的阻力及挑战，因此需要推动舆论宣传攻势（特别是在初期），逐渐形成舆论共识[②]。残疾人权利维护者、残疾人家长团体、专业研究人员及媒体等群体的关注、讨论及支持非常重要，推动特殊教育学校与普通学校等教育机构对话与讨论，这有助于教育系统形成共识与合力，增强教职工的责任感，推动全纳教育实践的深入发展。

2. 政府承担主导职责

全纳教育始于基础教育，各国的基础教育大多是由政府主导，因此政府有责任确保每一个适龄儿童都能接受基础教育。如果基础教育领域存在或保持着排斥"处境不利或边缘"儿童少年接受教育的现象，则全纳教育理论倡导的愿景不可能实现。政府通过修订或调整法律法规、制订推动全纳教育发展规划、利用教育经费分配优先顺序、提供相关教师培养和培训等推动全纳教育实践的发展。

[①] European Agency for Special Needs and Inclusive Education. European Agency Statistics on Inclusive Education: 2018 Dataset Cross-Country Report[EB/OL]. https://www.european-agency.org/data/cross-country-reports,2021-9-18.

[②] 陈云英,杨希洁,赫尔实. 全纳教育共享手册[M]. 北京：华夏出版社,2004:4-6,14-15.

3. 调整法律法规中有关条款内容

从实施全纳教育的初期就着手清除现有体制中妨碍推行全纳教育实践的障碍。欧美发达国家在推行全纳教育初期，不仅立法推行全纳教育发展，同时也要扫除已有法律或教育政策中存在的有关学生入学制度中歧视残疾儿童少年的条款内容，为推行全纳教育实践扫除法律法规方面的阻碍，诸如"某一类残疾儿童应该在特殊教育机构学习"，或普通教育法律中"普通学校可以拒绝接收不适合普通教育的残疾儿童入学"等。此外也要检讨教育系统中教育经费分配制度，使其成为鼓励普通学校接收特殊需要儿童入学的积极因素。总之，要尽可能扫除教育系统内一切不利于全纳教育实践的因素。

4. 将特殊教育与普通教育管理体系统合

许多国家在推行全纳教育初期，特殊教育与普通教育管理体系是各自独立的，其主管部门、管理人员、决策过程及经费来源等都各不相同，这种"双轨"或"分设"的教育管理体制是推行全纳教育实践的体制障碍[①]。欧美发达国家在全纳教育实践的早期，克服重重困难逐渐将普通教育与特殊教育合并。比如，美国联邦教育部没有下设普通教育部门和特殊教育部门，而是设有级别较高的特殊教育和康复服务办公室，承担教育系统中有关特殊教育、康复服务或教育和康复研究等职责，以便协调、沟通、监督及研究教育系统中特殊教育需要学生的相关事宜，诸如制订特殊教育推进计划以便实施联邦特殊教育法的相关内容；推行特殊教育"结果驱动的问责制"以消除残疾学生与普通学生之间的学业成绩差距等，这些国家的全纳教育发展经验证明，这种整合、统一的教育管理体系有利于推行全纳教育的实践。

---

① 彭霞光. 美国全纳教育最佳实践自我评估研究述评[J]. 中国特殊教育，2019(09)：23-27.

5. 改革教师培养与培训模式

在任何国家，教师都是教育体制中最宝贵、最有力的资源。实施全纳教育不仅需要有积极正确的态度和价值观，更加需要教师具备相关的教育教学知识和技能。对于全纳教育，无论是普通教师还是特殊教师都会面临新的挑战，都需要重新安排自己的工作内容和重点，因此从政府层面上应重新制订师资教育计划（职前教育和在职教育），从而使教师具备针对学生差异调整教学内容、目标和课堂活动等能力，满足学生多样化的需求。欧美发达国家的全纳教育实践经验表明，普通学校由于特殊教育需要学生的进入，需要对教职工专业背景及岗位进行适当调整，使其教职结构更加多样化，不仅需要特殊教师，有时也需要康复专业人士等。通常，普通教师需要面临更大的困难和压力，也更加需要政府重视对他们相关知识和技能的培训，赋能使其更有信心面对多样化学生的需求。对特殊教师来讲，政府需要提供普通课程、全纳教育课堂教学策略等，以便更有能力应对全纳教育实践中特殊教师的新角色。

6. 提供灵活的课程设置

全纳教育学校的课程必须是为所有学生准备的，并具有适当的弹性，能够根据学生的能力和需求进行灵活调整。灵活设置的课程内容、计划性的教学、适宜的学习内容、有效的教学策略是创建全纳教育课堂学习的关键。传统的普通学校，期望班级内的所有学生在相同时间内，以相同的方法学习相同的内容，并接受相同标准的测验和考试评估。但学生是不同的个体，其能力和需求各不相同，因此全纳教育学校的课程设置必须足够灵活，能够针对不同个体需求做出适当的调整，使教师能够根据每位学生的需要、能力和学习习惯制订有效的解决方案。

7. 加强评估确保教育质量

灵活的课程设置并不意味着要以牺牲教育质量为前提，全纳教育的本质是为所有学生提供良好的教育，因此强化质量监管非常重要。欧美发达国家的经验表明，单纯以学科知识为基础的测试和评估可能会影响全纳教育的实施，应该改变传统的考试和评价方式，因为教育质量高低与否并不是仅仅体现在读写和计算等方面，还体现在情感或价值观、态度等方面的发展上[①]。因此，全纳教育学校基于课程对学生学习能力的评估要尽可能准确全面，一方面，评估要以学生为中心，团队合作，借助一些科技或辅助性技术确保特殊需要学生能够展现其所学到的知识和能力；另一方面，除了评估学业能力外，也要考虑其他方面诸如情感、沟通等领域的成长，综合考察其表现，更有效地促进学生的学习进步。

8. 建立有效的支持体系

欧美发达国家的经验表明，全纳教育实践离不开有效的外部支持及学校内的干预反应机制。一方面，学校需要针对学生的需求，通过外聘专业人士提供手语和盲文翻译、课堂记录、学习辅导等个性化服务，甚至还可能需要提供语言、PT、OP等康复训练；另一方面，为了确保及时了解到学生的需求，学校内部也需要完善三层级观察支持干预反应体系，确保每个孩子能在需要时获得支持与帮助，即以预防为主，对班级内80%左右学生实施初级观察与监测，及时发现问题学生；以小组形式对班级内15%左右学生有计划、有目的地进行针对性观察与评估，对问题学生及时采取应对措施；对干预后仍然效果不佳的5%左右学生进行密切观察和评估，为其制订详细的个别教育计划，安排团队对其实施教育干预。只有校内校外密切合作，才能最大

---

① 联合国教科文. 全纳教育政策指导方针[M]. 联合国教育：科学和文化出版社，2009. P8.

限度地满足学生的个体需要。

9. 发挥经费分配的引领作用

教育经费的合理有效分配可以在一定程度上推动全纳教育的发展，特别是在全纳教育实施的早期，如果特殊需要学生在特殊教育机构和在普通教育机构就读所获得经费不同，则可能会出现学生不同的教育安置需求，因此推行全纳教育实践，首先要保证其所需要的经费。美国特殊学生的经费是按残疾程度和其教育服务多少而确定的，如乔治亚州，轻度的残疾学生如有学习障碍、语言障碍及轻度的智力障碍的学生，其经费拨款权重不低于普通学生的 3.0 倍，有重度智力障碍、视力障碍或听力障碍等多重残疾学生，其经费拨款权重高于普通学生的 5.5 倍。此外，如果某个特殊需要学生的个别化教育计划（Individualized Education Program, IEP）需要更多服务，他通常可以申请特殊项目经费以便获得更多个别化的服务。美国在 1999—2000 学年，为 611.6 万特殊教育学生提供了总额 773 亿美元的经费，占基础教育经费拨款的 21%[①]，为"特殊教育需要学生提供足够的经费"是全纳教育实践成功的保障。

10. 实施普通学校的变革

在实施全纳教育早期，最好是有规划、有步骤地实施普通学校的变革。全纳教育实践终究是要在普通学校为特殊需要学生提供教育，因此必须逐步实施普通学校的变革。政府需要明确要求普通学校"零拒绝"接收辖区内所有适龄儿童——无论儿童是否残疾都应该无区别、无歧视纳入招生范畴，所有适龄儿童都是其教育服务对象。如果特殊需要学生因残疾程度太重而无法在普通学校就读，学校则通过适当的程序协调其他教育选择，如特殊学校或养护康复机构等。启动普通学

[①] 彭霞光. 中国特殊教育发展报告 2013[M]. 北京：教育科学出版社，2016：143-145.

校的改革最好是按区域实施,即区域内所有普通学校都应该无条件接收其辖区内适龄的特殊学生,以免造成一些学校以条件差为借口变相拒绝特殊学生入学,而另一些普通学校则可能因接收过多特殊学生导致教学资源短缺,从而影响其提供有质量的教育服务。

(二)全纳教育实践的新变化

全纳教育实践对世界各国社会文化及教育体系都产生了重大影响。对于经济不发达国家,全纳教育为那些处境不利或处于社会边缘的儿童提供了更多就学机会;对于发达国家,则是引起了整个普通教育体系的变革。通过对近十几年来的文献、论文、报告等的研究及对美国、欧洲部分国家的考察发现,近十几年来,发达国家的全纳教育实践悄然发生了一些变化。表现在如下方面。

1. 重新开放部分特殊学校

全纳教育实践早期,欧美发达国家在纷纷立法推行全纳教育实践的同时,大规模减少或关闭特殊学校是其实施全纳教育的重要举措之一。这些国家的全纳教育倡导者认为,特殊学校本身意味着隔离和不平等,与全纳教育理念相悖,必须关闭所有特殊学校。此外,关闭特殊学校也可以迫使特殊需要儿童能够别无选择进入普通学校,进而推动全纳教育的快速发展。例如,英国的伦敦市纽汉姆区为了推动全纳教育发展,仅保留了一所特殊学校[1]。美国、意大利、瑞典等国家也纷纷关闭特殊学校,寻求让所有残疾学生——无论其为何种残疾,也无论其残疾程度有多重都需要进入普通学校学习。特殊学校的关闭或减少,确实促使欧美大量的特殊需要儿童进入普通学校就读,比如意

---

[1] 杨梅,袁李兰."全纳"还是"特殊":英国关于全纳教育的争议[J].比较教育研究,2017,39(03):82-88.

大利、挪威、芬兰等国家超过 80%的法定特殊需要儿童在普通学校就读[1]。然而，近些年欧洲那些实施全纳教育比较激进的国家似乎重新为重度、极重度或多重残疾学生开设了特殊学校。据欧盟特殊需要和全纳教育机构跨国研究报告显示，近十几年来，部分欧洲国家的特殊学校数量在缓慢增加，比如在英国，需要特别支持的重度及多重残疾学生在特殊学校就读比例由 2007 年的 35.9%上升到 2015 年的 43.1%[2]。尽管英国隔离式的特殊学校数量仍然非常少，但其在特殊需要儿童特别是重度及多重残疾儿童的教育中发挥着越来越重要的作用，是特殊儿童教育中不可或缺的部分。2017 年针对芬兰、瑞典等国家全纳教育实践的调研也证实了这一点。在瑞典，一些地方政府，迫于特殊需要儿童家长对特殊学校的需求及部分教师的强大压力，重新开放了部分已经关闭多年的特殊学校。美国也有一些州的部分地区开放或重新改建普通学校为特殊学校或机构，以尊重重度及多重残疾学生家长对特殊学校的选择权。

2. 学生接受特殊服务的比例及时间在增加

尽管欧美发达国家的融合教育水平相对较高，融合教育比例大部分都在 80%以上，个别国家如挪威、西班牙等高达 85%以上[3]。但是，无论是特殊机构的学生比例还是学生在全纳教育学校接受单独特殊辅导的时间都在逐渐增加。比如英国，在 2007—2015 年特殊教育需

---

[1] European Agency for Special Needs and Inclusive Education. European Agency Statistics on Inclusive Education: 2012 Dataset Cross-Country Report[EB/OL]. https://www.european-agency.org/data/cross-country-reports, 2021-9-18.

[2] 杨希洁，冯雅静，彭霞光. 中国特殊教育发展报告[M]. 北京：教育科学出版社，2019：184.

[3] 杨希洁，冯雅静，彭霞光. 中国特殊教育发展报告[M]. 北京：教育科学出版社，2019：201-203.

要学生总数由157.7万人减少到130.1万人的情况下,特殊学校的学生人数则由9.0万人持续增长至10.4万人,占比也由5.7%增长为2014年的8.0%。说明在特殊需要学生数量减少的同时,在特殊学校就读的学生数量并没有相应地减少。比如美国,2003—2015年特殊需要儿童所有时间均在隔离式环境中接受教育的比例由3.9%增加到5.2%,特别是情绪障碍、智力障碍、肢体障碍、言语和语言障碍等几类特殊需要儿童在特殊学校或机构的时间比例增长幅度也相对较高[1]。

3. 普通学校特教班或资源班数量增加

在欧美国家的特殊学校关闭或大幅缩减的情况下,附设在普通学校的特殊班或资源班数量及比例在提高,特别是为有智力障碍或情绪障碍等学生设立的特殊班或资源班比较普遍。比如在美国,智力严重落后的学生在普通班级就读的比例并不高,自1990年以来,基本维持在11%左右。2017年笔者在考察调研瑞典的全纳教育学校时发现,其实施全纳教育的学校根据特殊需要学生的需求,基本上都附设有特殊班或资源教室或资源中心,为那些大部分时间在普通班级学习但部分时间需要在资源教室或资源中心学习的特殊学生提供特殊辅导,或者为那些重度的残疾学生提供全天候或大部分时间的教学与指导。随着经济的发展和特殊需要儿童教育经费的提高,普通学校的资源教室或特殊班的数量在增加,其设施及条件也显著改善与提高。

4. 普通学校变得越来越"特殊"了

随着全纳教育的发展,在欧美发达国家特殊需要儿童就近入学,

---

[1] 杨希洁,冯雅静,彭霞光. 中国特殊教育发展报告[M]. 北京:教育科学出版社,2019: 201–203.

普通学校接收特殊儿童已经成为常态，而特殊需要儿童要想进入特殊学校则需要一定程序才能实现。因此，这些国家的普通学校变得越来越"特殊"了。表现在：第一，没有特殊需要学生的普通学校越来越少，特别是公立普通学校或接受税收资助的其他学校；第二，普通学校里的特殊需要学生类别会越来越多，以往校园内学习障碍、轻度智力障碍、低视力、轻度肢体残疾等学生会比较常见，但现在的校园内重度肢残、脑瘫、全盲、全聋，甚至又盲又聋的学生也不少见。第三，校园内有坡道、电梯、门禁带有盲文标识和声音播报等功能，教室外有闪烁红灯，各种设施及设备相对比较健全。学校不只是配置设备、改造设施，还强调环境的创设，使所有学生感觉安全、舒适、有归属感。第四，学校教师的专业多样化，以需求为基础配备教师。学科教师、教师助手、特殊教师、康复专业人士等都可以在普通学校为特殊需要学生提供服务。因此，普通学校在某种程度上变成了包含普通学生的"特殊学校"。

全纳教育实践层面的发展变化说明这些国家更加注重特殊需要学生的教育质量，而不是过分关注其教育安置形式，适宜的教育才是最好的教育。需要说明的是，欧盟一些国家只是对全纳教育前期"激进"的做法实施一些调整，并不是质疑或停滞全纳教育的发展。事实上，美国和欧盟大多数国家的全纳教育发展总体上看比较顺畅，不仅有一系列相关法律法规的支持，而且其教育系统行政管理、特殊教师配备、普通教师培训、经费保障、评估考试便利、不同教育阶段过渡衔接等已经形成制度化，融合教育水平相当高。根据美国教育部特殊教育与康复服务办公室（Office of Special Education and Rehabilitative Service）2006—2015年报告分析，截至2015年，美国6~21岁特殊需要儿童中共有6050725名（占该年龄阶段儿童的8.9%）接受全部或部分特殊教育服务，其中有94.8%特殊需要学生接受全部、部分时间普通学校教育服务。美国特殊需要学生进入普通学校的普通班的比例在逐渐提高,在普通班学习且时间超过 80% 的比例由 2006 年不足 53.70% 逐渐稳步增长为 2015 年的 62.7%。在英国 2015 年也有将近 92% 的特殊需要学生接受全部或部分普通学校服务[①]。由此说明,全纳教育发展已经进入了新的发展阶段,即从注重形式上的融合转变为更加关注个体需求及其质量,全纳教育仍然是教育发展的最终归宿。

四、中国融合教育发展建议

根据前面所述,本文将残疾学生在普通学校就读界定为融合教育。从总体上看,我国残疾儿童在普通学校就读无论是从所占比例、残疾类型、残疾程度、提供的支持保障服务形式及力度等都与欧美发达国家相差较大,因此欧美发达国家全纳教育的经验及做法确实有许多值得我国学习和借鉴的地方。2017 年修订的《残疾人教育条例》从法律上确定了"融合教育原则",即残疾人教育由普通学校和特殊教育学校分别承担,实践中以普通学校为主。但特殊教育发展状况表明,我国融合教育水平不高,离普通教育系统实现"禁止任何基于残疾的教育歧视"这一目标还有较大距离。全面推动融合教育发展建议如下。

(一)加快促进融合教育发展的立法

发达国家推进全纳教育的经验表明,全面推行全纳教育需要法律先行,依法治教。首先,应该从现有的法律法规中去除影响全纳教育

[①] 杨希洁,冯雅静,彭霞光. 中国特殊教育发展报告[M]. 北京:教育科学出版社,2019:184,201-203.

实施的相关条款内容，在我国应该适时重新审视《教育法》《教师法》《高等教育法》《义务教育法》等现存的与全纳教育理念不相适应的条款内容，从法律层面上消除推行全纳教育的障碍。其次，完善残疾人教育立法体系，特别需要完善《促进残疾人融合教育法》立法程序，可以从立法上拓展我国特殊教育服务对象的范畴，实现由针对残疾人的教育转换为针对所有特殊需要儿童的教育，体现全纳教育的思想与理念。因此，建议国家适时启动"促进残疾人融合教育法"的立法程序，从法制上推动全纳教育在中国的发展，使所有儿童包括残疾儿童都能得到适宜的教育。

（二）理顺教育系统内的行政管理体制

根据发达国家推行全纳教育的经验表明，推行全纳教育关键在于统一普通教育和特殊教育的行政管理。总体来说，我国教育部对特殊教育是另行单独管理的，教育部仅仅在基础教育司设立了特殊教育处，承担特殊教育宏观管理，此外在基础教育司还挂靠了没有行政管理职位的特殊教育工作办公室，负责与教育部其他司局协调工作。教育部其他司局并未单独设立特殊教育岗位，这导致从学前到大学整个教育阶段的残疾人教育的行政管理成为"死角"。省级以下教育行政管理部门负责特殊需要儿童的管理人员更加缺乏，特别是县级教育行政部门根本就没有人负责残疾人教育事宜。由此可见，特殊教育与普通教育双轨制运行及其行政管理不清带来的"死角"问题已成为影响特殊教育发展水平的重大体制机制障碍。因此，建议教育系统应理顺特殊需要儿童教育行政管理权属。鉴于我国独立的特殊教育学校数量较大，涉及课程、教材、师资培养等工作任务较重，在基础教育司将特殊教育和普通教育合并管理挑战比较大，因此可以在现有机构设置下保留单独设立特殊教育处，但其职责定位是负责特殊教育学校系统的相关事宜，诸如特殊学校的课程、师资等宏观管理。由于义务教育阶段有 50% 以上的在籍残疾学生在普通教育机构学习，因此需要在其他业务处室，诸如义务教育处、学前处、普通高中处等设置专人专职或兼职处理有关普通教育机构内残疾学生教育的相关事宜。特殊教育办公室由基础教育司司长直接兼职，其主要职责是宏观管理特殊教育机构和普通教育机构内所有残疾学生教育的有关政策及业务等事宜。只有这样，才能保障所有残疾学生，无论其是在特殊学校还是在普通学校学习，相关权益都能够得到有效保障。希望未来我国教育行政管理体制能打破"特殊"和"普通"之间的界限，统一为完全的全纳教育管理体制。无论是普通学生还是特殊学生，无论是在特殊学校、特殊班还是在普通学校的普通班，都共享一个教育行政管理体制，但其内部岗位设置上必须配备具有特殊教育背景的行政管理干部，以便为特殊学生提供更好的管理服务。此外，省级以下行政管理机构也需要根据需要进行必要的调整，特别是县区级教育行政机构需要设置专职特殊教育行政官员，以便更好地落实《残疾人教育条例》中县级政府应承担的法律职责与义务，促进本地区残疾儿童义务教育的健康发展。

（三）创建全纳教育试点学校

实施全纳教育必须创建全纳教育学校，即普通学校必须更具包容性，摒弃歧视态度，能够为社区内所有儿童——无论是普通儿童还是特殊儿童提供更好的教育。要创建全纳教育学校就应该加强全纳教育实践层面的研究，与发达国家比，我国随班就读与全纳教育无论是在理念上还是在实践层面确实都有较大差异，我们应该借鉴和学习欧美发达国家在全纳教育实践方面的经验与做法，在全纳教育实践初期，支持及重视实践层面特别是学校层面的研究。残疾儿童随班就读在我国已经实施了数十年，但仍然存在很多问题，诸如残疾儿童难以进入普通学校特别是条件比较好的重点普通学校，能够"留得住""不辍学"则更是比较困难，随班就读教育教学质量亟待提高。究其原因，既有普通学校层面的问题，但更多的还是政策引领、经费支持、普通教师培训、特殊教师配置等普通学校之外的问题。

（四）构建系统的支持保障体系

残疾儿童在普通学校接受教育服务不仅需要普通学校建立特殊教育资源教室、配备特殊教育教师，还需要整个教育系统的支持与管理，即当普通学校在教育服务中遇到困难和问题时能够得到上级行政主管部门的支持，遇到教育教学方面的挑战时可以得到教科研专业人员的引领和协助，因此需要构建教育系统的支持保障体系。

1. 完善教育行政管理体系

教育系统包括省或直辖市、市级教委、县区级教育行政主管部门等，各级教育系统在内部机构设置、人员配备上应将残疾人教育管理纳入其行政管理范畴。比如，教育部内部应设立直属部长之下的特殊教育协调人，负责协调各司局有关残疾人教育行政管理、发展规划、督导检查、教师配置等事关残疾人教育的事宜；各个业务司局应在相关处（科）室设置专人负责残疾人教育相关事务，原因在于残疾人教育专业性较强，具备专业性的行政管理干部方能胜任；基础教育司附设的特殊教育办公室应该充实人员和完善职能，切实发挥其作用。此外，应该增强"国务院残疾人工作委员会"职能，依法协调各个部委有关残疾人教育的事宜，督促其切实履行部门职责，形成合力；各个相关部委增设残疾人事务官员，在国家层面负责残疾人相关发展事宜。

2. 建设特殊教育支持保障体系

首先，应该完善特殊教育教科研体系。在国家、省一级教育学院或教学研究室建立起专门的特殊教育教研部门，明确教育部所属相关事业单位职责，如课程教材研究机构、教育装备机构、教育科研机构等都应有专职人员从事特殊教育，形成省、市、县一级的特殊教育教科研系统，建立起一支教科研专门队伍。其次，分阶段完成乡镇、县、省/直辖市等指导中心或资源中心建设，逐步形成以省（市）特殊教育资源与管理中心为指导，县（区）资源与管理中心为核心，学区/乡镇资源中心为骨干，校级资源教室为抓手的资源教室/中心的工作体系。教育行政部门应当根据特殊教育资源中心或资源教室承担的工作任务为其提供人员编制及经费。不同层级的特殊教育指导中心或资源中心承担着不同的职能。

——乡/中心校资源中心为各个学校资源教室的管理机构，派遣教师巡回指导各个普通学校，即建立巡回指导教师制度，为接受残疾儿童随班就读的普通学校提供支持保障条件。

——县（区）级教育行政部门应当建立特殊教育管理中心，该中心协助本地区教育行政部门实施随班就读巡回指导、管理及协调、专项督导检查、师资培训、教学研究与交流等工作；协调解决来自学校、残疾学生父母或其他法定监护人对残疾学生就学安置、教学安排等争议，联系协调残疾人教育专家委员会等。

——省教育行政部门应当建立或委托特殊教育学校设立特殊教育资源中心，主要协助其所属教育行政部门实施本行政区域内随班就读工作的专项督导、年度检查、师资培训、特殊教材（盲版、大字版等）及教辅器具的购买和制作等。

（五）加强普通学校特殊班建设的研究

根据欧美发达国家的经验，我们国家应该加大对普通学校附设特殊教育班的政策研究与论证，特别是对于目前还没有特殊教育学校的行政县，更应该尽快出台相关规定并发展一定数量的特教班。根据全国教育事业统计年鉴数据分析发现，2019 年特殊班就读学生仅为 3545 人，仅占在籍残疾学生的 0.48%，且有逐渐萎缩的趋势（2009 年 4657 人，占 1.09%）。事实上，美国及欧盟国家接收特殊需要儿童的普通学校都设立有特殊班或资源班等为特殊需要学生提供特殊支持与服务。我们国家附设在普通学校的特殊班需要适度发展，因为特殊班至少可以在如下两个方面发挥作用，其一可以为就读于普通班的特殊需要学生包括残疾学生提供有计划的额外支持与服务，其二可以解决 30 万人口以下的行政县缺少特殊教育学校的困境，即由附设在普通学校的特殊班招收残疾程度较重且很难大部分时间在普通班就读的残疾学生，使这些特殊班分担特殊教育学校的职能，成为该地区"小型的特殊教育学校"。因此，教育行政部门应该组织教科研的力量加大普通学校附设特殊班的相关机制、体制等实验研究，探索特殊班运行经费保障、师资配比、班额大小、课程设置、教学方式及与普通学校教师、资源、设备设施等如何共享等一系列问题，有效改善与提高特殊班的教育质量。

（六）重新定位特殊教育学校的功能与职责

特殊教育学校在满足特殊需要学生的需求方面仍然发挥着不可替代的作用[1]，欧美国家的部分地区已重开特殊学校。这警示我们，一

---

[1] 苏慧，雷江华. 国外全纳教育背景下特殊学校的角色定位及其启示[J]. 现代特殊教育，2011（Z1）：87-89.

刀切地关闭所有特殊教育学校的做法有待商榷，即推行全纳教育并不是要从形式上完全取消特殊教育学校，更不是不需要为在普通学校就读的残疾学生提供特殊教育服务。对于我国特殊教育发展来说，特殊教育学校发挥着不可替代的作用。2020年我国有88.08万在校残疾学生，其中有超过23.82万是在特殊教育学校就读，这些学生中有一些是残疾程度相对较重的，如果将其安置在普通学校，即使学校配备特殊教育教师也难以保障其教育需求。此外，随着义务教育阶段"零拒绝"的贯彻实施，一些通过"送教上门"接受非正规教育服务形式的残疾学生也会逐渐进入校园接受正规的义务教育服务，而这些残疾学生大多是重度或极重度残疾儿童，如重度脑瘫、严重的孤独症、情绪障碍及多重残疾儿童等。他们很难在普通学校就读，只能在特殊教育学校接受特殊教育，因此特殊教育学校仍然会继续发挥其重要作用，并在相当长时期内继续存在。由于我国特殊教育学校分布不均衡，中部、西部地区尤其是青海、新疆和西藏等地区特殊教育学校相对很少。此外，30万人口以下行政县中，有相当数量的县没有特殊教育学校，未来这些地区需要增设特殊教育学校，而大城市内特殊教育学校数量比较多且招生困难的地区可能面临合并或关闭特殊教育学校的情况，因此特殊教育学校的数量、分布会发生一些变化，但一定会保留相当数量的特殊教育学校。

推行融合教育需要重新确定特殊教育学校的发展定位，即特殊教育学校要成为特殊教育和融合教育发展的骨干与支撑。首先，特殊教育学校在为重度、极重度及多重残疾学生提供教育服务方面仍然发挥着不可替代的作用，在现有条件下，即使普通学校尽最大可能提供相关的支持与服务也难以满足其特殊需求，只能在条件相对较好、康复设施配备相对齐全、配备了更加专业的特殊教育教师团队的特殊教育学校才可能为其提供有质量的教育服务。目前，我国送教上门服务的

20.26万在籍残疾学生（占特殊教育在校生的23.00%）[①]都应该是特殊教育学校招收入学的教育服务对象。其次，特殊教育学校可以依据《残疾人教育条例》（2017年修订）的要求，接受县级以上地方人民政府教育行政部门委托，附设省或市或县区级特殊教育资源中心，在一定区域内为在普通学校就读的残疾学生提供特殊教育指导和支持服务。

[①] 教育部. 2020年全国教育事业发展统计公报[EB/OL]. http://www.moe.gov.cn/jyb_sjzl/sjzl_fztjgb/202108/t20210827_555004.html, 2021-08-27.

第二章　融合教育学校行政与管理

残疾人教育是教育事业的组成部分。《残疾人教育条例》[①]（以下简称《条例》）要求，积极推进融合教育，根据残疾人的残疾类别和接受能力，采取普通教育方式或者特殊教育方式，优先采取普通教育方式。学前教育机构、各级各类学校及其他教育机构应当依照国家有关法律法规的规定实施残疾人教育；对符合法律法规规定条件的残疾人申请入学，不得拒绝招收。因此，所有学校都有责任接收残疾人学生，提供满足其个体需要的支援，成为合格的融合教育学校。

做好融合教育学校行政与管理工作，是维持融合教育学校朝着融合的方向和理念稳步运行的重要工作内容。做好融合教育学校行政与管理工作，能够促进融合教育学校不断全面提高教育质量，促进教育公平，加快教育现代化，着力解决所有家庭日益增长的美好生活需要和学校发展不平衡、不充分、不全面之间的矛盾。做好融合教育学校行政与管理工作，符合国家《教育法》《义务教育法》等有关法律法规的精神。在行政与管理工作方面不断地改革创新，有助于融合教育学校管理工作效率的提升，有助于更好地协调各项工作之间的关系，有助于融合教育学校提升治理能力和治理水平，形成"标准引领、管理规范、内涵发展、富有特色"的发展局面。

[①] 国务院.残疾人教育条例[Z].国务院公报，2017.8.

融合教育学校应当提供重视全人的教育,关注每一名学生的学习成效、待人接物方式和身心健康。高效能的学校正是共融的学校,这些学校不但教学成绩卓越,而且有良好的校风和有教无类的精神[1]。

融合教育理念下的学校发展应当以关注包括残疾或有特殊需求在内的所有学生的学习和参与为目标。学校的发展过程应当成为一个迈向全体学生与教职员工共同融合的方向,并以提高学校照顾所有学生个体差异能力,使所有学生都能接受优质教育为发展目标[2]。因此,融合教育学校应当建立一系列与之匹配的行政管理规章制度,形成一套支持全人发展的行政与管理体系。

一、管理与组织职能

(一)帮助学校全体人员达成融合教育共识

培养、培训满足融合教育学校需求的教师队伍,帮助学校全体人员达成融合教育共识,是融合教育学校管理与组织的首要职能。

对于融合教育学校来讲,首先应帮助全体教职工理解什么样的行为符合融合教育理念,哪些行为与融合教育理念相违背。学校可以通过组织培训学习,提高全体教职工对融合教育的理解与认识,统一思想,达成"人人都有责任营造一个全员融合的环境,满足所有学生的教育需求"的共识。

为将融合的共识塑造为全体人员的长期目标,融合教育学校应抓

---

[1] Office of Standards in Education (OFSTED). Evaluating Educational Inclusion: Guidance for Inspectors and Schools[EB/OL]. http://dera.ioe.ac.uk/id/eprint/4455, 2021-9-23.
[2] 中国香港特别行政区政府教育统筹局. 照顾学生个别差异:共融校园指标[EB/OL]. https://www.edb.gov.hk/attachment/tc/edu-system/special/policy-and-initiatives/indicators-082008_tc.pdf, 2021-10-2.

住两个关键环节开展工作。

一是在每年新教职工入职时,开展融合教育通识性培训。在当前我国大多数师范院校(专业)尚未开设特殊教育相关课程情况下,融合教育学校将对残疾儿童的基本认识、融合教育的基本理念等内容纳入学校新教职工入职培训的第一课,成为融合教育学校新入职教师培训课程的内容版块的重要组成部分,帮助新教职工认同学校的融合教育文化;帮助新教职工从职业生涯开端就具备对融合教育的基本认识,理解融合教育的含义,从而自愿加入融合教育的队伍中,愿意为每一位学生创造接纳、互助、友爱的学习生活环境,能够有效推动学校全体人员形成融合的共识。

二是在学校开展重大事件、重大活动时,充分体现学校的融合理念。事实上,学校融合教育水平的不断提升,是融合教育学校全面发展的重要体现,也是全面落实立德树人根本任务的基本要求[①]。因此,融合教育学校要抓住重大活动、重大事件等关键环节,创新育人方式,以丰富的德育活动为载体,促进全体学生的相互协作、彼此尊重、共同成长。例如,在"国际残疾人日"那周升旗仪式的演讲稿中体现融合与关爱,组织师生观看残奥会比赛视频等[②],都是塑造全员达成融合共识的好时机。

(二)帮助教师了解照顾学生个体差异的方法和策略

教师是融合教育实施的关键,教师对照顾学生个体差异方法、策略的掌握程度,是决定融合教育学校课堂教学质量的关键因素。长期以来,普通学校教师融合教育素养不足,一直是制约我国融合教育质

[①] 秦超. 创新特色融合教育,树立学校办学品牌[J]. 基础教育参考,2021(03):31.
[②] 秦超. 创新特色融合教育,树立学校办学品牌[J]. 基础教育参考,2021(03):31.

量提高的现实问题。

融合教育学校应针对不同教师人群特点，将形式多样的针对性培训形成常规工作制度，并建立学校的融合教育教研制度。

1. 常规培训内容

融合课堂专题研讨工作制度培训内容可包括融合教育的基本含义、普通学校常见的特殊儿童类别特征及支持策略、特殊儿童行为管理策略、特殊儿童教育评估相关理论与实践、个别化教育计划的制订、普通学校融合班级课堂调整策略和教学方法、特殊儿童教育康复在普通学校的应用、融合教育支持服务体系建设等专题内容。

2. 融合教育教研制度

融合教育学校建立融合教育教研工作制度，可与当地特殊教育资源中心定期联合开展一些主题式教研活动，例如对班上特殊需要学生的个别化教育计划制订进行研讨；也可对融合课堂学科教学特定问题进行专题研讨等。

融合教育教研工作内容还可以包括常规性的主题研讨，例如针对学生障碍类别、心理表现、能力展示、辅助手段、个别化教育计划等，开展普特教师教学技能比赛，共同分析学情、问题行为处理方法。融合教育学校也可组织教师到特殊教育学校进行教研交流，对残疾学生课堂教学进行观察，丰富融合教育学校老师对残疾学生的认识和理解。

（三）协调各方资源以满足所有学生教育需要

融合教育的推行需要全社会的共同参与，融合教育学校在其中可以发挥协调、组织的作用。

1. 协调政府各部门及学校各部门中的资源

《条例》要求，县级人民政府教育行政部门应当会同卫生行政部门、民政部门、残疾人联合会，根据新生儿疾病筛查和学龄前儿童残疾筛查、残疾人统计等信息，对义务教育适龄残疾儿童少年进行入学前登记，全面掌握本行政区域内义务教育适龄残疾儿童少年的数量和残疾情况。融合教育学校应从招生工作开始，做好相关协调工作；及时与教育行政部门对接，配合教育行政部门，及时了解区域内残疾儿童少年数量，提前做好接纳残疾儿童入学的准备工作，包括参与入学前的评估、个别化教育计划的制订、建立和丰富学校特殊教育资源教室、配备必要设备设施和专门从事残疾人教育的教师及专业人员等。

残疾儿童进入学校后，政府各部门、学校各部门的所有资源和政策都应成为融合教育学校教学和课程发展策略的一部分，用以配合不同学生及其家长的需要。所有的教职工均有责任成为融合教育学校内部的资源。

2. 建立家庭与学校的沟通机制

家庭、社区是学校开展融合教育的有利资源。

融合教育学校应视学生家长为学校教育伙伴，尽可能提供其参与子女学校活动的机会，特别是残疾子女；充分尊重家长的意见，同时保护残疾学生家庭的隐私。学校和残疾学生家长之间应建立良好的沟通机制，让家长知道学生的特殊教育需要、参与制订个别化教育计划，了解彼此在推行融合教育上的角色及责任，并积极加强沟通和合作，以便为有特殊教育需要的学生提供适切的支援[①]。

融合教育学校还应当制定相关政策，尽可能将社区资源纳入学校的支持保障服务体系中，鼓励教师与残疾学生家长沟通合作，制订工作计划，邀请家长定期参与学校的各项活动，邀请家长及其他社区人

[①] 中国香港特别行政区政府教育局. 全校参与模式融合教育. https://www.edb.gov.hk/attachment/tc/edu-system/special/support/wsa/ie%20guide%20_ch.pdf, 2021–10–2.

员参与残疾学生个别化教育计划的制订,并为家庭和学生学校保密。

(四)形成融合的校园文化氛围

形成全校一致的融合教育校园文化氛围,是融合教育走向成功的关键。融合教育学校应当形成共融的校园文化、确立共融的价值观。要积极创建宽容、友爱的校园环境和氛围,形成相互尊重、相互接纳、共同学习、共同成长的良好校风和班风。教职工要关注所有学生的成长、尊重个体差异,通过教育让每一个学生都成为最好的自己[1],让所有学生感觉到自己是学校重要的成员,能获得他人的认同和支持。

融合的校园文化氛围是指家长、老师等到访学校的所有人都能获得友善的接待;不论学生的能力、障碍程度、学业表现如何,学校都乐于接纳他们就读;不论他们的语言或能力高低,每个人都能获知学校的信息,例如通过大字印刷资料、盲文资料、录音资料等为盲生提供信息;从学校的刊物和宣传资料中,充分展现出照顾所有学生个别差异的学校政策和校园文化;对于新来或者即将离开的学生、教职工,学校都有欢迎或欢送仪式;学生、家长、教职员工等所有成员均对学校有归属感[2]。

二、学校政策与制度完善

(一)学校的政策建设

推行融合教育,既是国家政策的要求,也是学校现代化发展的标

---

[1] 彭霞光. 美国全纳教育最佳实践自我评估研究述评[J]. 中国特殊教育,2019(9):23-27.
[2] 联合国教科文组织国际教育局. 有效的全纳教育:培养教师必备的知识和技能. 教育展望:国际比较教育:全纳教育与教师教育的国际问题发展动态问题与挑战. 华东大学出版社,(2011.9):21-34.

志之一。我国的融合教育经历了从实践探索到政策立法全面推进的发展历程。早在 20 世纪 80 年代，我国就以特殊学生在普通学校随班就读（Special Students Learning in General School）的方式开始实施融合教育（Inclusive Education），并在实践过程中不断丰富和拓展着融合教育的内涵[1]。目前，我国融合教育已从实践探索阶段进入到政策立法全面推进阶段。融合教育学校在建设过程中，一方面要深刻理解融合教育的理念，另一方面一定要全面、充分理解国家关于融合教育的各项政策要求。

融合教育一词最早是在 2014 年，以"全纳教育"的形式出现在我国的教育政策中。2014 年 1 月，国务院办公厅下发《特殊教育提升计划（2014—2016 年）》[2]，首次从国家层面要求以"扩大普通学校随班就读规模""尽可能在普通学校安排残疾学生随班就读""加强特殊教育资源教室"等措施，"全面推进全纳教育"。

2017 年，国家从立法层面上进一步推进融合教育。在 2017 年 1 月国务院审议通过的新修订的《条例》中，指出推进融合教育是该法规的重要立法原则。新《条例》在理念和制度设计中凸显了普通学校在残疾人教育中的重要作用……在法规层面首次明确将融合教育作为指导原则；要求残疾人教育应当以融合教育为主，在普通教育方式和特殊教育方式之间，优先采取普通教育方式[3]。

为贯彻新《条例》精神，巩固前期计划成果，2017 年 7 月，国家

---

[1] United Nations Educational, *Scientific and Cultural Organization. China, Regional Preparatory Workshop on Inclusive Education*[M]. East Asia. Hangzhou, China, 2007: 3–5.
[2] 国务院办公厅. 国务院办公厅关于转发教育部等部门特殊教育提升计划（2014—2016 年）的通知（国办发〔2014〕1 号）[Z]. http://www.gov.cn/xxgk/pub/govpublic/mrlm/201401/t20140118_66612.html, 2014.01.08.
[3] 王家勤.《残疾人教育条例》的修订：理念创新与制度完善[J]. 人权, 2018（2）：36–43.

又下发《第二期特殊教育提升计划（2017—2020 年）》[①]（以下简称"二期计划"）。"二期计划"进一步提出"以普通学校随班就读为主体、以特殊教育学校为骨干、以送教上门和远程教育为补充，全面推进融合教育"，"普通学校和特殊教育学校责任共担、资源共享、相互支撑"。可以说，这是国家对新时期融合教育发展格局的构想与要求，指出了现阶段我国推行融合教育以随班就读为主体、以特教学校为骨干、以送教上门和远程教育为补充的具体方式。2019 年，中共中央国务院颁布《中国教育现代化 2035》，明确提出要"实现基本公共教育服务均等化……办好特殊教育，推进适龄残疾儿童少年教育全覆盖，全面推进融合教育……"为我国融合教育规划了至 2035 年的教育蓝图[②]。

伴随国家政策的出台，地方政府也根据自身实际，出台了具体的实施意见、办法。融合教育学校政策一定要依据国家、地方的融合教育政策法规，结合学校实际制定切实可行的政策，帮助提升全体学生的学习和参与水平，消除各种形式的排斥与歧视。

（二）学校的工作制度建设

融合教育工作制度的建设能够保障融合教育学校按照融合教育的方向推进全校工作，能够规定全体教职员工按照融合的理念规范教育教学行为，完善融合教育工作流程。因此，融合教育学校应做好以下方面的制度建设。

---

① 教育部等. 关于印发《第二期特殊教育提升计划（2017—2020 年）》的通知（教基〔2017〕6 号）[Z]. 2017-7-17. http://www.gov.cn/xinwen/2017-07/28/content_5214071.htm
② 冯超，傅王倩，陈慧星. 国际融合教育政策演进路径、特征及其启示——基于联合国组织的融合教育政策文本分析[J]. 中国特殊教育，2020（11）：14-20.

1. 工作管理制度建设

融合教育学校工作管理制度建设可以包括：（1）学校组织机构建设的管理制度，如成立管理小组、确定小组成员的职责与分工、制定管理小组的工作例会制度等；（2）学校工作计划建设的管理制度，如融合教育工作是否纳入学校的年度工作计划、月度工作计划、学生档案资料建设管理及不同时期工作检查制度等；（3）学校工作调整制度，如班额随残疾学生人数的调整制度、课程调整制度、资源教室工作安排与调整制度等。

2. 教师管理制度建设

融合教育学校的教师管理制度可以包括：（1）融合教育专业培训制度，如专题教研制度、外出交流学习制度、书籍资料支持制度、教师成长计划制度等；（2）教师工作考评制度，如对教师专业态度和专业能力等方面的考评制度、融合教育专业知识继续教育考评制度等；（3）教师工作绩效奖励制度，如融合班级教师绩效工作激励制度、评优评先激励制度等。

3. 后勤保障制度建设

融合教育学校后勤保障制度建设可以包括：（1）融合教育经费制度，如残疾学生公用经费的使用制度、特殊教育专项经费使用制度等；（2）融合教育学校无障碍设施建设工作制度，如根据残疾学生需求改造卫生间、根据残疾学生类别提供辅助设备设施、学校无障碍通道及相关设备的供应等；（3）相关医疗、保健、康复保障制度建设等。

（三）学校自我评价制度建设

为提高融合教育学校照顾学生个体差异能力，使包括残疾学生在内的所有学生都能接受优质的教育，融合教育学校应当开展自我评价制度建设，制定自我评价体系。以下分别介绍中国香港和美国的融合教育学校自我评价体系。

1. 中国香港

在"全校参与"模式下的融合教育实施体系中，香港建立了"共融校园指标"[①]，用以协助学校在不同层面做深入探讨和反思，促进学校团队合作和互动，帮助学校在校园文化、政策和措施上不断自我完善，协助学校在自我评估及学校发展过程中订立目标和成功的标准。这套指标体系试图推动融合教育学校从三个层面、四个范畴来构建全校参与的融合教育实施体系。

三个层面包括：

（1）建立共融文化

建立学校的共融文化包括建设共融的校园和确立共融的价值观；不仅让学校的每一位成员都受到重视，同时所有成员都一起建设一个包容、协作和互相激励的校园环境。

（2）制定共融政策

制定共融政策的目的在于推动学校建设成为一所有教无类的学校；只要是能提升照顾学生个别差异能力的活动，学校都应推行；各类支援都应当从学生的角度和成长发展需要来考虑。

（3）推动共融措施

推动共融措施包括协调学生的学习活动和调配所有资源，即鼓励所有学生参与课堂内外的活动，所有教职员工都能调动校内外的资源以促使所有学生都能积极地参与学习，消除任何学习与参与障碍。

[①] 香港特别行政区政府教育局. 照顾学生个别差异：共融校园指标[EB/OL]. http://www.edb.gov.hk/FileManager/TC/Content_6596/indicators-082008_tc.pdf, 2021-9-23.

四个范畴包括"管理与组织""学与教""校风及学生支援"和"学生表现"。每个范畴涵盖若干指标，每个指标又包括数项可观察到的标准。学校可在自我评估或制订工作计划时，参考这些指标和可观察到的标准，从而制订目标。融合教育学校可以参考这套评价指标制订自己的评估目标。

以"学与教"为例，下属第三项指标为"所有学生均能参与课堂学习"，包括以下 5 项可观察的标准。

a. 课堂活动多元化，以配合学生的各种兴趣，使不同能力的学生也能参与课堂学习；

b. 教职员工明白有残疾或长期病患的学生在完成课业时需要较多的时间，而且容易感到疲劳；

c. 教职员工为残疾学生提供额外支援，例如加时、视觉提示和策略提示[①]等，使学生能完成课业；

d. 教职员工为有需要的学生提供另外的学习形式，例如在科学课使用特别的仪器，在体育课练习某项运动，或为残疾学生提供技术支援等；

e. 教师运用不同的教学模式以照顾不同能力的学生，如协作教学、小组教学、多层次教学等。

2. 美国

美国有关融合教育学校最佳实践自我评估与发展的研究成果很多，但最有影响的当属理查德和杰奎琳研制的融合教育最佳实践自我评估核查表（The Inclusive Education Checklist: A Self-Assessment of

---

① 策略提示是指根据不同类型的残疾学生需要提供一些完成课业所需的方法、思路等引领，比如对于视觉障碍学生，可能需要协助学生使用非视觉方式完成课业。

Best Practices, Richard & Jacqueline），其中共有 15 个指标[1]；每个指标根据其内涵附设有若干个问题，学校可以通过这些问题自查学校该领域的工作进展情况。自查评估时可以使用 5 分制进行打分，然后计算出总分、平均分。如果该指标平均得分介于 0~1.0 之间，说明学校在该领域的工作需要马上开始着手改善；如果平均得分介于 1.1~2.0 之间，则表明该领域的工作需要较大程度的改善；如果平均分数介于 2.1~3.0 之间，说明工作朝着正确的方向前进，但仍然有改善的空间；如果平均分数介于 3.1~4.0 之间，则说明该领域的工作进展不错。

这 15 个指标包括：

（1）**理解融合教育的内涵**。该指标旨在通过判断"是"与"不是"来判断对融合教育内涵的理解；附设了 15 个相关问题，包括残疾学生个别化教育计划、在校时间长度、安置状况、参与课内外活动、分类与贴标签、教职工对残疾学生能力和长处的认识、普通教育环境和课程对残疾学生的排斥、小组学习、技能学习、核心课程的学习以及各州特殊教育学生的百分比等内容。

（2）**家庭–学校–社区合作**。该指标要求视父母为学校的伙伴，尽可能为其提供参与子女学校活动的机会，充分尊重家长的意见。学校应尽可能将社区资源纳入学校的支持保障服务体系中。该指标附设 12 个问题，目的是考察学校的政策是否鼓励教师与家长沟通合作、家长是否定期参与学校的各项活动、家长及其他社区人员是否参与制订个别化教育计划、学校是否遵守保密协议等。

（3）**支持融合教育的行政管理与指导**。该指标指出，学校行政人员的态度和领导能力非常重要，需要负责制订学校的发展规划、管理

---

[1] Villa R, Thousand J. *The Inclusive Education Checklist: A Self-Assessment of Best Practices* [M]. National Professional Resources, Inc./Dude Publishing, 2016: 9–17, 24–103.

各个年级的课程、支持并监督教学活动、评估学生进步等；有能力调动教师们的工作积极性，及时发现学校教育教学中存在的问题，重新进行人力资源重组与分配，妥善应对突发事件，保障学校顺畅运行。该指标设置 18 个问题，目的是考察学校的办学宗旨和目标、规划和政策、行政领导的专业水平、教职工管理、为学生和教师提供的资源、指导新教师、合作教学和差异化教学等是否符合全纳教育学校的理念。

（4）**重新界定教师的角色和职责**。学校由于残疾学生的进入，需要结合教职工的专业背景对其岗位进行适当调整。通常，融合教育学校的教职工队伍的构成更加多样化，教职工之间需要更加相互依赖、相互协作。学校不仅需要普通教育工作者，也需要特殊教育教师、教师助手以及其他特殊专业人士，如医生护士、社工、康复专业人员等。该指标编制 32 个问题，目的是考察有效履行岗位职责及相互协作情况。其中针对普通教育工作者有 10 个问题，针对特殊教育工作者有 14 个问题，针对其他辅助人员有 8 个问题。

（5）**团队合作**。学校需要建立各种合作小组，如个别化教育计划小组、学生学习小组、家校合作联盟等，各个小组成员最好由不同专业背景、不同岗位的成员组成，以使不同成员从各自专业视角提供针对性意见。该指标编制 4 个问题，目的是考察学校是否有必备的特殊专业人士，如行为矫正治疗师、语言教师等；是否定期邀请家长、学生的朋友等参与学生的相关教育决策；教职工是否有能力处理特殊需要学生发生的问题等。

（6）**实施合作教学**。学校教职工之间的合作贯穿学校的所有活动。最常见的合作伙伴是普通教师和特殊教师，以及特殊专业人士。该指标编制 8 个问题，目的是考察普通教师和特殊教师是否密切合作；普通教师与其他特殊专业人员、社会工作者等是否经常沟通联系；学校是否定期开会讨论；学校是否经常征询家长或学生的兄弟姐妹等的意见；教职工是否定期接受培训等。

（7）**以学生为中心的能力评估**。学校基于课程对学生学习能力的评估要尽可能准确，可借助科技或辅助性技术，确保学生能够展现其所学知识和能力。评估需要以学生为中心并开展团队合作，除了评估学业能力外，也要注意了解学生以往的学习经验、劣势优势、梦想等相关的信息，以便制订适宜的个别化教育计划及教学策略。该指标编制 8 个问题，目的是考察学校向家庭提供有关学生评估的相关信息及结果情况，评估是否以学生为中心、是否尊重家长意见；评估是否了解学生的优劣势；学生的教学目标和策略是否由团队决定；是否使用了学生的母语进行评估等。

（8）**促进学习普通课程的策略**。学校的课程必须是为所有学生准备的，但同时也能够根据学生的能力和需求做出灵活调整。学生优先考虑安置在普通教室，根据需要配置教师助理、提供辅助设施与设备或其他特殊支持。学生可能 80%以上时间也可能不足 40%时间在普通班学习，教师需要一视同仁地看待特殊学生，使其最大限度地发挥潜能。学生的残疾类型不应成为影响其教育安置的因素。此指标编制 7 个相关问题，目的是考察课堂教学中所有学生的参与程度，是否优先考虑普通教室安置，是否提供了必要的特殊教育支持，普通教师是否了解 IEP 内容，学生学习的进步程度，学校是否为普通教师提供了必要的支持等。

（9）**实施差异化教学**。实施差异化教学是所有教师必备的教学措施。教师需要针对学生的差异调整教学内容、目标和课堂活动，最大限度满足学生的需求，并帮助学生通过其独特的学习过程获得成功。此指标可以通过 10 个相关问题考察学校工作进展情况，包括教师是否主动调整教学内容以适应学生的差异，是否接受过相关培训，课堂上是否实施差异化教学，同班学生学习内容和要求是否不完全一致，教职工之间是否沟通合作，学生评估考核是否采用不同方式等。

（10）**学生赋权和同伴互助**。学校需要给学生赋权，使其在学校决策中发挥作用，培养学生自主性、独立性，提高社交能力。学校可以通过成立教师-学生小组、学生团队，学生参与董事会、纪律委员会等给学生赋权，提高其承担责任的能力和意识。此指标可以通过10个相关问题考察学校工作进展情况，包括学校政策中是否重视和鼓励学生自主权，是否鼓励教职工与学生有效的社会交往，学生的 IEP 中是否有培养独立技能的目标，是否引导学生参与学校的决策和会议，是否在小组活动中明确学生职责，是否使用伙伴教学策略，学生是否有机会与教师一起承担责任等。

（11）**建立多层级支持体系**。学校需要完善多层级支持体系，确保每个学生获得适合的支持与帮助，这通常通过三个层级的观察-干预反应机制的建立来进行。该指标可以通过12个相关问题考察学校工作进展情况，目的是了解学校是否建立了多层级观察-干预反应系统，教师是否考虑了所有学生的教育需求，是否采用了异质化的小组教学，针对重点学生是否给予了个别辅导，是否有特殊专业人士提供支持，是否定期评估多层级体系的实施效果等。

（12）**提供积极的行为干预**。为避免融合班级特殊学生过多地被抽离安置在隔离的环境中，学校需要制定全校范围的学生行为准则，培养全体学生的良好行为。对于有破坏性行为的学生，为其制订行为干预目标、措施。此指标可以通过14个相关问题考察学校工作进展情况，比如学校是否构建了友爱的校园文化，学生们是否互相帮助，是否建立了操作性较强的行为规范指南，教职工是否能明确责任，对行为问题学生是否制订了干预计划和实施措施，是否有专业团队解决问题，学校是否有危机处理预案，教职工是否定期接受相关培训和指导等。

（13）**提供综合的相关服务**。学校提供服务的类别和程度，取决于不同学生的个体需求，需要根据学生 IEP 的内容来决定。此指标可以通过 5 个相关问题考察学校工作进展情况，包括学校是否与提供相关服务人员定期沟通，是否得到家长支持与参与，教师是否与相关服务人员密切合作，学校领导是否支持提供相关服务等。

（14）**转衔期教育与规划**。学校应当在评估的基础上，为特殊学生做好转衔期的规划，特别是即将进入社会的学生。此指标可以通过 6 个相关问题考察学校工作进展情况，包括学校是否制订了个性化的未来发展计划，是否考虑了学生愿望，是否提供了专业团队的指导，家庭成员是否参与等。

（15）**做好整体发展规划**。学校需要事先做好整体规划，通常需要关注五个变量：愿景、技能、激励、资源和行动计划。第一，要有一个愿景，并为这一愿景达成共识。第二，培训和培养相关人员如教师、管理者、辅助者、家长和学生等，使其具备相关知识、技能和信心。第三，制定并实施一系列激励、奖励措施和制度。第四，扩充学校人力、物力、技术、财政等各种资源。第五，依靠团队的力量制订具体的行动计划与方案，落实并实施。使用自我评估与发展工具定期实施评估自检，改善工作中不足之处。此指标可以通过 9 个相关问题考察学校工作进展情况，包括学校是否对教职工进行了广泛宣传动员，是否达成了共识，是否具备了充足的教育资源特别是人力资源，是否制订了详细的行动计划，是否制订了定期自我评估计划，是否对新聘教师进行了培训，是否与社区相关人员分享了计划等。

三、行政与管理支持体系的建立

（一）校长的领导作用

校长是一所学校的灵魂，他对融合教育学校的发展起决策、领导、引导作用。因此，融合教育学校校长对融合教育理念、融合教育的生态观，对教育公平、公正，对多元智能理论、学生的个别化教育以及学生的发展和生活教育等应当具备更为深入的理解与领悟[1]。融合教育学校的校长应当率先将"教育公平以及建立和谐共处的学校"作为办学理念；引导学校实施重视全人的教育，关注每一名学生；带领全体师生员工向教学成绩卓越、拥有良好校风和具有有教无类精神的办学目标奋进。

（二）领导班子的共同协作

融合教育学校领导班子应以校长为领头人，安排专门分管融合教育的校领导。分管校领导应当对融合教育理念具有更加深入的认识和理解，乐于将时间和精力奉献于融合教育，成为联系一线教师、融合教育教学工作与校长之间强有力的纽带。

融合教育学校领导班子内其他成员应当成为融合教育的坚定支持者，乐于将融合教育工作融入全校工作的"一盘棋"中；从大局出发，共同营造全校参与的融合教育氛围，并在各自分管范围内拟定好每学期、每年度融合教育工作计划；积极开展残疾学生融合教育工作联席会议，在能力范围内及时解决学校在融合教育工作中遇到的问题。

---

[1] 张文京. 融合教育与教学[M]. 广西师范大学出版社，2013：94，99.

(三)教导处的职能

教导处是学校教学工作的重要管理和指导部门,是融合教育学校实施融合教育最直接的执行部门。教导处应当明确全校参与的融合教育办学方向、目标、基本思路和构想,主动思考融合教育教学工作的具体实施,根据每年度、每学期残疾学生的具体情况,提前拟定好年度和学期融合教育教学工作实施计划和方案。

融合教育学校教导处的具体工作可包括参与残疾学生的评估鉴定、制订个别化教育计划、做好学籍管理、教学和课程设置安排、盲文或大字课本购置、助听设备和助视设备或其他教学资源的准备、融合教育教研活动的计划和安排、资源教室的工作管理、残疾学生考试评价方式的调整以及及时处理解决并向学校领导班子汇报融合教育课堂教学中的问题等。可见,教务处是融合教育学校中极其重要的推进部门。

(四)科研处的职责

人类的教育教学活动是极为重要、极为复杂的社会活动。教育科研是促进学校提高教育教学质量、改革和发展的第一生产力。融合教育因其面临的对象具有更为复杂的状况,因此教育科研在融合教育学校中的地位更加重要,融合教育学校更应当树立全员参与的科研意识。

为进一步做好融合教育教科研工作,融合教育学校科研处应与学校教导处保持密切联系,制订全校融合教育科研工作的年度、学期计划,引导、组织开展全校参与的融合教育科研活动;保持对融合教育相关问题的敏锐性,牵头负责组织申报学校的各级各类课题并开展相关研究;同时,为其他教职员工提供课题申报、执行、结题等的相关协助工作。

（五）德育处的引导

融合教育学校的德育处在全校参与融合教育工作中，从德育教育入手，从观念和价值取向及行为塑造上发挥作用[①]。

融合教育学校的德育处应积极针对融合教育理念、意义和作用等组织宣传专题活动，对融合教育的精神、理念进行倡导，努力营造全校参与的融合教育氛围，从校园环境建设、校园融合氛围营造方面进行积极的引导。因此，德育处应当制订融合教育主题活动的年度、学期工作计划，紧密联系校内外相关部门，共同构建学校融合教育支持系统。

（六）后勤、财务部门等支持

学校后勤、财务部门工作具有基础性、保障性的重要作用。融合教育的实施以学校日常基础性、保障性工作为主，例如残疾学生辅助设施设备的添置、特殊教材和资料的采购等，因此融合教育学校的后勤、财务部门在基础性、保障性方面对全员参与的融合教育工作中起到重要作用。

融合教育学校的后勤、财务部门应当充分了解融合教育中课堂教学、教师、学生等的各种需求，努力对学校的各个场所、教师教学以及学生活动等方面提供及时并满足其需求的服务。

[①] 张文京. 融合教育与教学[M]. 广西师范大学出版社，2013：94，99.

第三章　融合教育学校的环境管理

学校是学生学习和生活的重要场所，不仅是知识的殿堂，更是人性养育的圣殿。学校教育应该从单纯的知识传授转变为培育学生的品格，要为学生提供生活适应的指导教育，培育学生的人文精神。融合意味着什么？融合意味着包容，意味着所有儿童都有归属感，意味着所有儿童都被接纳。

不同国家在不同阶段都对融合教育和融合教育学校的建设提出了要求和规范，为每个学生创设一个理想的融合教育环境是政府的要求，同时也为融合教育学校的建设提供了政策保障。我国《义务教育法》（2006）明确提出："普通学校应当接收具有接受普通教育能力的适龄残疾儿童少年随班就读，并为其学习、康复提供便利和帮助[①]。"《残疾人教育条例》（2017）明确提出："能够适应普通学校学习生活、接受普通教育的适龄残疾儿童少年依照《中华人民共和国义务教育法》规定就近到普通学校入学并接受义务教育[②]。"《关于加强残疾儿童少年义务教育阶段随班就读工作的指导意见》（2020）明确要求："加强谋划、合理布局，统筹学校招生计划，确保随班就读学位，同等条

[①] 中华人民共和国中央人民政府. 中华人民共和国义务教育法[EB/OL]. http://www.gov.cn/flfg/2006-06/30/content_323302.htm, 2021-9-23.

[②] 中华人民共和国中央人民政府. 残疾人教育条例[EB/OL]. http://www.moe.gov.cn/jyb_sjzl/sjzl_zcfg_jyxzfg/202109/t20210922_565679.html, 2021-9-23.

件下在招生片区内就近就便优先安排残疾儿童少年入学[1]。"

融合不仅仅是一种政策要求，更是一种理念，融合的理念教导人们接纳人的差异性、欣赏人的特殊性。融合教育是基于教育公平的理念，倡导所有儿童都应该在普通学校接受高质量、适合他们自己特点且平等的教育和服务。融合教育从宏观层面来看，需要社会和教育系统的整体改革；从中观层面来看，则需要学校组织体系的改革，需要学校重建（school restructuring）[2]。而融合教育学校就是践行融合教育理念的学校，需要重视并尊重每一个学生，将学生的多样性作为一种丰富的学习资源。

一、创建包容友爱的学校文化

正确的办学思想、先进的办学理念是学校文化的灵魂。它包括对教育意义和功能的理解，对人才、质量标准的看法，对师生关系、教学关系的观点等。学校文化看不见、摸不着，可是它有着巨大的凝聚力、推动力和生命力。

（一）学校文化的内涵

学校文化是一种氛围、一种精神，是一所学校综合实力的反映。学校文化是学校发展的灵魂，决定着学校的发展方向、发展战略、发展道路、发展前途，也影响着学校人才培养的目标和结果。学校文化可以理解为教师、学生和校长所持有的共同信念，这些信念支配着他

---

[1] 中华人民共和国教育部. 教育部关于加强残疾儿童少年义务教育阶段随班就读工作的指导意见[EB/OL]. http://www.moe.gov.cn/srcsite/A06/s3331/202006/t20200628_468736.html, 2021-9-23.

[2] Lipsky D K, Gartner A. Inclusion, school restructuring, and the remaking of American society[J]. *Harvard Educational Review*, 1996, 66(4): 762-796.

们的行为方式；同时，学校文化和学校本身的传统与历史也有密切的联系[1]。学校文化是学校领导与全校师生共同努力形成的办学理念、办学目标、制度及管理风格的总和。学校特色是学校文化的核心要素[2]。

学校文化具体包括学校精神文化、学校制度文化、学校行为文化和学校物质文化。学校精神文化是学校文化的核心，是学校文化的最高层次，是一个学校本质、个性、精神面貌的集中反映。学校精神文化是学校在长期的教育实践过程中，受一定的社会文化背景、意识形态影响而形成的，为其全部或部分师生员工所认同并遵循的精神成果与文化观念，表现为学校风气、学校传统以及学校教职员工的思维方式等[3]。具体来讲，学校精神文化主要包括学校价值观、精神、传统、校训、校风、教风、学风、班风、人际关系、集体舆论、心理氛围等；制度文化主要包括学校教育、教学及管理的各种规章制度等；行为文化主要包括约定俗成的各种行为规范和做事方式等；物质文化主要包括学校标志、学校建筑、学校景观、学校文化设施等。

威拉德·沃勒（Willard Waller）提到，每一所学校都有自己的文化，有一套塑造行为和建构关系的仪式、惯例及道德准则。在积极的学校文化中，每一个成员都在这一网络中充当价值守护、传播和示范的角色；而在消极的学校文化中，通常会发现"恶梦人"，他们掌握着扭曲了的事实，是消极历史的讲述者、有害的"反英雄者"以及正能量和成就的破坏者[4]。可见，学校文化对一所学校的整体发展具有

---

[1] Heckman P E. School restructuring in practice: Reckoning with the culture of school[J]. *International of Journal of Educational Reform*, 1993, 2(3): 263–272.

[2] 袁振国. 当代教育学[M]. 北京：教育科学出版社，2004：389.

[3] 赵中建. 学校文化[M]. 上海：华东师范大学出版社，2004：299–300.

[4] Kent D. Peterson & Terrence E. Deal. *The Shaping School Culture Field Book (2nd Edition)* [M]. San Francisco: Jossey-Bass, 2009: 8–9.

举足轻重的意义。

（二）融合教育学校的文化氛围

1. 融合教育学校及其特征

美国学者苏珊·斯坦巴克和威廉·斯坦巴克（Susan Stainback & William Stainback，1990）指出，融合教育学校是一个每个学生都有归属感，每个学生都被接受认可，每个学生的教育需要都被了解且都能尽可能得到满足的地方。在教育过程中，学校集体中的每个人都在为别人提供支持并且也能得到别人的支持[1]。

1994年，联合国教科文组织在世界特殊教育大会上指出，融合教育学校的基本原则是，只要可能，所有儿童都应该在一起学习，不管他们之间有什么差异，或者他们可能经历着什么困难。融合教育学校必须认识到学生的多样化需求并对此做出反应，通过适当的课程、组织方式、教学策略、资源运用以及与社区的合作，来适应学生的不同学习风格、不同学习步调，确保所有学生都能接受高质量的教育。融合教育学校应该有一系列的支持和服务来满足学校中不同学生的特殊教育需要[2]。

英国的教育标准办公室（Office for Standards in Education, OFSTED）给融合教育学校下的定义是：一所融合教育学校应重视全人教育，关注每一名学生的学习成效、待人接物方式和身心健康。高效能的学校正是融合教育学校，这些学校不单是教学成绩卓越，同时也有良好的

---

[1] Stainback W, Stainback S. *Support networks for inclusive schooling*[M]. Baltimore: Brookes, 1990: 241–243.

[2] United Nations Educational, Scientific and Cultural Organization (UNESCO). Final Report: World Conference on Special Needs Education: Access and Quality[R]. Salamanca, Spain, 1994.

校风并秉持有教无类的精神[1]。

邓飞认为，融合教育学校有两种，一种是正在实践融合教育的学校，即这所学校目前已经接纳了所有儿童，不管学生有什么障碍、差异或者经历着什么困难，所有儿童都在一起学习，学校也已经开始或者承诺在学校的各个层面上去努力实践融合教育；另一种是已经开展了最佳融合教育实践的学校，即已经在学校的不同层面有效实施融合教育的学校[2]。

融合教育学校应该具备什么样的特征呢？

1992年，美国全纳教育学者斯坦巴克夫妇和杰克逊（Stainback & Jackson）最早在研究中提出了成功的全纳班级和学校需要具备的以下四个特征：

（1）形成一种哲学，即所有儿童都属于所在班级和学校；在一个多样性被尊重和重视的文化中，所有儿童都有学习的能力。

（2）班级的规章制度弘扬公正、机会均等以及学生、教师和团体中每个成员之间互相尊重的价值观。

（3）在教学中为学生提供支持和辅助，帮助学生达到适合自己的个性化课程目标。整个教学过程中要体现出教师愿意并且能够调节课程，来满足学生的个别需求。

（4）在普通教育的教室中为学生提供支持和辅助服务。通常，提供的支持和服务要更加重视运用自然的支持，注重课堂内的适应性调节，使学生的学习更加有效，体现个体间的差异和必要的灵活性。

后来，斯坦巴克等人（Stainback，1996）又增加了两条成功实践融合教育的学校特征，分别是：

---

[1] Office of Standards in Education (OFSTED). Evaluating Educational Inclusion: Guidance for Inspectors and Schools[EB/OL]. http://dera.ioe.ac.uk/id/eprint/4455, 2021-9-23.
[2] 邓飞. 融合教育：理想与实践[M]. 上海：华东师范大学出版社，2015：80.

（5）为那些有不同教育需求的学生制订了适当而又有挑战性的目标，而不是要求每个学生学习同样的材料或者达到同样的熟练水平。

（6）教师和学生都能够得到所需要的支持和帮助[1]。

韦伯（Webber，1997）认为，关系着特殊需要学生是否能够在普通学校中成功融合的五个特征分别是[2]：

（1）社区和社会接纳

（2）尊重学生的多样性

（3）关注学生的课程需要

（4）有效的管理和教学

（5）教师的支持与合作

英国全纳教育学者托尼·布思（Tony Booth，1997）等人对融合教育学校进行观摩研究后得出这样的结论："……融合就是促进学生参与主流学校的文化、课程和团体社交活动的过程。"

他们认为，融合教育学校应重视这些内容：学校文化、效率、改革型领导（transformational leadership）、教师探究反思能力（teacher learning-enquiry and reflection）、合作计划（collaborative planning）、学生参与（student involvement）、及时鼓励强化（celebrating success）[3]。

我国学者黄志成根据英国全纳教育研究中心和其他组织的研究对融合性学校的特征进行了概括，认为融合性学校应该具有以下

---

[1] 杜晓萍. 全纳学校比较研究[D]. 上海：华东师范大学，2006.

[2] Webber J. Responsible inclusion: Key components for success[J]. *Inclusion strategies for students with learning and behavior problems: Perspectives, experiences, and best practices*, 1997: 27−55.

[3] Booth T, Ainscow M, Dyson A. Understanding inclusion and exclusion in the English competitive education system[J]. *International Journal of Inclusive education*, 1997, 1(4): 337−355.

特征[①]:

(1)融合性学校以社区为基础,面向整个社区,在融合性学校人人都是受欢迎的、积极的、不同的,不存在筛选、排斥或者拒绝的现象。

(2)融合性学校应排除各种障碍,对所有人开放(物质方面包括校舍和场地,教育方面包括课程、支持系统和交流方式等)。

(3)融合性学校注重集体合作,注重与其他学校的合作,而不是竞争,在校内也是这样。

(4)融合性学校是一个民主的场所,主张平等,所有人都有权利和责任,都有均等的机会参与和受益于校内外的教育。

(5)融合性学校要公开声明平等观和融合观。

(6)融合性学校领导要公开拥护融合和机会均等思想。

(7)融合性学校应具有教育人员和代理人员相互协调的服务系列。

(8)融合性学校应建立合作体系,促进师生间的自然互助联系。

(9)融合性学校教师的角色可以是灵活的。

(10)融合性学校应与家长建立合作,使家长参与学校的规划和发展。

2. 融合氛围

根据学校文化和融合教育学校的内涵来看,我们可以认为一所合格的融合教育学校,其中尤为基本的学校文化之一应该就是学校的融合氛围。

研究者谢弗(Schaefer)认为学校融合氛围包括特殊需要学生对学校活动的参与度、普通教师与特殊教师的合作与支持、学校校长的

[①] 黄志成. 全纳教育、全纳学校、全纳社会[J]. 全球教育展望,2004,33(12):67-70.

支持和学校实践活动①。2008 年以"融合教育：未来之路"为主题的第 48 届国际教育大会上明确提出应推广具有以下特点的学校文化和环境：对儿童友好，有利于有效的学习，包容所有的儿童，有益健康和保护，注重性别问题以及鼓励学习者、家庭和社区的积极参与。

基于此，可以认为融合氛围是指学校为实施融合教育，校长、教师、学生、家长等各因素在学校管理、教学、互动过程中长期相互作用，而逐渐形成的一种相对持久和稳定的支持、包容、合作的气氛。

（三）学校融合氛围的创建

2000 年，英国融合教育研究中心（Centre for Studies on Inclusive Education, CSIE）编辑出版了《融合教育指南：促进学校中的学习和参与》（*Index for Inclusion: Developing Learning and Participation in Schools*）一书，后于 2002 年和 2011 年分别进行修订，目前最新版是第三版。书中将融合教育的实施分为创建融合文化、制定融合教育政策和开展融合教育实践三个步骤。书中提到，学校文化是学校发展的核心。有效实施融合教育必然要求创设面向全体、尊重差异的学校文化，良好的学校文化氛围的创设是整个融合教育系统发展的基础和前提②。2000 年第 5 届国际特教大会上，南非的尼西女士号召：要承认人与人之间是有差异的，有性别的差异、经济的差异、身体上的差异、语言上的差异等，要在学校中创造出一种多元化的，人人彼此尊敬、互相学习的文化氛围。如何才能创建一个包容有爱的融合教育学校文

---

① Schaefer J. Impact of teacher efficacy on teacher attitudes toward classroom inclusion[D]. Minneapolis: Capella University. 2010.
② Booth T, Ainscow M. *Index for inclusion: Developing learning and participation in schools* [M]. UK: Centre for Studies on Inclusive Education. 2011.

化呢？

1. 充分发挥不同主体的作用

学校文化是一个学校根据自己的办学特点，通过学校管理者、教师、学生、家长在不断探索和发展中共同努力形成的办学理念、办学制度、办学特色等。在学校文化的塑造过程中，重点是学校的"人"，"人"不仅是学校文化塑造的主力，也是学校文化继承和发展的"载体"。因此，要创建学校的融合氛围，从学校层面来看，可以从校长、教师、学生和家长几大主体入手。

校长是整个学校发展的掌舵者，在学校文化创建中起着举足轻重的作用。在创建融合教育学校文化的过程中，以校长为首的校领导必须认真思考，对学校的发展、地域、人文特点进行总结和定位，带领全校师生共同努力，挖掘和提炼本校的融合教育文化内涵，并及时在全校范围进行宣传，促进全校确立平等、有爱、共融的价值取向。

教师的态度是实施融合教育的成功要素，忽视教师的声音，将导致融合的失败，在实施前必须倾听教师的声音。信念是一切改变的根本，教师对于融合教育的态度受到自身价值、信念的重要影响。因此，有必要向全校教师传播融合教育的价值、信念，了解教师对于融合教育实施的关注焦点，对教师进行融合教育的培训，传递融合教育的理念和益处，化解教师对于融合教育的抵触情绪。

融合教育学校是普通学生和特殊学生共同学习的场所，但是调查研究表明，特殊学生在学校内常常处于被忽略的社会地位，同伴交往、友谊关系等都不尽如人意。因此，从学生的角度，对普通学生进行包容有爱、互帮互助的融合理念的教育，对特殊学生进行同伴交往技能的干预，这对于整个学校的融合氛围的构建都非常有必要。

特殊学生家长在参与学校教育的过程中，因与学校之间的权责关系尚未厘清而发生冲突的新闻屡见不鲜；普通学生家长因为对融合教育缺乏正确理解，担心特殊儿童对普通儿童的学业、安全不利等，导致其对随班就读接纳度低。不管是特殊学生家长还是普通学生家长，有必要对他们进行融合教育相关的培训，从而促使学生家长转变观念，建立共融的学校文化氛围。

2. 形成共同愿景

共同愿景，顾名思义就是学校成员之间共同追求的目标。有了共同愿景，意味着学校成员之间存在共同的价值体系，师生存在共同追求的目标。正如前文所述，斯坦巴克夫妇提出的融合教育学校的第一个特征就是全校形成一种哲学，即所有儿童都属于所在班级和学校；在一个尊重和重视多样性的文化中，所有儿童都有学习的能力。一所学校就是一个集体，每个孩子都受到尊重，受到鼓励，建立起一种属于学校这个集体的归属感。学校应该在共同愿景的引领下，形成自己的办学理念和行为规则。共同愿景落实到学校的管理和课程教学中就成了学校制度的基础和做事准则。学校要形成良好的融合氛围，就一定要在共同愿景上下功夫，要由学校领导带领全体师生共同探寻和发现学校在实施融合教育方面的办学特色。

3. 以学校制度为载体

学校文化除了精神文化以外，还包括制度文化，学校的制度章程是学校文化的基本载体和集中体现。在学校文化的建设过程中，要着力构建与学校生活互相关联的融合政策与措施，以此促进教师、学生和其他相关人员融合意识的养成，提升学校融合教育的办学水平。

（四）融合教育学校文化创建实例

1. 全学校模式

全学校模式①推动者迈克尔·彼得森认为，一所能做到融合的学校才是完整的学校。融合不只是让特殊学生和普通学生融合，更是推动民主的一个途径，希望全世界各个学校都能推动公平的理念，通过融合教育帮助学生探索潜能，使他们在民主社会中做个有用的人，成为一个创新的领导人，发起变革使世界更美好。

全学校模式旨在建立一个支持所有学生学习并成为民主公民的环境，包含八个指标，分别是：民主、多层次教学、支持学习、多元评估、多功能空间、伙伴关系、包含所有的人、社区参与（图 3-1）。

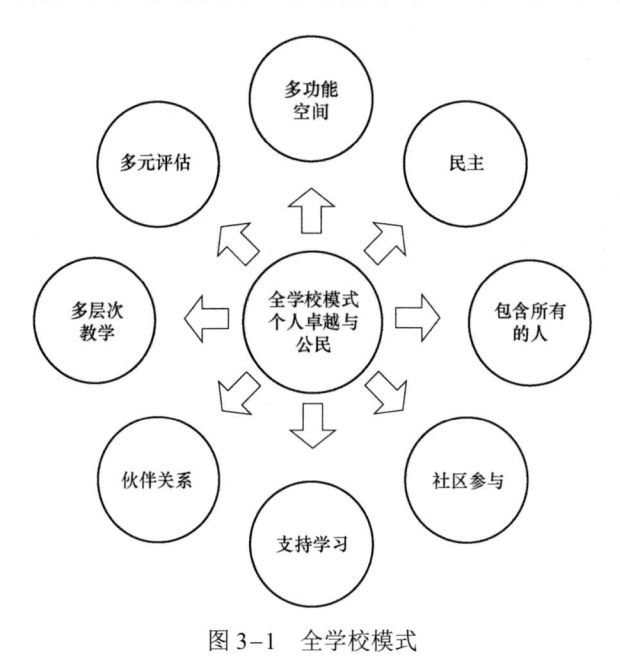

图 3-1 全学校模式

---

① 吴淑美等. 融合教育理论与实践[M]. 北京：华夏出版社，2018：23-24.

全学校模式具有以下几个特点：

（1）教导学生学习在社会上真正实用的工具及技能；

（2）让学生了解同伴间的关系，学会相互照顾及社会互动；

（3）让学生在良好的融合环境下学习；

（4）在教师和教室里同伴的鼓励下学习；

（5）发展学生与教师、家长以及社会之间和谐的相处关系；

（6）通过多层次教学与真实情境、经验、声音和文化的联结，引起不同程度的学生的学习兴趣。

2. 香港全校参与模式

香港特别行政区政府教育局依据英国的《融合教育指南》制定了香港版本《照顾学生个别差异——共融校园指标》（以下简称《共融校园指标》）[①]。文件指出，制定《共融校园指标》的目标是为了提高学校照顾学生个别差异的能力，使所有学生都能接受优质教育。"共融校园指标"包括构建与学校生活中互相关联的三个层面，即文化、政策和措施。其中，建立共融文化是指建设共融的校园和确立共融的价值观，具体指标为"校风及学生支援"。具体包括：

（1）教师、学校管理委员、学生和家长对融合校园的信念存有共识；

（2）所有学生均受重视；

（3）学生关顾政策是配合课程发展及学习支持政策的；

（4）欺凌行为已减少；

（5）停课处分的压力已减少；

（6）各种妨碍学生上课的因素已减少；

---

① 香港特别行政区政府教育局. 照顾学生个别差异：共融校园指标[EB/OL]. http://www.edb.gov.hk/FileManager/TC/Content_6596/indicators-082008_tc.pdf, 2021－9－23.

（7）学校致力减少带有歧视成分的措施；

（8）学校对本区的学生来者不拒；

（9）学校遵循《残疾歧视条例》，对于阻碍学生学习的屏障尽量消减，让所有学生均能参与学习；

（10）教师和学生之间互相尊重；

（11）学生互相帮助；

（12）教师合作无间；

（13）校方对所有学生均寄望甚殷。

二、环境无障碍

（一）无障碍环境的建设与设计

无障碍的英文单词为"Free-barrier"，原本是指物理环境的一种属性，主要是指建造的各种物理环境和设施能够被残疾人和老年人等弱势群体自由获取和访问，后来又延伸为易访问性（Accessibility）。"Accessibility"一词在我国港台及大陆地区有多种译法，包括可达性、可及性、无障碍性、可访问性和可获取性等。

1993年12月联合国大会第48/96号决议《残疾人机会均等标准规则》附录第五条规则"Accessibility"（联合国公布的中文文件中译为"无障碍环境"），明确提出了包括物质环境的无障碍、信息和交流的无障碍两个方面的11项具体规则与要求。这是"Accessibility"一词首次正式出现在残疾人权利国际文书中，标志着无障碍开始成为国际残疾人事务的核心主题[1]。

2006年12月第61届联合国大会通过的《残疾人权利公约》明确

---

[1] 厉才茂. 无障碍概念辨析[J]. 残疾人研究，2019，（4）：64-72.

了"通用设计"(Universal design)的定义,将"无障碍"(Accessibility)确立为残疾人权利的基本原则。其中,第九条对无障碍进行了详细的阐明,即为了使残疾人能够独立生活和充分参与社会,缔约国应该采取措施,确保残疾人在与其他人平等的基础上,无障碍地进出物质环境、使用交通工具、利用信息和通讯,包括信息和通信技术和系统,以及享有城市和农村地区面向公众开放或提供的其他设施和服务[1]。

2012年6月13日中华人民共和国国务院通过的第622号文件《无障碍环境建设条例》公布施行,文件指出,无障碍环境建设是指为便于残疾人等社会成员自主安全地通行道路、出入相关建筑物、搭乘公共交通工具、交流信息、获得社区服务所进行的建设活动[2]。

因此,无障碍环境设计,是指为促进残疾人的身心健康,针对他们的心理和生理上的特殊需要,所提出的便于残疾人活动的系列化设计。在城市和社区的无障碍环境设计中,一般包括两个方面,一方面是方便残疾人通行的道路、桥梁及交通设施设计,另一方面是方便残疾人的建筑物设计。聚焦到一个学校的无障碍环境设计,通常包括学校道路、操场以及建筑物的无障碍设计。

(二)学校无障碍环境设计

1.《无障碍设计规范》的有关要求

为建设城市的无障碍环境,提高人民的社会生活质量,确保有需求的人能够安全地、方便地使用各种设施,2012年3月30日中华人民共和国住房和城乡建设部发布国家标准《无障碍设计规范》(GB

---

[1] 厉才茂. 无障碍概念辨析[J]. 残疾人研究,2019,(4):64-72.
[2] 国务院. 无障碍环境建设条例[EB/OL]. http://www.gov.cn/flfg/2012-07/10/content_2179947.htm, 2002-6-28.

50763—2012）[1]，并于同年 9 月 1 日正式施行。本规范涉及城市道路、城市广场、城市绿地、居住区、居住建筑、公共建筑及历史文物保护建筑等。其中，公共建筑又包括办公、科研、司法建筑，教育建筑，医疗康复建筑，福利及特殊服务建筑，体育建筑，文化建筑等 13 类。与学校无障碍环境设计密切相关的应该是教育建筑无障碍设计的有关规定，具体如下：

（1）教育建筑进行无障碍设计的范围应包括托儿所和幼儿园建筑、中小学建筑、高等院校建筑、职业教育建筑、特殊教育建筑等。

（2）教育建筑的无障碍设施应符合下列规定：

凡教师、学生和婴幼儿使用的建筑物主要出入口应为无障碍出入口，宜设置为平坡出入口；

主要教学用房应至少设置 1 部无障碍楼梯；

公共厕所至少有 1 处应满足本规范第 3.9.1 条的有关规定。

（3）接受残疾生源的教育建筑的无障碍设施应符合下列规定：

主要教学用房每层至少有 1 处公共厕所应满足本规范第 3.9.1 条的有关规定；

合班教室、报告厅以及剧场等应设置不少于 2 个轮椅座席，服务报告厅的公共厕所应满足本规范第 3.9.1 条的有关规定或设置无障碍厕所；

有固定座位的教室、阅览室、实验教室等教学用房，应在靠近出入口处预留轮椅回转空间。

（4）视力、听力、言语、智力障碍学校的建筑设计应符合现行行业标准《特殊教育学校建筑设计规范》[JGJ 76]的有关要求。

---

[1] 中华人民共和国住房和城乡建设部. 无障碍设计规范[EB/OL]. http://www.mohurd.gov.cn/wjfb/201205/t20120504_209758.html, 2012–3–30.

表 3-1　无障碍设施的设计要求[1]

项目	规范要求
缘石坡道	1. 坡面应平整、防滑； 2. 坡与车行道之间宜没有高差；当有高差时，高出车行道的地面不应大于 10mm； 3. 宜优先选用全宽式单面坡缘石坡道； 4. 全宽式单面坡缘石坡道的坡度不应大于 1:20，三面坡缘石坡道正面及侧面的坡度不应大于 1:12，其他形式的缘石坡道的坡度均不应大于 1:12； 5. 全宽式单面坡缘石坡道的宽度应与人行道宽度相同，三面坡缘石坡道的正面坡道宽度不应小于 1.20m，其他形式的缘石坡道的坡口宽度均不应小于 1.50m。
盲道	1. 盲道的纹路应凸出路面 4mm； 2. 盲道铺设应连续，应避开木（穴）、电线杆、拉线等障碍物，其他设施不得占用盲道； 3. 盲道的颜色宜与相邻的人行道铺面的颜色形成对比，并与周围景观相协调，宜采用中黄色； 4. 盲道型材表面应防滑； 5. 行进盲道应与人行道的走向一致，宽度宜为 250mm～500mm，宜在距围墙、花台、绿化带 250mm～500mm 处设置，当行进盲道与路缘石上沿在同一水平面时，距路缘石不应小于 500mm，当行进盲道比路缘石上沿低时，距路石不应小于 250mm，盲道应避开非机动车停放的位置； 6. 行进盲道在起点、终点及转弯处及有需要处应设提示道，当盲道的宽度不大于 300mm 时，提示盲道的宽度应大于行进盲道的宽度。
无障碍出入口	1. 无障碍出入口包括：平坡出入口、同时设置台阶和轮椅坡道的出入口、同时设置台阶和升降平台的出入口； 2. 出入口的地面应平整、防滑； 3. 室外地面滤水箅子的孔洞宽度不应大于 15mm； 4. 除平坡出入口外，在门完全开启的状态下，建筑物无障碍出入口的平台的净深度不应小于 1.50m； 5. 建筑物无障碍出入口的门、过厅如设置两道门，门扇同时开启时两道门的间距不应小于 1.50m； 6. 建筑物无障碍出入口的上方应设置雨棚； 7. 平坡出入口的地面坡度不应大于 1:20，当场地条件比较好时，不宜大于 1:30。

[1] 中华人民共和国住房和城乡建设部. 无障碍设计规范[EB/OL]. http://www.mohurd.gov.cn/wjfb/201205/t20120504_209758.html, 2012-3-30.

续表

项目	规范要求
轮椅坡道	1. 轮椅坡道宜设计成直线形、直角形或折返形； 2. 轮椅坡道的净宽度不应小于 1.00m，无障碍出入口的轮椅坡道净宽度不应小于 1.20m； 3. 轮椅坡道的高度超过 300mm 且坡度大于 1:20 时，应在两侧设置扶手，坡道与休息平台的扶手应保持连贯； 4. 轮椅坡道的最大坡度不超过 1:20，最大高度不超过 1.20m，水平长度不超过 24.00m； 5. 轮椅坡道的坡面应平整、防滑、无反光； 6. 轮椅坡道起点、终点和中间休息平台的水平长度不应小于 1.0m； 7. 轮椅坡道临空侧应设置安全阻挡设施； 8. 轮椅坡道应设无障碍标志。
通道、门	通道： 1. 室内走道不应小于 1.20m，人流较多或较集中的大型公共建筑的室内走道宽度不宜小于 1.80m； 2. 室外通道不宜小于 1.50m； 3. 无障碍通道应连续，其地面应平整、防滑、反光小或无反光，并不宜设置厚地毯； 4. 无障碍通道上有高差时，应设置轮椅坡道； 5. 固定在无障碍通道的墙、立柱上的物体或标牌距地面的高度不应小于 2.00m，如小于 2.00m 时，探出部分的宽度不应大于 100mm，如突出部分大于 100mm，则其距地面的高度应小于 600mm； 6. 斜向的自动扶梯、楼梯等下部空间可以进入时，应设置安全挡牌。 门： 1. 不应用力度大的弹簧门，不宜采用玻璃门，当采用玻璃门时，应有醒目的提示标志； 2. 自动门开启后通行净宽度不应小于 1.00m； 3. 平开门、推拉门、折叠门开启后的通行净宽度不应小于 800mm，有条件时，不宜小于 900mm； 4. 在门扇内外应留有直径不小于 150m 的轮椅回转空间； 5. 在单扇平开门、推拉门、折叠门的门把手一侧的墙面宽度应不小于 400mm； 6. 平开门、推拉门、折叠门的门扇应设距地 900mm 的把手，宜设视线观察玻璃，并宜在距地 350mm 范围内安装护门板； 7. 门槛高度及门内外地面高差不应大于 15mm，并以斜面过渡； 8. 宜与周围墙面有一定的色彩反差，方便识别。

续表

项目	规范要求
楼梯、台阶	楼梯： 1. 宜采用直线形楼梯； 2. 公共建筑楼梯的踏宽度不应小于 280mm，踏步高度不应大于 160mm； 3. 不应采用无踢面[①]和突缘为直角形的踏步[②]； 4. 宜在两侧均设置扶手； 5. 如采用栏杆式楼梯，在栏杆下方宜设置安全阻挡措施； 6. 踏面[③]应平整、防滑； 7. 距踏步起点和终点 250mm～300mm 宜设提示盲道； 8. 踏面和踢面的颜色宜有区分和对比； 9. 楼梯上行及下行的第一阶宜在颜色或材质上与平台有明显区别。 台阶： 1. 公共建筑的室内外台阶路步宽度不宜小于 300mm，高度不宜大于 150mm，并不应小 100mm； 2. 踏步应防滑； 3. 三级及三级以上的台阶应在两侧设置扶手； 4. 台阶上行及下行的第一阶宜在颜色或材质上与其他阶有明显区别。
电梯	1. 候梯厅深度不应小于 1.50m； 2. 呼叫按钮高度为 0.90m～1.10m； 3. 电梯门洞的净宽度不应小于 900mm； 4. 电梯出入口处宜设提示盲道； 5. 候梯厅应设电梯运行显示装置和抵达音响； 6. 轿厢门开启的净宽度不应小于 800mm，在轿厢的侧壁上应设高 0.90m～1.10m 带盲文的选层按钮，盲文按钮宜设置于普通按钮旁，轿厢的三面壁上应设高 850mm～900mm 扶手，轿厢内应设电梯运行显示装置和报层音响，轿厢正面高 900mm 处至顶部应安装镜子或采用有镜面效果的材料，轿厢最小规格为深度不应小于 1.40m，宽度不应小于 1.10m； 7. 电梯位置应设无障碍标志。

① 编注：踢面就是楼梯或台阶垂直的面。
② 编注：楼梯踏步就是指楼梯的台阶。
③ 编注：踏面是楼梯或台阶水平的面。

续表

项目	规范要求
扶手	1. 无障碍单层扶手的高度应为 850mm～900mm，无障碍双层扶手的上层扶手高度应为 850mm～900mm，下层扶手高度应为 650mm～700mm； 2. 扶手应保持连贯，靠墙面的扶手的起点和终点处应水平延伸不小于 300mm 的长度； 3. 扶手末端应向内拐到墙面或向下延伸不小于 100mm，栏杆式扶手应向下成弧形或延伸到地面上固定； 4. 扶手内侧与墙面的距离不应小于 40mm； 5. 扶手应安装坚固，形状易于抓握。圆形扶手的直径应为 35mm～50mm，矩形扶手的截面尺寸应为 35mm～50mm； 6. 扶手的材质宜选用防滑、热惰性指标好的材料。
公共厕所、无障碍厕所	1. 女厕所的无障碍设施包括至少 1 个无障碍厕位和 1 个无障碍洗手盆，男厕所的无障碍设施包括至少 1 个无障碍厕位、1 个无障碍小便器和 1 个无障碍洗手盆； 2. 厕所的入口和通道应方便乘轮椅者进入和进行回转，回转直径不小于 1.50m； 3. 门应方便开启，通行净宽度不应小于 800mm； 4. 地面应防滑、不积水； 5. 无障碍厕位应设置无障碍标志； 6. 无障碍厕位应方便乘轮椅者到达和进出，尺寸宜做到 2.00m×1.50m，不应小于 1.80m×1.00m，门宜向外开启，否则要留有直径不小于 1.50m 的轮椅回转空间，门的通行净宽不应小于 800mm，平开门外侧应设高 900mm 的横扶把手，在关闭的门扇里设高 900mm 的关门拉手，并应采用门外可紧急开启的插销，厕位内应设坐便器，厕位两侧距地面 700mm 处应设长度不小于 700mm 的水平安全抓杆，另一侧应设高 1.40m 的垂直安全抓杆。

2. 上海市普通学校无障碍设施建设要求

2020 年，上海市教委发布《上海市基础教育学校无障碍环境建设实施指南》，要求普通学校校园环境无障碍设施应符合《无障碍设计规范》(GB 50763)、上海市《普通中小学校建设标准》(DG/TJ 08—12)、上海市《普通幼儿园建设标准》(DG/TJ 08—45)、上海市《无障碍设施设计标准》(DGJ 08—103)等有关规定。

(1) 新建普通学校主要教学楼超过2层(含2层)时,应至少设置1部无障碍电梯。有条件的已建普通学校主要教学楼应安装无障碍电梯。暂无安装条件的已建普通学校可通过采用辅助设施、设备以满足有关人员立体空间无障碍通行需求。

(2) 新建普通学校主要教学楼每层应至少有1处无障碍厕所(厕位)。已建普通学校每栋主要教学楼至少有1处无障碍厕所(厕位),无障碍厕所(厕位)宜设置在一层。

(3) 凡教师、学生(含学龄前儿童)使用的建筑物主要出入口应为无障碍出入口,宜设置为平坡出入口。建筑物出入口宽度应满足疏散和轮椅通行的要求。

(4) 新建普通学校校门的人行出入口应设置盲道,已建普通学校校门口宜设置盲道。如校门外城市道路已建盲道,学校盲道应与城市道路的盲道相通。校内人行道路宜设盲道,道路入口应设缘石坡道。

(5) 学生宿舍宜按总套数的2%设置适合乘轮椅者居住的无障碍寝室,且宜设在底层,其同层的公共厕所、浴室和盥洗室均应设无障碍厕位和无障碍淋浴间。

(6) 合班教室、报告厅以及剧场等应设置不少于2个轮椅座席。

(7) 有固定座位的教室、阅览室、实验室等教学用房,应在靠近出入口处预留轮椅回转空间。

(8) 校门到各建筑物之间应便于乘轮椅者通行。走廊和各种教学场所室内没有高差。走廊地面有高差时应使用坡道。学校门厅和走廊内不得设踏步。房间出入口与走廊有高差时,连接处应使用斜坡。

(9) 楼梯设置的数量、宽度、位置和形式,应满足使用要求,符合安全疏散和国家防火规范要求。

(10) 楼梯两侧宜设扶手。新建普通学校主要教学楼走廊宜建高低两层的扶手。已建普通学校每栋主要教学楼一层走廊宜建高低两层的扶手。

（11）校内停车场应按总停车位的 1%设置无障碍停车位，且不少于 1 个。无障碍停车位宜设置在距离建筑物最近的位置。

（12）普通教室、专用教室、食堂、厕所、门厅、走道、楼梯间宜采用防滑易清洁的地面。

（13）学校应当对校园内无障碍设施进行维护和管理，确保无障碍设施正常使用。无障碍设施无法正常使用的，学校应当及时修复。

（14）学校或者个人不得损坏、擅自占用无障碍设施，也不得擅自改变无障碍设施的用途；对破坏无障碍设施的行为有权劝阻和举报。

三、信息无障碍

（一）信息无障碍的内涵

1. 信息无障碍的定义

信息无障碍的概念最早是在 20 世纪末由欧美一些国家率先提出来的，意指实现任何人在任何情况下都能以相近的成本，便利地获取基本信息或使用常用的信息沟通手段。它主要研究怎样利用技术手段消除人们尤其是残障人士等弱势群体因为某些生理功能的退化或丧失，在信息获取、接受过程中的障碍[1]。

联合国对信息无障碍的定义：信息无障碍是指信息的获取和使用对于不同的人群应有平等的机会和差异不大的成本[2]。

美国颁布的《残疾人法案》第 508 条对信息无障碍进行了专门的

---

[1] 赵英，赵媛. 信息无障碍支持体系研究[M]. 成都：四川大学出版社，2012.
[2] 张世颖. 信息无障碍：概念及其实现途径[J]. 山东图书馆学刊，2010（05）：37-41.

规定。信息无障碍是指残疾人等弱势群体在任何时候、任何情况下获取信息、接受利用信息以及共享信息时是平等且无差别的[①]。

2004年,在我国首届"信息无障碍论坛"上正式将信息无障碍概念引入。中国互联网协会在第二届中国信息无障碍论坛上给出定义:信息无障碍是指任何人(无论是健全人还是残疾人,无论是年轻人还是老年人)在任何情况下都能平等、方便、无障碍地获取信息和利用信息,主要包括电子和信息技术无障碍以及网络信息无障碍两个方面[②]。

2. 信息无障碍的范畴

美国《残疾人法案》将信息无障碍划分为三个范畴,分别是传统的信息无障碍、电子和信息技术无障碍、网络无障碍。

(1)传统的信息无障碍

传统意义上的信息无障碍主要广泛存在于网络时代出现之前,主要是针对残疾人获取信息不可或缺的环境条件,包括字幕文字提示、盲文、手语等方式。

(2)电子和信息技术无障碍

随着信息时代的不断发展壮大,信息无障碍主要包括电子信息和技术以及相关的辅助产品设施设计的无障碍。

(3)网络无障碍

网络无障碍指网页内容在网络应用方面以及与之配套的互联网技术的兼容和无障碍。

[①] 人民网. 美国508无障碍法案[EB/OL]. http://wza.people.com.cn/wza2013/a/biaozhunfagui/2019/0319/113.html, 2021-9-23.

[②] 中国互联网协会. 缩小数字鸿沟共享信息文明:第二届中国信息无障碍论坛即将召开[EB/OL]. http://www.xnbo.com/show.asp?id=872, 2021-9-23.

（二）信息无障碍的标准

1. 信息无障碍的国际标准

1997 年 2 月，万维网联盟（World Wide Web Consortium, W3C）为了提升网络的无障碍性，成立了网络无障碍推动（The Web Accessibility Initiative, WAI）小组，制定了一系列关于网络无障碍的标准、规范、检测表，并开发了一些无障碍的技术。

信息无障碍的国际标准[①]具体包括以下内容：

（1）可感知性

a. 为所有非文本内容提供替代文本，使之可以转化为用户需要的其他形式（如大字版本、盲文、语音、符号语言、简化语言）；

b. 为时基媒体[②]提供替代文本；

c. 创建能以不同形式（如简化布局）展现而不丢失信息或结构的内容；

e. 使用户更容易看到或听到内容，包括从背景信息中区分前景信息。

（2）可操作性

a. 所有功能均可通过键盘操作；

b. 给用户提供足够的时间来阅读和使用网页内容；

c. 在设计内容时不使用已知会导致疾病发作的方式；

e. 提供帮助用户导航、查找内容和定位的方法。

（3）可理解性

a. 使文本内容是可读的和可理解的；

[①] 人民网. 信息无障碍[EB/OL]. http://wza.people.com.cn/wza2013/a/xinxiwuzhangai/, 2021-9-23.

[②] 编注：时基媒体是指与绝对时间或时间顺序密切相关的媒体。常见的时基媒体有音频、视频以及特定时空发生事件的集合体。

b. 使网页以可预测的方式展示和操作；

c. 帮助用户避免和纠正错误。

（4）健全性

a. 最大限度地兼容目前和未来的用户代理（包括辅助技术）。

2. 我国信息无障碍的标准

我国对于信息无障碍的研究起步晚，仍然处在初级阶段，还没有形成系统的信息无障碍体系，信息无障碍标准规范仍在不断健全的过程中。我国的学者对美国、欧盟、日本等国家的信息无障碍标准等法律法规进行解读，结合我国国情，制定出我国的信息无障碍标准，如《信息无障碍身体机能差异人群网站设计无障碍技术要求》(YD/1761—2008)、《信息无障碍身体机能差异人群网站设计无障碍评级测试方法》(YD/T 1890—2009)、《信息无障碍用于身体机能差异人群的通信终端设备设计导则》(YD/T 2065—2009)等。这些标准规范对我国信息无障碍建设具有重要的规范指导意义。

其中，《信息无障碍身体机能差异人群网站设计无障碍技术要求》由中华人民共和国信息产业部发布，主要包括以下4项设计原则：网页内容必须是可感知的、网页内容中的界面组件必须是可操作的、网页内容和控件必须是可理解的、兼容性要求。这四大原则的每一项均包括若干条指导方针（共13条），每项原则之下的规范的合格标准被划分为3个等级：第1级合格标准、第2级合格标准和第3级合格标准。

（1）可感知性

a. 为所有非文本内容提供替代文本；

b. 为同步媒体提供（同步的）替代文本；

c. 保证信息和结构可以与表现相分离；

d. 前景信息和背景要容易区分。

（2）可操作性

a. 所有功能都可通过键盘接口操作；

b. 给（残疾）用户提供足够的时间来阅读和使用网页内容；

c. 在设计内容时不使用已知会导致疾病发作的方式；

d. 提供办法以帮助（残疾）用户查找内容，确定自己所处的位置和导航；

e. 帮助用户避免错误，并在出现错误时方便地加以纠正。

（3）可理解性

a. 使文本内容是可读的和可理解的；

b. 内容的布置和功能性是可预测的。

（4）健全性（兼容性）

a. 最大限度地兼容目前和未来的用户代理（包括辅助技术）；

b. 确保内容是无障碍的或者提供一个无障碍的选项。

另外，有些省市在国家标准的基础上，因地制宜，根据自身的发展情况制定了省级信息无障碍标准，比如 2019 年北京市制定《北京市进一步促进无障碍环境建设 2019—2021 年行动方案》。

（三）信息无障碍在特殊人群中的应用

信息无障碍可以保障残疾人在内的特殊群体平等地获取以及利用信息，同时也可以促进传统的信息以及电子信息技术和网络应用的不断更迭创新，从而使得相关服务更好地面向所有受众。

1. 无障碍数字教育资源在听障人群中的应用现状

无障碍化数字教育资源建设是一个较前沿的研究领域。无障碍数字教育资源是指以无障碍思想为理论思想，以计算机和互联网等信息技术为核心,以促进全纳教育的全面深化和特殊人群与健全人群在工作、学习与生活中的深度融合为主要目标的数字化学习资源的统称。

秦鹏晰(2015)将无障碍数字资源应用到听障儿童的教育教学中。在全面充分地分析听障儿童的认知特点以及数字教育资源本身构成要素的基础上,提出并构建信息获取无障碍型数字教育资源。通过对学习内容的拆分重组,对文本、图片、视频类资源进行重点突出设计、简化交互设计、增强反馈设计等方面的无障碍化设计,以满足听障儿童的学习需求,同时在资源学习过程中创造性地引入手语学习环节,一方面使得听障儿童更好地掌握手语,另一方面提升了听障儿童的知识转换与迁移能力,实现了听障儿童在知识、技能、情感、态度方面的全面提升,力求彰显无障碍数字教育资源在特殊教育教学中的优越性[①]。

2. 面向视障群体的信息无障碍应用现状

尽管我国互联网技术不断发展普及,但是由于种种原因,面向视障群体的信息无障碍落实不到位。主要表现在以下方面:

(1)触屏化移动终端使用困难。目前移动终端触屏化是趋势,而视障人士还是更加适应键盘使用,这对于视障人群非常不利。

(2)辅助读屏软件兼容性差、识别率低。现在市面上还几乎没有针对视障群体的专门操作系统,视障信息无障碍主要还是通过读屏软件、物品识别软件等第三方无障碍软件来实现,但是这些软件在设计和功能上存在兼容性差、识别率低等问题,给视障群体的信息无障碍带来很大困难。

3. 学校可采取的信息无障碍措施

近年来,我国的信息无障碍建设取得了较快发展,无障碍的理念

---

① 秦鹏晰. 面向全纳教育的听障儿童无障碍数字教育资源的设计与应用研究[D]. 长春:东北师范大学,2015.

和意识更加被公众理解认同，无障碍环境建设的社会氛围进一步形成，为包括残疾人提供了便利。但是总体来看，我国的信息无障碍建设还相对滞后，地区、行业发展还不平衡，广大残疾人在获取社会信息、参与社会交流、社会生活方面还存在诸多障碍。上海作为国际化大都市，在信息无障碍建设领域是走在全国前列的。2020年，上海市教育委员会印发了《上海市基础教育学校无障碍环境建设实施指南（试行）》，其中对信息无障碍提出了具体要求，见表3-2。

表3-2 上海市基础教育学校信息无障碍建设要求

学校应重视信息无障碍建设，将无障碍环境建设与心理健康达标、温馨教室创建、创新实验室配置、特殊学校图书馆建设、信息化环境优化等项目相结合，使各类残疾学生能够平等、顺畅地获取各类信息资源，平等参与学校学习与生活。
（1）学校图书馆应为视力障碍等有需求的学生提供大字号的书籍或有声书籍，电子阅览室及机房配备语音读屏软件。 （2）配有耳机的场所应为听力障碍等有需求的学生提供可以连接视听播放设施与学生助听器或电子耳蜗的设备。 （3）校园内张贴的各类公告应兼顾视力障碍学生的阅读需要。 （4）校园网、教育教学网站或平台需进行无障碍改建，增加相关插件。 （5）校园电视台、教学动画和视频等教育资源需嵌入手语或字幕。 （6）大型活动场所宜提供"音频-文字"转换系统。

资料来源：上海市基础教育学校无障碍环境建设实施指南（试行）（沪教委基〔2020〕27号）

第四章　融合教育学校的班级管理

班级是学校生活的基本单位和基本组成部分。学生在学校的学习生活几乎都是以班级为单位、以课堂为载体进行的。除了正式的课堂学习互动外，班级里还存在着各种各样的学习活动，例如：社会性学习、探究式学习、生成性学习活动等，班级内的学习空间是广阔的，学习机会是丰富的。

融合教育学校班级是包括残疾学生在内的所有儿童学习、成长的重要环境。由于特殊学生的存在，其丰富的差异性特征造就了融合教育班级中更丰富的学习、成长环境和机会；同时，也决定了班级建设目标应当是以满足包括残疾学生在内的每一个学生对群体生活的需求为目标，为每一个学生提供充分的学习场景、条件和机会，每个学生在班级内学习文化知识、学习遵守和执行行为规范、学习人与人之间的沟通与交往技能、学习责任与担当。

因此，在丰富的学习环境、多彩的学习过程中，融合教育学校班级的管理应当以建立普通学生与残疾学生共存、共生、共享和共同进步的和谐教育教学团队为宗旨[1]，在为残疾学生创设无障碍生活、学习、活动环境基础上，追求每一个学生的健康成长。

---

[1] 张文京. 融合教育与教学[M]. 广西：广西师范大学出版社，2013（1）：160，161，164.

一、班级的教室环境创设

融合教育学校班级教室是融合班级学生在校期间每天生活的地方，其环境创设直接反映了在班主任带领下的融合班级的融合理念、融合文化和融合氛围，其重要性不言而喻。因此，融合教育班级的教室环境创设，应当为实现包括残疾学生在内的全体学生共存、共生、共享和共同进步的目标服务。

（一）班主任是教室环境创设的核心领导者

班主任是班级工作的直接领导者和组织者，是保障一个班级正常运转的关键所在。在某种程度上讲，班主任老师既扮演着教师的角色，也承担了家长责任；不但要处理复杂的班级事务，还要关注学生们的心理及身心健康状况[1]。

对于融合教育班级教室环境创设，班主任更是核心领导者，他（她）的融合教育思想和理念决定着融合教育班级的发展方向。因此，班主任应当结合班级实际情况，特别是根据残疾学生的具体情况和个体需求，为班级营造一个良好的融合教育环境；引导师生之间、学生之间自发友爱、和谐共生，引导走入融合教育班级教室的每一个人自觉创造一个确保每一位学生平等参与班级学习生活的无障碍教育环境。

总的来看，融合教育学校班级的教室环境创设应聚焦于物理环境和心理环境两个方面，强调尽量建立一个接近正常化的教育环境。

---

[1] 白璐. 基于班主任视角的小学班级安全管理的内容[D]. 西安：陕西师范大学，2017（5）：2-3, 33.

(二)班级教室的无障碍物理环境创设

无障碍环境指的是一个通行无阻、易于接近的环境,包括物质环境、信息和交流的无障碍。融合教育学校班级教室的无障碍物理环境要求其规划、设计和建设方便残疾学生通行和使用,如教室通道应满足用轮椅的学生、拄拐杖的学生以及视力障碍学生通行。融合班级教室的出入口、地面、扶手、桌椅板凳、黑板以及书柜、书架等设置残疾学生可使用的设施且方便他们通行;着力于构建一个便于包括残疾学生在内的所有班级成员自主安全地参与班级活动、出入教室、获得交流信息的教室环境。此外,教室中的信息和交流的无障碍,指听力、视力障碍学生能够无障碍地获得信息,进行交流,如影视作品、电视节目的字幕和解说,电视手语,盲人有声读物等。

对于无障碍环境建设的要求,国家出台有《无障碍环境建设条例》,对"便于残疾人等社会成员自主安全地通行道路、出入相关建筑物、搭乘公共交通工具、交流信息、获得社区服务所进行的建设活动"做了具体规定,并要求特殊教育、康复、社会福利等机构,文化、体育等单位的公共服务场所优先推进无障碍设施改造[1]。因此,融合教育学校对于包括班级教室环境在内的整个校园无障碍环境的建设具有义不容辞的责任和义务。

1. 设施设备

融合班级教室设施应当照顾到听力、视力、肢体障碍等学生的需要,方便所有学生使用。例如,各楼层、教室的盲文指示,教室内安装语音、字幕等文字提示设备,开通信息交流的多种途径;教室阅读角不仅摆放印刷体文字的读物,同时也根据班级残疾学生实际需求提

---

[1] 国务院. 无障碍环境建设条例[EB/OL]. http://www.gov.cn/flfg/2012-07/10/content_2179947.htm, 2012-06-28.

供盲文读物、有声读物；根据残疾学生需求安装冷光灯等特殊照明设备，或可变化颜色的上、下课提示彩色电灯。对于有肢体障碍学生的班级更是应当特别注意，将其教室安排在一楼，同时改造楼层卫生间，为通往其他教学场所的道路设置坡道、安装电梯等。

2. 座位安排

融合班级的座位安排应坚持尽量将残疾学生安排在靠前、离讲台近的座位，并根据学生的特殊需要来确定具体座位。例如，听力障碍学生应将其残余听力好的一边耳朵朝向讲台；视力障碍学生则应根据其眼病特征、致盲原因以及对光线的需求等决定其最佳座位。同时，残疾学生的邻桌应优先选择热心、耐心、学习能力较强、关爱残疾同伴的同学。在班主任和任课教师的指导下，同桌的同学应当以正确的方式成为残疾学生的学习伙伴，与其共同成长、共同发展。

（三）班级教室的无障碍心理环境创设

教师，特别是班主任老师，是影响融合教育班级文化形成的主要因素。班主任老师的融合教育理念、班级管理思路和方法等都深刻影响着融合教育班级文化。在班主任的带领下，融合教育学校班级教室的无障碍物理环境建设完成后，另一个重要任务则是融合班级的无障碍心理环境建设。

融合班级教室无障碍的心理环境应当是让包括残疾学生在内、无论学业成绩如何的所有学生均感受到受重视的环境；且渗透在班级的各项活动中，设身处地地为残疾学生着想才能让心理环境更加无障碍。

例如，所有学生的作品均有机会张贴在教室内，教师乐于表扬所有学生的成就，创造机会让残疾学生或学业成绩落后的学生有机会展示自己的强项；教室里没有欺凌，无论是老师还是同学都没有言语和情绪上的伤害；所有学生都有参与制定班级规章制度的机会，所有学生都有参与课内外活动的机会，运动会和其他文体活动项目的安排能够让班级拥有不同技能和强项的学生都能参与；在挑选班级干部时，不同能力、不同情况的学生都能有机会承担力所能及的工作。

总之，在一天的班级活动中，融合班级应当在无障碍的心理环境建设中，让全体教师、学生潜移默化地学会关爱同伴，营造温暖的班级氛围，让所有学生在班级中感知平等、关爱，个体需求得到满足。

二、班级的课堂常规管理制度设立

课堂，既是指师生共同活动的物理空间，也是一个具有多种结构的功能体，是教师和学生以及与环境之间共同形成的一种互动情景，是较为独立的社会组织；课堂，不仅是教学活动开展的地点，更是教师组织创造的、激发学生积极主动参与学习与互动的学习情境，具有清晰的教学任务和学习目标，有较为规范、明确的规则[1]。研究显示，在影响学习的 28 种变量中，课堂管理是作用尤其大的直接变量之一[2]。

融合教育学校班级的课堂是普通学生与特殊学生共同学习、共同成长的环境空间；其常规管理工作应当以完成国家要求的教育教学目标、培养学生良好的行为规范为根本目标。因此，融合教育学校班级的课堂常规管理制度设立应当遵循以下原则。

（一）遵循国家总的教育方针

课堂常规又称课堂规则或课堂行为规范，它是学校教学管理制度

---

[1] 祝潇. 小学课堂常规管理中的规训化现象探究[D]. 重庆：西南大学，2020（5）：3，3.
[2] 保罗·弗莱. 被压迫者教育学[M]. 顾建新等译. 上海：华东师范大学出版社，2001：4.

(教学管理工作常规)的一部分,是与教育教学息息相关的规章制度[①],也是每个学生必须遵守的日常课堂行为准则。

良好的课堂常规管理是教师开展有效教学的必要条件,能够有效提升课堂教学效率。班级的课堂常规管理制度受国家总的教育方针、课程标准和教育观念的制约。教师是国家教育方针、教育观念的传播者[②],是课程标准、教学内容的具体传递者。因此,融合教育学校班级的课堂常规管理制度建设应是在贯彻执行国家总的教育方针前提下,以教师与学生之间、普通学生与残疾学生之间的相互尊重为基本价值追求,以建立一种激励学生进行自我管理的制度为发展目标,帮助所有学生塑造适应于学校、家庭、社会等环境中的行为习惯。

(二)遵循儿童身心发展的共性

融合班级教师应当树立正确的残疾观,应首先将残疾儿童摆在儿童的位置来认识,认识他们身心发展的共同特征;其次考虑的才是残疾儿童是有特殊需要的儿童。

因此,融合教育学校班级的课堂日常行为管理制度建设应当遵循儿童身心发展规律。依据儿童身心发展规律的共同性特征,按照不同年龄阶段的思维特点和社会性发展水平,紧贴实际,制定班级课堂日常行为管理制度。

与此同时,班主任教师应充分考虑班内的残疾学生,因其障碍而在身心发展规律方面又有个性特点和特殊需求,所以在统一的日常行为管理制度基础上还应当根据残疾学生的实际需求,制定出弹性的规章制度。例如,对于视力障碍学生,为帮助其更好地看清楚板书,可

[①] 祝潇. 小学课堂常规管理中的规训化现象探究[D]. 重庆:西南大学,2020(5):3,3.
[②] 张文京. 融合教育与教学[M]. 广西:广西师范大学出版社,2013(1):160,161,164.

以允许其在课堂上离开座位，允许其使用特殊照明设备和助视设备；对于注意力缺陷多动障碍学生，为帮助其明确教学活动任务安排，可以允许其携带 iPad 进入课堂，需要时使用。

融合班级管理的个别化制度的建设，应根据残疾学生的教育评估、诊断和个别化教育计划的具体情况来综合判断、灵活安排；从集体教学活动实施、学业水平测试，从教学活动空间与资源安排到教学策略的选用等，均需提供个别化的制度服务。

（三）遵循易于执行的原则

再好的制度如果没有执行，那也是形同虚设。因此，融合班级课堂常规管理制度的设立应当遵循易于执行的原则。

为提高融合教育学校班级的课堂日常行为管理制度的可实施性、可执行性，可以首先从团结所有老师，积极引导全体学生共同参与制定入手。这样的管理制度有利于构建民主平等的师生关系；教师与学生进行沟通、商量，共同促进课堂日常行为管理制度的建立，是对每一位学生的尊重，也是融合教育理念的具体体现。

其次，融合教育学校班级的课堂常规管理制度在文字表述上还应当合情合理、简明扼要；在管理目标设定上应当确立可观察、可测量的具体指标，可分时段、分学科提出明确的具体要求。例如：在上课预备铃响后，应立即进入教室，安静下来；在上课开始时师生间问好；下课时师生告别后才能离开教室；在体育课上的着装规范等。对于残疾学生，可针对实际情况设定弹性条款。例如：对于注意力缺陷多动障碍学生，应允许其在上课过程中，在不干扰其他同学情况下短暂离开座位。

此外，积极引入民主自治，让包括残疾学生在内的所有学生都有机会参与解决课堂的纪律问题，也是融合教育学校班级有效执行常规管理制度的方法。涉及班级课堂日常教育教学活动的所有教职员工之间也应积极分享经验，结合彼此的专业知识和技能技巧以协作的态度处理学生的纪律问题，力求达成共识。在学生违反课堂日常行为管理制度时，教师应秉持公正并给予足够的支持和理解，对所有学生一视同仁，切忌因残疾、性别、成绩、家庭背景等方面的差异而区别对待，禁止一切基于残疾的教育歧视。

对于融合教育学校班级课堂常规管理中容易出现的一些问题，例如个别学生总是不能按时完成作业、难以遵守班级约定或易冲动、无法和同学友好相处等，教师可将行为契约、代币制等行为矫正技术运用于课堂常规管理中。

三、班级的应急行为管理

由于残疾学生的身心特征或其他原因，使得融合教育学校班级存在意外事故易发率高于普通班级的潜在可能。如果班级管理不当，容易对学生，特别是对残疾学生的身心发展造成更大的障碍和损失，甚至造成不可逆的后果[1]。教育部下发的《学生伤害事故处理办法》（2002年）指出，学校应当积极预防、妥善处理在校学生的伤害事故。可见，建立应急行为管理机制，是各学校，更是融合教育学校班级工作的重要任务之一。

（一）班级容易出现的应急问题

融合教育学校班级容易出现的应急问题通常可分为两类。一类是在学校生活过程中可能产生、具有不可预估性的问题，即潜在的危险源导致的问题；另一类是因人、物体、环境或管理中存在的问题而诱

---

[1] 张文京. 融合教育与教学[M]. 广西：广西师范大学出版社，2013（1）：160，161，164.

导产生的问题。第一类问题需要对潜在的危险源进行梳理和规避。第二类问题需要在控制和排除危险源的同时，甄别出其中涉及的诱导因素，从而使融合教育学校的各项活动达到安全范围。

以下是根据学校一日生活流程安排梳理的融合班级容易出现应急问题的关键时间节点。

1. 入校、进班和放学时段

学生早上到校、进班和下午放学的时间是学校和班级较为紧张、忙乱的时间。在拥挤的情况下，如果缺少教师或安保人员引导、管理，教室门、窗没有安全打开，或是书架、花盆等设施设备没有安全摆放，室内、过道照明不足，或是走廊、楼梯人员众多，同学奔跑、追逐打闹等情况出现，会为感官通道残缺、行动不便的残疾学生带来更大的安全隐患。

此外，通常情况下，残疾学生比普通学生更容易出现健康问题，需要老师对其在入校、进班时进行细致的晨检。如稍有疏漏，未及时发现残疾学生的健康问题，特别是一些特殊症状，极易引发学校一日生活中出现紧急健康问题。因此，教师，特别是班主任老师应当重视学生入校、进班等关键时间节点。

2. 早操、课间操时段

早操与课间操是融合教育学校的常规活动。如果对在这一时段学生户外活动产生的拥挤状态防范和管理不足，容易造成应急情况出现。例如：班主任在组织排队、清点学生人数过程中，如不细致，容易忽略因身体不适未到场的学生，特别是身体容易出现不适的残疾学生；如果走廊路面湿滑或有同学推搡打闹，很可能造成原本就行动不便的残疾学生摔倒。行动迟缓的残疾学生进出教室门、上下楼梯时如未与其他同学保持适当间距，行动太匆忙，极易产生安全事故，导致应急问题出现。而在这两个时段如果有学生私自留在教室里,同样存在极大的安全隐患。

3. 课间活动时段

丰富多彩的课间活动时段,也是学生容易处于无人监管的时段,更是融合教育学校容易出现应急问题的时段。同伴手中的圆规、钢笔等尖锐的学习用具容易引起外伤;课间嘈杂的环境,有可能造成孤独症等特殊学生情绪上的不适,甚至导致出现自伤或攻击性行为,进而引发同伴间的纷争。

此外,融合教育学校班级中,出现应急性问题、影响学生安全的不仅仅是直接因素如打架斗殴,还有间接因素的影响,如侮辱歧视等[1]。因此,如果缺乏教职工的监管,缺少制度的约束,在课间活动时段,融合班级容易出现更多的应急问题。

4. 午间就餐时段

食品安全,是任何一所学校都应当特别重视的问题,融合教育学校尤其如此。与普通儿童相比,残疾儿童更容易因遗传、自身或环境因素出现食物过敏,或因残疾原因带来咀嚼、吞咽困难等问题,从而引发饮食上的应急问题。因此,融合教育学校班主任和其他教职员工都应当特别注意午间就餐时段的食品和就餐安全问题。

残疾儿童常见的过敏性食物包括富含蛋白质的食物、海产类食物、具有特殊刺激性的食物以及坚果和某些生食的蔬菜、水果。如果食物过敏,儿童可能出现烦躁易怒、坐立不安、注意力不集中等神经系统问题,出现恶心、呕吐、腹泻、腹痛等消化系统问题,出现湿疹、荨麻疹等皮肤问题,出现视力模糊、眼睑浮肿、流泪等视觉系统问题。

[1] Bucher K T, Manning M L. Creating safe schools[J]. *The Clearing House: A Journal of Educational Strategies, Issues and Ideas*, 2005, 79(1): 55−60.

（二）班级的应急行为管理

融合教育学校班级应以预防、控制为主线，从人员、物体、环境和制度建设等四个方面，制定相关管理办法和应急预案，抓好应急行为管理。

1. 人员

提高思想意识、预防应急行为出现、对师生员工的行为进行规范性约束，是融合教育学校进行应急行为管理工作方面应当首要完成的任务。

校长是融合教育学校应急行为管理工作的第一责任人，专门负责学校安全工作的校级干部和专职人员是学校应急行为管理工作的直接责任人。此外，学校行政管理人员的值周工作、班主任的管理工作、保安人员的工作等都与班级应急行为管理工作密切相关。提高所有教职工对应急行为管理工作的责任心，不断提高全体教职工处理学校突发事件的能力，是融合教育学校应急行为管理工作在人员方面应当特别重视之处。

学校可以通过讲座、培训、宣传资料等多种形式，在思想意识上提高全体教职工和学生对应急行为的重视程度，让学校的每一位成员充分认识到，每一位学生，特别是残疾学生在安全管理和应急行为等方面存在的潜在风险，从而在学习、生活、活动、工作中自觉约束自身行为和自觉规范操作。

而提高班主任应急行为管理思想意识和管理能力，则是融合教育学校班级应急行为管理工作的重中之重。

融合班级班主任应注意处理好自己与学科教师、学生、家长，以及学生与学生之间，其他老师与家长之间的关系。良好的师生关系能够让学生乐于服从教师的管理，乐于接纳教师的融合教育理念、态度。

班主任与融合班级全体同学的良好关系能够为普通学生如何平等对待特殊学生起到良好的示范作用，从而避免因同学关系不和谐而引发的应急行为出现。学生与学生之间良好的关系能够让普通学生与残疾学生之间更和谐地相处，更有利于残疾学生融入普通班级，更有利于整个校园融合氛围的营造。教师与家长之间建立良好关系，有利于教师及时了解残疾学生在家的情况，特别是身体健康状况；有利于融合班级的所有家长自愿协助老师营造融合氛围。处理好师生之间、学生之间、老师和家长之间的关系具有重要意义，这是保持学校良好的安全氛围不可或缺的条件[1]，也是融合教育学校应急行为管理工作的重要保障。

2. 物体

保障校园内所有物体的安全，特别是班级环境中所有物体的安全，消除诱发应急行为的潜在因素，是融合教育学校应急行为管理工作的另外一个重要任务。

保持校园内、班级中所有物体始终处于安全状态，要求对校园内、班级中的所有物体在安全技术方面进行层层把关，运用技术手段消除不安全因素，对固有和潜在的危险源进行控制，制定规章措施、应急预案，实现学校设施等物体的充分安全[2]，从而控制应急问题的出现。例如：体育运动器材的安全保管和使用中，针对保障残疾学生安全使用的技术要求；科学课上实验器具及材料的安全保管和使用中，针对有情绪行为问题学生在学习过程中对相关器具和材料安全使用的管理；教室桌椅板凳的安全摆放和使用，电教设备的正确使用，特别是

---

[1] Noonan J. School climate and the safe school: Seven contributing factors[J]. Educational Horizons, 2004, 83(1): 61–65.
[2] 张晴，向友余. 融合教育学校中美育的缺位与重构[J]. 绥化学院学报，2021（04）：1–4.

在上学、放学、课间等易出现应急行为问题的关键时间节点的管控等。

在融合教育学校校园里所有物体安全保障环节上，特别需要考虑针对特殊学生对物体使用和安全管理上特殊需求的改良。例如：为有肢体障碍的残疾学生对运动器材进行改良；有低视力学生的班级课堂照明设备应当改为不发烫、无阴影的冷光灯；教室门窗的打开方向如何设计等。

消除因校园或班级中的物体诱发的不安全因素，避免应急行为出现，不仅是班主任的工作职责，也是融合教育学校全体教职工的共同责任。

3. 环境

对于融合教育学校，无论是校园内、班级中、学校周边，还是上学、放学路上，凡是涉及学生安全问题的环境范围，都需要融合教育学校、融合教育班级加以特别关注。如下雨天，校园走廊、教室内以及上学路上的地面湿滑问题就是环境中存在的安全隐患；校园中、教室内墙角、花坛边、门窗角的尖锐之处，对特殊学生，尤其是视力障碍学生、肢体障碍学生以及难以控制情绪和行为的学生等都是极大的危险源。对残疾学生来讲，校园内、外所有环境的细小之处都可能隐藏较大危险，容易造成应急事件。

此外，融合教育学校还应特别注意对环境中的噪音、新生事物的突然出现、食堂中某些特殊气味的出现等进行预防和管控。这些因素容易引发孤独症学生或其他情绪、行为问题学生出现应急行为反应，出现自伤或攻击性行为，造成不必要的伤害。

4. 制度建设

融合教育学校班级的应急行为制度建设应统筹考虑人员、物体、环境等方面的因素，在学校的整体应急行为制度下，根据本班级学生的具体情况制定细则，可从以下几个方面着手。

首先，建立班级应急行为危险源清单。依据学校的整体应急行为管理制度，结合班级环境、教育教学活动，对班级中各方面的危险源、可能出现的应急状况进行全面识别和分析，梳理、列出目录。

其次，认真分析每一个残疾学生的特殊需求，包括不同环境的需求和改造，例如：食堂气味的消除、厕所的改造、坡道和建筑棱角的改造等；对不同设备设施的需求，例如：运动器材的改良、试验设备设施的保管、照明措施的改造，甚至包括常用、应急性特殊药品的准备等，提出实施细则和建议。如需获得学校支持，应及时报告应急行为管理工作的相关领导，以获得必要的支持。

再次，将管理责任分工列入班级应急行为制度建设中。按照应急行为可能出现的时间、地点，根据科任教师的工作时间和职责、班级学生干部的能力特点等，明确班级活动各个时段、各种环境下，各自在应急行为管理上的工作内容和责任，通过责任的落实，提高班级全体人员的责任意识和工作积极性；可以建立相应的奖惩制度，以鼓励全体学生积极投入班级的应急行为管理工作。

融合教育学校班级应急行为管理工作、班主任应急行为管理能力牵涉整个学校的安全管理工作，体现出融合教育学校的整体管理水平。因此，融合教育班级应当建设更加全面、更具有针对性的应急行为管理制度。

四、提供有效的课堂资源支持

课堂是学校实施教育教学工作的主阵地。融合教育班级课堂，是为全体学生，特别是为残疾学生提供良好的成长环境、融合的教育教学环境和课堂教学资源的主阵地。学校教师、全体同学、学生家长以及社区都可以成为融合班级课堂活动的有利资源。

（一）善用全体教职工的资源

融合教育学校中，班主任、班级授课教师、后勤工作人员等所有教职员工，都是影响融合课堂教育教学工作的重要因素。每位教职员工的融合理念、基本素养、人格魅力都是学生的表率。因此，融合教育学校全体教职员工都应当积极向上，公平、宽容地对待每一个学生，热情地为融合班级提供课堂教学活动所需的资源。

融合班级班主任和任课教师对融合班级，特别是对班级中特殊学生情况的了解比学校其他教职工要深入。因此，除了在各自教育教学工作中拟定和实施对特殊学生的针对性教育教学措施、计划外，还应当集体协同工作，为特殊学生共同制订个别化教育计划；知晓哪些是可用以支持课堂的资源，充分发展和利用自身资源，为融合教育课堂提供支持。

学校各个岗位的教职工之间的配合非常重要，尤其是普通班级教师与资源教师之间的合作。合作是多方面的，包括资源教师充分发挥特殊教育专业知识技能方面的优势，帮助普通班级特殊学生进行缺陷补偿教学；包括资源教师与学科教师之间协商情况下的合理分工和安排教学时间；包括根据学生的需要，资源教师与学科教师协调为特殊学生提供经调适的课程资源，例如：用大字版印刷课本或盲文点字课本等。

融合教育学校的其他教职员工也应充分为特殊学生学习提供支持。例如：学校图书馆为视障学生的独立学习提供盲文书籍类特殊印刷品及录音机等相关设备；电教人员积极为融合班级课堂各学科教学提供技术资源，如利用语音识别软件帮助有严重读写困难的学生学习，为融合班级有效运用多媒体辅助教学、辅助特殊学生学习提供制度保障等。

（二）善用学生的差异资源

融合教育学校的整体环境，特别是融合班级的环境，是一个充满多元文化、拥有丰富差异资源的环境。融合教育学校的特殊性、包容性为所有学生的学习、成长提供了优质的教育平台。借助富有差异资源的教育平台，能让每一位学生的行为更加规范，情感更加真挚，心灵更加纯净，人格更加完善[1]。学校、班主任和其他所有教职员工应当充分将学生的差异资源用作融合教育班级课堂教育教学工作的有利资源。

善用学生差异资源的融合班级，应当让置身于这个多向性、开放性教育环境下的每一位学生都能享有多元班级文化中的隐性教育资源，帮助每一位学生浸润在这个有差异但和谐的氛围中。例如：课堂上教师传递出的对不同学生差异的关注，不断地陶冶着每一位学生的情感认知、人格形成。教师对特殊学生的关爱成为融合教育班级课堂教育教学的一部分，特别是德育教育的有利资源。普通学生能够看到，即便是身有残疾的同伴一样可以有出彩之处，能够体会到每个人都应当向有不同背景、不同经验的同伴学习；在某方面有才能的学生可以为其他同伴，特别是有特殊需求的同伴提供帮助。所有学生都有机会向同伴和老师展示、分享自己的成功经验；所有学生都有机会成为被人学习的榜样；所有学生都可以互相帮助、互相支持。学生的差异资源，是融合教育班级应当充分利用的有利资源。

（三）善用学生家长资源

融合教育学校包含特殊学生和普通学生两类家长。无论是哪一类家长，都希望子女能够健康快乐成长，希望给予孩子理想的教育环境

---

[1] 张晴，向友余. 融合教育学校中美育的缺位与重构[J]. 绥化学院学报，2021（04）：1-4.

和力所能及的最大支持。怀着这样的愿望，普通学生家长往往会担心班级中的特殊学生影响自己子女的学习；而一开始特殊学生的家长也难以意识到自己的孩子同样有发展的潜能和学习的能力。所以，融合教育学校班级对家长的正确引导和对不同家长资源的有效利用，则显得尤为重要。

参与学校教育是每一位家长的权利和义务。教育生态视角下，特殊儿童融合教育提倡家庭、学习、社区共同养育儿童[①]。融合教育学校中的所有家长，不论其子女是否有特殊教育需要，都应明白：融合教育体现平等和人权的理念，透过接纳个别差异的共融文化，可以帮助所有孩子培养包容和尊重别人的情操，从而愿意共同建设一个和谐的社群[②]。

而残疾学生家长在融合教育学校中参与教育则尤为重要，因为没有人比家长更了解孩子的能力、需要、兴趣、优势和不足。融合教育班级班主任和科任教师应特别注意与残疾学生家长建立良好、和谐的关系，帮助他们认识到自己有责任对学校说明有关孩子的身体情况和特殊需要。残疾学生家长及时把孩子的相关资料如实交予学校，与教师开展合作才能尽早为孩子制订适合的教育计划。同时，应当帮助残疾学生家长自觉承担起关注孩子的困难、与老师等专业人员合作、帮助孩子在人际关系及情绪方面的成长、辅导孩子学习等责任[③]。

---

① 杨银，赵斌. 生态系统理论视域下我国特殊儿童融合教育发展路径探析[J]. 教育评论，2019（02）：30-34.
② 香港特别行政区政府教育局. 全校参与模式融合教育家长篇[EB/OL]. https://www.edb.gov.hk/attachment/tc/edu-system/special/resources/serc/download/ieparentguidec.pdf, 2021-10-1.
③ 香港特别行政区政府教育局. 全校参与模式融合教育家长篇[EB/OL]. https://www.edb.gov.hk/attachment/tc/edu-system/special/resources/serc/download/ieparentguidec.pdf, 2021-10-1.

而普通学生的家长则应当全面配合融合教育学校和班级教师，共同培养子女以正面的态度看待残疾，教育子女不应取笑、嘲讽或骚扰残疾同伴；家长们应明白，家长之间可以相互帮助，支持那些需要理解和鼓励的家长[1]。

融合教育班级在开展家长工作、成立家长组织时，班主任老师应当将特殊学生家长纳入家长组织，充分调动他们参与学校活动，参与个别化教育计划的制订。只有在相互信任、相互欣赏、通力合作的家校关系中，才能提升融合教育的成效。

（四）善用学校社区资源

融合教育从来不是融合教育学校能独立完成的，需要依赖于社区和整个社会的支持。融合教育学校应当从学校自身和残疾学生所在的社区实际出发，将社会、文化、环境等因素与融合教育学校、课堂教育教学活动紧密结合，有效地利用社区资源，因地制宜地开展融合教育活动。与社区的良好合作，将社区的有利资源引入融合班级，是确保融合教育高质量实施的又一重要因素。

社区教育资源是指可供学校作为学习经验的所有物质（机构和活动人员），其位于校园之外，但处于学校组织可使用的范畴，包括具有教育价值的任何事物[2][3]。

---

[1] 香港特别行政区政府教育局. 全校参与模式融合教育家长篇[EB/OL]. https://www.edb.gov.hk/attachment/tc/edu-system/special/resources/serc/download/ieparentguidec.pdf, 2021-10-1.

[2] Wood, R. K. *Community Resource* [M]. Englewood Cliffs, NJ: Educational Technology Publication, 1981.

[3] 赵靓. 幼儿园开发利用社区教育资源现状研究[D]. 长春：吉林外国语大学，2020（05）：3-4，7.

融合教育班级中，残疾学生的发展目标、学习内容、学习方式可能与普通学生会有所区别，这些学生会更多地聚焦于生活能力、社会交往、情绪发展等方面的学习；他们的学习不仅仅是坐在教室里通过阅读、写作、数学学习等构建知识技能，同时还需要在生活环境中学习生活技能、社交技能，获得情感、情绪的良好发展。因此，融合班级的课堂活动应当延伸到社区。

社区教育资源极其丰富，且具有多样性特点。如具有教育价值的自然景观、名胜古迹、残疾人康复设施设备、社区运动设施设备等。置身于这些社区资源中的学习活动，能够带给残疾学生最直接的学习经验。

此外，社区中各行各业不同人员的职业优势，也是融合班级课堂教学活动宝贵的教育资源。不论是正式的教学活动还是隐形的教育活动，社区教育资源都可以为融合教育学校课堂提供互动的机会和场所，构建高质量的社区邻里关系，形成优良风气，这是封闭的学校教育无法比拟之处[1][2]。社区作为每一位学生特别是残疾学生生活的大环境，能够为孩子提供更长时间的教育服务，可以提供学校难以提供的身体康复、心理康复、社会服务等各种综合服务。通过协作，融合教育学校和社区可以最大限度地利用资源，改善和扩大服务，最大限度地减少实施障碍，并提供更高质量的教育[3]。

---

[1] 江雪龄. 社区参与和学习风气.师友月刊[J]. 2011：46-50.
[2] 白茜. 美国幼儿早期教育、保育和社区合作的经验探究——以伊利诺伊州为例[J]. 文教资料，2020（09）：139-142.
[3] 白茜. 美国幼儿早期教育、保育和社区合作的经验探究——以伊利诺伊州为例[J]. 文教资料，2020（09）：139-142.

第五章 融合教育学校的课程

一、融合教育学校的课程设置

（一）融合教育与课程

十八大以来，党和国家对特殊教育事业发展的重视程度空前提高，不断推进特殊教育从机会保障向内涵式发展。十八届五中全会明确提出"办好特殊教育"，这为我国特殊教育的发展指明了方向，也对特殊教育质量的提升提出了更高要求。随着融合教育快速发展，党和人民对提升融合教育质量提出了越来越高的要求与期望。课程是教育成败的关键，新中国成立 70 年以来，随着经济社会发生天翻地覆的变化，我国一共实行了 8 次基础教育课程改革，尤其是党的十八大以来，提出"把立德树人作为教育的根本任务"，我国的基础教育课程改革进入新时期。课程也同样是有效体现融合的核心指标之一，多数研究都认为特殊儿童在融合教育学校里在社会发展与自信方面都进步明显，而在学业进步即课程融合方面的结果并不能令人满意。有学者甚至认为，决定融合教育成败的关键在于课程设计[1]。因此，如

---

[1] Edyburn D L. Would you recognize universal design for learning if you saw it? Ten propositions for new directions for the second decade of UDL[J]. *Learning Disability Quarterly*, 2010, 33(1): 33–41.

何基于普通学校的课程进行相应改革和调整，以使课程满足普通学校日益增多的特殊学生的教育需求，从而形成真正的融合教育课程，使每一位特殊学生可以平等、充分地参与到学校课程活动中来，进而提高学业水平和社会适应能力，是对融合教育理论和实践发展的重大挑战。

1. 课程的概念及分类

课程是国家意志的集中体现，承载着教育思想、教育目标和教育内容，决定着人才培养的质量，预示着民族和国家的未来。一直以来，对于课程的界定，各类教育著作可谓见仁见智。归纳起来，大致有"课程即教学科目""课程即学习经验""课程即文化再生产""课程即社会改造的过程"等界定方式[1]。在我国，课程还有广义和狭义之分，广义的课程指学生在学校应学习的学科总和及其进程安排，狭义的课程指具体的某一学科[2]。课程的构成通常包括课程标准、教材、教师用书、练习册等。

根据不同的维度，课程可以采取多种分类。按照呈现形式分，可以分为分科课程、综合课程和活动课程；按照编制、实施和评价的主体分，可以分为国家课程、地方课程和校本课程；按照课程选择的强制性，可以分为必修课和选修课。而对于特殊儿童，其身心发展特征与普通儿童相比，既有普遍性也有特殊性，因此针对特殊儿童的课程既包括了与普通儿童较为一致的课程，即通识课程；另外还根据特殊儿童的特殊性设置了特殊课程，如为视障儿童设置了综合康复、定向行走等课程，为听障儿童设有沟通与交往课程，为智力障碍儿童设置

---

[1] 全国十二所重点示范大学联合编写. 教育学基础[M]. 北京：教育科学出版社，2002：142-144.

[2] 王道俊，王汉澜. 教育学[M]. 北京：人民教育出版社，1998：156.

生活适应、艺术休闲等课程。

2. 融合教育对课程的挑战

1994年,《萨拉曼卡宣言》明确提出融合教育理念:学校应该接纳所有的学生,不应因身体、智力、社会、情感、语言及其他状况而拒收任何学生。自此,融合教育开始在世界范围内被广泛关注和认可。在西方一体化、回归主流等思想影响下,我国特殊教育工作者结合我国教育实际情况,探索出让特殊儿童就近在普通学校入学就读的教育模式,以满足我国广大特殊儿童平等接受教育的基本权利,即"随班就读"。初期的随班就读比较简单、粗糙,并不像融合教育那样拥有理想的教育哲学或完备的教育目标、方法体系,随班就读只是解决我国残疾儿童教育问题且切实可行的具体实施办法。但是,从某个角度来说,所有试图把特殊儿童部分或全部学习时间安置于普通教室的努力都可视作融合教育。从这个角度出发,随班就读当然也属于全球范围内融合教育运动的范畴。

在融合教育实践中,课程和教学始终是核心问题。特殊学生和普通学生同在一个课堂,必然会给教师带来很大的挑战,传统的课程和教学模式也将面临极大挑战。很多研究者认为,融合可以分为三个层次,分别是物理空间的融合、社会性的融合以及课程的融合,而课程的融合是融合教育最高也是最难的目标。如克拉夫等人认为:"课程总是像柏林墙一样竖在主流教育与特殊教育之间。"因此,融合教育给传统的课程体系乃至整个普通教育体系都带来了巨大的挑战,为了应对融合教育带来的挑战,如何基于普通学校课程进行相应改革和调整以使课程满足普通班级日益增多的特殊需要儿童的教育需求成为融合教育实践中的一个中心议题。具体表现在课程目标、课程内容、课程实施和课程评价等方面,如有些学生由于认知发育迟缓或其他原因无法达到原有的课程目标；肢体残疾学生无法参与体育课原本设定的所有课程内容；感官缺陷的学生难以通过常规授课方式学习，如视障学生需要佩戴助视器、使用盲文或大字本等；有些残疾学生难以完成常规的考试，需要为他们提供一些考试便利等。

（二）融合课程的内涵

1. 融合课程的定义

联合国教科文组织在《融合教育指南》（Guidelines for Inclusion，2009）中明确指出，融合教育课程作为实现融合教育的一个重要途径，其核心意义在于将"融合"的原则诉诸教育行动。学者认为，融合课程既是面向所有学生的共同课程，又是适应学生个别差异的具有弹性的课程[1]；融合课程是一种普通学校为满足所有学生不同学习需求、学习风格以及文化背景等多方面的差异而设计的弹性的（Flexible）、相关的（Relevant）和可调整的（Adjustable）综合课程体系[2]。

2. 融合课程的内容

（1）共同课程

有学者认为，传统的普通学校课程不能满足教室内多样的学习需要，全纳学校要实现"所有儿童都能获得成功（Success for All）"的目标，其课程必须针对所有儿童[3]。融合课程首先是一种"共同课程（Common curriculum）"，即供所有儿童学习的课程，亦称"一般发展性课程（Normal developmental curriculum）"或"功能性课程（Functional

---

[1] 邓猛. 融合教育与随班就读：理想与现实之间[M]. 武汉：华中师范大学出版社，2009：270.

[2] 赵勇帅，邓猛. 西方融合教育课程设计与实施及对我国的启示[J]. 中国特殊教育，2015，(3)：9–15.

[3] Ashman A, Elkins J. *Educating children with special needs*[M]. Australia: Prentice Hall, 1994.

curriculum)"，这种课程以儿童生理心理一般发展阶段的特点为基础，既重视学生的学业发展领域，还包括学生的行为、情感、社会交往、人际关系等目标，提供同样的、高质量的课程给所有儿童，要求有特殊教育需要的学生最终也要达到和普通学生一样的课程目标[1]。

（2）特殊课程

另一方面，很多研究认为，融合课程应该具备弹性，应该体现特殊需要学生学习能力的多样性，反映不同学生的不同学习特点与学习需要。例如：基本的卫生习惯、生活自理能力、性别角色等[2]。可见，针对特殊教育需要学生的特殊性，融合课程还应该包括一些适合特殊学生的特殊课程。

综上所述，融合课程应该既包含面向所有学生学习的共同课程，又包含针对特殊学生学习需求的特殊课程。

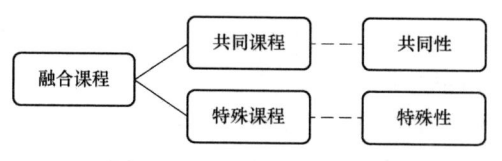

图 5-1 融合课程内容结构

3. 融合课程的形式

詹格雷科、克洛宁格和艾弗森（Giangreco, Cloninger & Iverson）认为融合课程内容按照调整的程度从小到大可以分为三层[3]。

（1）同样的课程（Same curriculum），即所有学生学习同样的课

---

[1] Jenkins J R, Pious C G. Special education and the regular education initiative: Basic assumptions [J]. *Exceptional Children*, 1990, 56(6): 479−491.

[2] 邓猛. 关于全纳学校课程调整的思考[J]. 中国特殊教育，2004，(3)：1−6.

[3] Giangreco M F, Cloninger C J, Iverson V S. *Choosing options and accommodations for children (COACH)*[M]. Baltimore, Md., PH Brookes Pub, 1998: 237−254.

程，不需要对课程内容做出任何调整，教学目标、要求也相同。

（2）多重课程（Multilevel curriculum），即所有学生学习的课程内容相同，但要求掌握的水平不同。

（3）交叉课程（Overlapping curriculum），即所有学生参加同样的教学活动，但所学习的课程内容和要求掌握的概念不同。

利普斯基和加特内（Lipsky & Gartner）认为除了以上的几种分层以外，还应该加上一种分层形式：替代性课程（Substitute curriculum），即由于普通学校传统课程不能满足某些学生需要，教师小组需要重新为他们设计单独的课程内容与教学活动。这些课程可以根据需要在普通教室、学校或社区内进行，并吸纳有兴趣的普通同伴一起进行[1]。

4. 融合课程的基本特征

融合课程是一种在融合教育学校当中实施的课程，它既不同于传统的普通学校课程，也不同于传统的特殊学校课程。融合课程应该具备自身的一些基本特征。

（1）面向所有学生的共同课程

融合课程强调课程面向所有学生，不能以学生的性别、年龄、残疾、信仰、语言等为由而拒绝接受学生，所有儿童都有权利参与到课程中来。所以，融合课程最基本的特征就是面向所有学生的共同性。我国的基础教育课程以国家课程为主，地方课程和校本课程为辅。因此，在融合教育背景下，国家课程应该在课程标准、课程目标、课程内容及课程评价机制上有所调整，以适应融合课程的共同性和灵活性。

（2）强调每个学生的充分参与

融合教育学校强调接纳、尊重、欢迎学生的差异性，因此课程的

---

[1] Lipsky D K, Gartner A. *Inclusion and school reform: Transforming America's classrooms*[M]. Baltimore, Md: P H Brooks Pub. Co, 1997.

设计、实施和评价均考虑到学生的差异性需求以确保"所有人都能使用",强调每个学生的充分参与。强调课程对所有学生的"通达性",强调在课程设计之初就把学生的差异性考虑在内,采取一系列课程调整的策略,提供考试便利措施等,以适应所有学生的学习特征和学习需要。

(3)注重学生的全面发展

融合教育反对传统的精英教育,以儿童的一般身心发展规律为基础,不仅注重儿童学业领域的发展,还强调儿童人格、情感、社会交往等多方面的发展,以追求教育公平、实现社会公正为终极目标。因此,融合课程的目的是发展学生的各项潜能,"五育并举",注重学生的全面发展。

二、融合教育学校的课程调整

美国著名的全纳教育专家利普斯基和加特内(Lipsky & Gartner)指出,共同课程是重新设计、调整以适应学生多样需要的起点[1]。普通学校要实现全纳教育倡导的让所有儿童都在普通教室里接受高质量的、适合他们独特的学习需要的教育,就必须重视调整普通教室里课程的形式、内容与实施策略,以使有特殊教育需要的学生能够和他们的同伴一起充分、平等地参与学校课程活动。

(一)课程调整的内涵

融合教育的课程调整是基于普通教育课程而做出的个性化改变,

---

[1] Lipsky D K, Gartner A. *Inclusion and school reform: Transforming America's classrooms*[M]. Baltimore, Md: P H Brooks Pub. Co, 1997.

其目的是促进学生参与课程，实现学生在班级中的有效融合[1]。教师必须保证所有的儿童，包括有特殊需要的儿童，通过学习融合课程而在成人后达到社会特定要求[2]。例如：1997年美国修订《残疾人教育法案》（Individuals with Disabilities Educational Act, IDEA），要求学校考虑特殊学生参与普通教育课程并达到州和地区的评估标准。人们对课程的定义不尽相同，有什么样的教育目标和理念，就有什么样的课程。具体到融合教育中，课程调整的内涵也不断丰富。

康福特（Comfort）认为，课程调整是基于单个学习者或者一群学习者的合理需求而对学校正式课程的学习目标或学习活动单元进行的调整，课程调整涉及一系列教学元素，如内容知识、教学方法和学习结果[3]。

胡佛和巴顿（Hoover&Patton）认为课程调整是对学生学习内容、学习策略、教学情境需求、学生学习表现与行为改变等方面的调整[4]。

张文京认为，课程调整是将普通班的课程目标、内容以及方法等与随班就读学生的教育诊断相比较，找到随班就读学生的学习起点、兴趣、风格、特点、水平，在尊重学生学习特点的基础上进行调整[5]。

弗兰德和博萨克（Friend&Bursuck）认为，课程调整因学生的个

---

[1] Horn E, Banerjee R. Understanding curriculum modifications and embedded learning opportunities in the context of supporting all children's success[J]. 2009, 40(4): 406–415.
[2] Jenkins J R, Pious C G, Jewell M. Special education and the regular education initiative: Basic assumptions[J]. *Exceptional children*, 1990, 56(6): 479–491.
[3] Comfort R. On the idea of curriculum modification by teachers[J]. *Academic therapy*, 1990, 25(4): 397–405.
[4] Hoover J, Patton J. *Curriculum Adaptations for Students with Learning and Behavior Problems: Principles and practices* (2nd ed)[M]. Austin, Texas: Pro ed, 1997: 23–131.
[5] 张文京. 弱智儿童个别化教育与教学[M]. 重庆：重庆出版社，2005：181–183.

别差异和需求而有不同的课程设计[①]。

纳里（Nari）认为，课程调整是依据不同的学生需要而改变内容、教学方法和（或者）学习结果[②]。

（二）课程调整的原则

课程调整其实要解决的是三个问题，即"为谁调整""调整什么""怎么调整"。从上面关于课程调整的内涵可以发现，尽管对于课程调整的具体表述和侧重有所不同，但对于一些核心内容和课程调整的本质还是基本一致的：以学生为中心，以普通课程要素的调整为核心，遵循"最小调整，最大融合"原则。这也正好可以回答如何进行课程调整的三个问题。

1. 为谁调整——以学生为中心

融合教育的课程调整是为了基于学生的个性化特点，对共同课程做出一定的调整，从而满足所有学生的学习与发展需求，实现学业成功和能力的提升。因此，课程调整的一个重要原则就是以学生为中心。正如钮文英提出课程调整应遵循八条原则[③]，分别是：

（1）选择最能符合学生需要的调整策略

（2）采取最少干预和最大融合的调整策略

（3）在学生的"最近发展区"内提供支持

（4）了解学生学习问题的根源

[①] Friend M, Bursuck W. *Including Students with Special Needs: A Practical Guide for Classroom Teachers (6th ed)*[M]. New York: Pearson, 2012: 25-57.

[②] 申仁洪. 从隔离到融合——随班就读效能化的理论与实践[M]. 重庆：重庆大学出版社，2014：167.

[③] 钮文英. 拥抱个别差异的新典范——融合教育（第2版）[M]. 台北：心理出版社，2018：438-441.

（5）采取适龄的调整策略

（6）考虑学生的想法

（7）选择调整策略时需考虑其对教学的影响

（8）选择有证据本位的调整策略

可以看到，这八条原则中的每一条都在强调学生及其需求这一中心，这些需求应被具体化，贯穿于整个课程调整的始终。

2. 调整什么——以普通课程要素的调整为核心

具体应该针对课程调整些什么？从学者对课程调整的定义可以发现，国内外学者对于课程调整的核心要素所持意见略有差别。国内学者普遍认为课程调整多从课程的基本要素进行调整，如韩文娟和邓猛认为，将课程目标、课程内容、课程实施、课程评价作为课程调整的四个要素，构成课程调整的内容，教师可以从特殊学生的需要出发，选择调整其中一个要素或者多个要素，也可以同时调整四个要素[①]。魏寿洪和程敏芬综合以往研究进展，认为课程调整的内容包括对课程目标、课程内容、课程组织和课程运作过程的调整[②]。而国外学者对于课程概念的理解略有差异，多从"大教学、小课程"的角度进行理解，课程调整只是分层教学的一部分，因此课程调整除了课程目标、课程内容、课程实施、课程评价等内容，还包含教学方法、教学环境、学生行为、学习材料及学习时间等的调整。

3. 如何调整——遵循"最小调整，最大融合"原则

课程调整的目的是为了让特殊学生更好地融入班集体，而不是隔离，大多数特殊学生可以采用经过很小修改甚至是相同的课程即可满足需要。只有极少数学生需要单独设计的、完全不同的替代性课程，

---

① 韩文娟，邓猛. 融合教育课程调整的内涵及实施研究[J]. 残疾人研究，2012（2）：70–76.
② 魏寿洪，程敏芬. 融合教育课程调整研究进展[J]. 现代特殊教育，2017（6）：26–32.

所以课程调整应该遵循"最小调整,最大融合"的原则。

林戴科和阿尔珀(Ryndak&Alper)指出,在选择课程与教学调整策略时,需注意选择能让特殊需要学生独立参与班级活动,并且尽可能减少与同伴之间差异的策略。比如:教师安排教学助手和特殊学生坐在教室后面,进行与主题相关但不相同的活动,这样的做法是将该生与班级团体隔离开,是一种较多干预的调整策略;而让特殊学生坐在班级团体中学习简化的内容,则是一种较少干预的调整策略[1]。韩文娟和邓猛认为,课程调整方法无外乎不变、增加、减少、替代这四种。程度则是在方法之上,有改变多少的区别。教师选择方法和程度,应遵循的重要原则就是"最小调整,最大融合"。应该尽量让所有学生都参与同样的课程与教学活动,并尽量让他们独立完成任务,只有在必要的时候才改变课程内容和教学方法[2]。

(三)课程调整的具体方法

不同的学者对于课程调整的具体方法有不同的概况和提炼,比如:钮文英认为课程调整的做法包括外加式的课程调整和内建式的课程调整,其中,外加式的课程调整是指学生在课堂中学习的课程主题、目标和内容与其他同学相同,只是额外教导他们一些技能以配合普通教育课程,也称为"课程增加""辅助式课程""补充式课程"。内建式的课程调整包括调适、修整、改变和替换。调适是指学生在课程中学习的课程主题、目标和内容与其他同学相同,只是做教学方面的调整。修整是指学生在课堂中学习的课程主题、目标(其中的学习结果)和内容与其他同学相同,只是调整课程目标中表现学习结果的行

---

[1] Ryndak D L, Alper S K. *Curriculum and instruction for students with significant disabilities in inclusive settings*[M]. Boston: Allyn and Bacon, 2003.
[2] 韩文娟,邓猛. 融合教育课程调整的内涵及实施研究[J]. 残疾人研究,2019(2):70-76.

为或动作、目标行为出现的条件以及课程内容呈现的方式。改变有两层含义，一是指大幅度调整课程目标（其中的学习结果）和内容的概念层次、难度与分量，具体包括分解、降低、减少课程目标和内容的概念层次或删除部分课程目标和内容，也称为"课程减量""精简式课程"等；二是指如果学习内容对学生太简单，可以通过深化课程目标和内容的概念层次或难度以及添加课程目标和内容两种方法进行调整。替换是指学生在课堂中学习的课程主题、目标和内容与其他同学不同，替换另一种适合其学习的课程，也称为"课程替换""重叠课程"。

邓猛等人认为，课程调整包含不变、增加、减少和替换四种方法，增加和减少又依据具体的课程内容，可以增加难度、深度、广度，减少则可以降低难度、简化要求、减少内容等，教师可根据学生的能力和需要灵活选择；调整的程度还有层次性，即使是相同的课程要素，也包含了如不变、微调、小变、大变等从小到大不同的层次[1]。

综合来看，课程调整的方法包含了精简、替代和补充。

精简：降低教学目标的难度或减少部分课程的内容。

替代：分解课程目标或者替换课程内容和学习结果。

补充：增加课程内容，如学习策略、生活技能、自我管理、问题解决等功能性课程。

1. 课程的精简

课程的精简是课程调整中较为常用的一种方法，它是幅度相对最小的调整，可以最大限度保持课程的完整性，保证特殊学生和普通学生所学的内容基本一致，也是教师应对特殊学生首选的课程调整方法。

课程精简可以从降低教学目标和减少课程内容两方面进行。

---

[1] 韩文娟，邓猛. 融合教育课程调整的内涵及实施研究[J]. 残疾人研究，2012（2）：70–76.

（1）降低教学目标

教学目标是关于教学将使学生发生何种变化的明确表述，是指在教学活动中对学生学习结果的期待。在教学过程中，教学目标起着十分重要的作用。教学活动以教学目标为导向，且始终围绕实现教学目标而进行。因此，调整教学目标就是要根据特殊学生的实际学习能力，在保证其与普通学生使用基本相同教材的基础上，适当降低特殊学生在品德、智力、体质等方面的期望和要求，从而尽量让特殊学生可以跟上其他同学的进度。比如：语文课上，可以要求普通学生使用学到的词汇进行写作，而特殊学生只需要能够识记词汇图卡。

（2）减少课程内容

课程内容是指各门学科中特定的事实、观点、原理和问题及其处理方式，它是学习的对象，它源于社会文化，并随着社会文化的发展而不断发展变化。课程的构成通常包括课程标准、教材、教师用书、练习册等。调整课程内容就是根据特殊学生的学习能力删除不适宜的学习内容。为了保持原有课程的基本结构，教师应在学生的学习能力和接受水平的基础上保留课程的核心知识，保证核心知识间的逻辑体系。可以适当删减那些对学科知识结构影响不大而学生又难以掌握的内容[①]，包括缩小内容的范围和数量。比如：语文课上，普通学生学习一篇文言文，而特殊学生只需要学习其中几个经典的句子即可；数学课上，普通学生除掌握教材上的例题外，还需掌握一定的课外习题，而特殊学生仅部分掌握书上例题即可。

2. 课程的替代

课程替代实质上是对课程目标的调整。课程替代有两层含义。一是指目标分解，即将总体目标分解成若干个小目标，然后逐步学习，

---

① 于素红. 普通学校随班就读学生的课程建设[J]. 中国特殊教育，2005（4）：56–59.

可以在同一阶段或不同阶段分开学习。二是指学习替代，指从学生的角度出发，对整个学习过程的不同阶段进行调整，包括替代学习结果的行为或动作、替换学习内容。

（1）目标分解

目标分解是指基于课程标准，将大目标分解成低一级的目标，把教学目标分解成具体的小目标的过程。目标分解并不意味着可以降低目标，而是根据学生的实际情况把课程目标分成多个步骤来完成，这与前面提到的降低教学目标存在一些区别。比如：统编语文教材四年级上册的一篇课文《巨人的花园》，讲述的是一个巨人筑起高墙把到花园玩耍的孩子们拒之墙外，从此，花园天天狂风大作、雪花飞舞，一片荒凉。后来，巨人在一个小男孩的启发下幡然醒悟，拆除围墙、分享花园，从此花园又迎来温暖的春天。以此文为例对教学目标进行分解如下。

表 5-1 目标分解策略范例

教学目标	目标分解
掌握"溢、添、滚、抱、拆、竖、谢、墙、牌"等20个生字。	1. 认识"溢、添……"等8个生字。 2. 会写"墙、牌……"等12个生字。
正确、流利、有感情地朗读课文。	1. 在第一部分找到文中描写"漂亮花园"的句子。 2. 在第二部分找到采用对比手法，描写院内外景色的不同。
懂得快乐要和大家分享的道理。	1. 厘清故事情节发展的顺序。 2. 找到文章最后一段的中心句。 3. 能够想象出文章所描述的画面，并用优美的文字表达出来。

（2）学习替代

a. 替代学习内容

根据替代的程度，可以把替代学习内容分为两个层次，第一个层次是部分替代，即在相同课程主题的基础上提供替代性活动；第二个层次是完全替代，即将原有的课程主题及内容完全替换。部分替代适合程度相对较轻的特殊学生，而完全替代则更多地针对重度及多重障碍的学生，当然也不可以一刀切，需要根据学生的实际情况和课程内容进行调整替换。

b. 替代学习结果

所谓替代学习结果，其实更多的是指替代学习结果的行为或动作，因为学生在表现上有困难，而从行为或动作上对学习结果做出调整。例如：智力障碍学生对于四则混合运算的学习存在困难，那么可以让他使用计算器进行运算，从而替代原来的笔算和口算。

3. 课程的补充

课程的补充是指根据学生的实际需要以某种方式对普通课程内容进行强化扩展或者是增加有利于特殊学生发展的特殊课程。

（1）充实课程内容

充实课程内容是指在原有教材的基础上，适当充实接近学生生活的内容，增加支持性学习策略，从而帮助特殊学生更好地理解和掌握基本知识、技能。比如：数学学习时可以充分运用实物、图片、录像、学具、多媒体等直观形象的教学手段，充实一些动手操作的内容，利用学生直观思维的特点学习相应的知识内容。

（2）增加特殊课程

考虑到特殊学生的特殊教育需要，需要根据学生的生理和心理发展特点，增加相应的功能性和补偿性课程，目的在于弥补学生的缺陷，增进其学习和生活能力，促进学生走向社会。比如：视力障碍的学生需要增加盲文、定向行走、生活指导等课程，听力障碍的学生需要增加语言训练课程，智力障碍的学生需要增加生活适应课程，孤独症的学生需要增加沟通与交往、情绪行为管理等课程。

（四）课程调整的内容

综合以往的研究可以发现，融合课程调整的内容主要包含以下内容。

1. 课程目标的调整

课程目标既是教学的基础，也是评价学生发展进步的依据。有学者认为，制订目标需掌握"3W"原则：（1）what；（2）how；（3）how much。把这个原则运用到课程目标上来，即课程目标应包含学习结果、学生如何表现学习结果（即具体的行为或动作）以及评价标准。因此，课程目标的调整也可以从这三个方面进行。

（1）调整学习的结果

学习结果的调整包括层次、难度的调整以及更换课程主题三种。

布鲁姆教育目标分类学将学习目标分为三大领域：认知、情感和动作技能，每一领域的目标都具有层次性。其中，认知领域指的是认识、分析、思考的能力，从低到高包括认识、理解、应用、分析、综合和评价六个层次的目标；情感领域指学习某项知识和技能时的情感、人格反应和表现态度，从低到高包括接受或注意、反应、评价或价值化、组织、价值的性格化五个层次目标；动作技能领域是指有关操作技能、肌肉协调性等动作技能的学习行为，包含反射动作、基本动作、知觉能力、生理能力、技能动作、有意活动六个层次的目标。因此，教师可以根据学生的能力和需求，调整学习结果的不同领域和层次。

课程难度的调整是指根据学生的能力和需求，加深学习结果的难度或者简化难度。例如：人教版二年级语文课文《我们成功了》的教学目标之一是"正确、流利、有感情地朗读课文,体会人们在申奥成功时的激动、欢乐和自豪",对于有轻度智力障碍的随班就读学生的教学目标就可以相应改动,即能够描述课文主要内容和简单体会课文所传达的情感。

表 5-2 教学目标调整(降低难度)范例——《我们成功了》

普通学生	随班就读学生(智力障碍)
1. 正确、流利、有感情地朗读课文。 2. 体会人们在申奥成功时的激动、欢乐和自豪。	1. 能够简单描述课文的主要内容。 2. 能够找出一两个句子体现人们在申奥成功时的开心之情。

如果课程目标的层次和难度在调整之后仍然不能符合特殊学生的能力和需求,那么可以选择更换课程主题,让特殊学生和普通学生学习不一样的内容。例如:仍然是《我们成功了》这一课,普通学生可以通过"搜集有关北京的图片、明信片、邮票、文字资料等形成手抄报在班上展示、交流"此类实践活动增进学生对北京申奥成功的自豪感,对于视力有障碍的学生则可以通过"搜集与北京、奥运有关的音频资料、歌曲等在班上展示、交流"完成教学目标。

表 5-3 教学目标调整(更换活动)——《我们成功了》

普通学生	随班就读学生(视力障碍)
1. 搜集有关北京的图片、明信片、邮票、文字资料等,形成手抄报。 2. 将手抄报在班上展示、交流。	1. 搜集与北京、与奥运有关的音频资料、歌曲等。 2. 将搜集到的内容播放给班上同学听。

(2)调整表现学习结果的行为或动作

表现学习结果的行为或动作有口语表现(例如:背诵、复述、认读)、书写表现(例如:写出、临摹、描红)、动作表现(例如:指认、配对、圈出）等。

调整表现学习结果的行为或动作就是指根据特殊学生的能力和需求，让他们用擅长的、有效的行为或动作来表现学习结果。例如：普通教育课程目标为写一篇题目为《我的假期》的作文，记录假期所见所闻、所思所感。对于特殊学生，可以调整表现学习结果的行为或动作。

表 5-4　学习结果调整范例——《我的假期》

普通学生	特殊学生
写一篇题为《我的假期》的作文，记录假期的所见所闻、所思所感，并提交手写纸质版文章。	1. 能使用电脑写一篇题为《我的假期》的作文。 2. 能通过绘画、照片加上简短文字的方式记录假期的生活。 3. 能列出几件假期内发生的让你印象深刻的事情。

（3）调整评价标准

根据特殊学生的能力和需求，教师可以适当调整学生目标行为达到的标准。例如：对普通小学生的对数的运算能力有难度、速度和准确率等方面的要求，而对于计算能力比较差的特殊学生，可以个别或整体调整标准。

表 5-5　评价标准调整范例（1～3 年级）——
《小学数学课程标准"数的运算"》

普通学生	特殊学生（智力障碍）
1. 能熟练地口算 20 以内的加减法。 2. 能口算百以内的加减法。 3. 能熟练地口算表内乘除法。 4. 能口算一位数乘除两位数。	1. 能口算简单的 10 以内的加减法。 2. 知道乘法的含义和乘法算式中各部分的名称，尝试记忆乘法口诀，口算两个一位数相乘。

2. 课程内容的调整

课程的构成通常包括课程标准、教材、教师用书、作业等。各构成要素之间既相互独立又相互依赖，其整体效应取决于各构成要素的协调与配合。融合教育课程内容的调整通常可以从教材和作业两方面着手。

（1）教材的调整

教材调整是指对教材文本的数量、难度、教材呈现的清晰度、教材内容的逻辑性和层次性、版面配置等方面进行调整。运用在教材上的调整方法包括修正、改变、替换、补充。其中，修正是指修正教材呈现的形态、格式、结构等；改变包含分解、重构、简化、深化、删除和添加教材内容六种策略；替换是指整体性更换原有教材内容，从而符合学生的能力和需求；补充是指不改变原有教材，另外根据学生的需求增加教材内容。

表 5–6 教材调整

调整的向度	调整的内涵
修正	1. 修正教材的格式，例如： 提示重要概念、重点或关键字。 提供每段文本的阅读指导语。 提供呈现文本重点的引导问题。 以图示的方式呈现课文的结构与重点。 将文字和图片放大，字距和行距拉大，分句呈现。 2. 修正教材的形态，即根据学生接受信息的方式调整文本的呈现（例如：将视觉文本改成用点字或语音的形式呈现；增加图片、图表等）。
改变	1. 分解教材（例如：将教材像解题步骤一样分解得更细）。 2. 重整教材（降低文本概念的层次，例如：将除法算式以图画表征的形式呈现）。 3. 简化教材（减少文本概念的难度，例如：将文本中的语言或词句变得更简短易懂）。 4. 深化教材（例如：加深文本概念的难度）。 5. 删除教材（例如：删除部分不符合学生需求，或对学生来说有困难的文本概念）。 6. 添加教材（例如：增加文本概念的广度和多样性）。

续表

调整的向度	调整的内涵
替换	1. 根据学生的兴趣和优势替换设计相应课程内容。 2. 更换成日常需要的生活技能课程（包括职业教育、家庭、休闲、社区参与、身体与情绪健康、社会技能、自我决定等）。
补充	1. 在不变动原有课程主题下，额外补充与此主题相关的基础学科技能，或是加强学习动机，教导学习策略。 2. 在不变动原有课程主题下，另外设计特殊课程（包括社会技能训练、职业技能训练等），以满足学生的特殊需要。

注：表格修改自钮文英的《拥抱个别差异的新典范——融合教育》（第2版）

（2）作业的调整

弗兰德和博萨克（Friend & Bursuck）指出，教师在给学生布置作业时，需思考下面五个问题：（1）学生本身的技能是否足以完成作业；（2）学生的背景知识是否足以完成作业；（3）学生是否了解作业的目的；（4）学生是否清楚作业中的指导语；（5）完成作业的时间是否足够[1]。如果不能满足以上五个条件，那么有必要根据学生的实际能力调整作业。

钮文英认为作业调整可以在作业前、中和后三大阶段实施，在做作业前实施的调整策略为指导作业的撰写；在做作业中实施的调整策略包括调整作业的提交时间、形式、分量等；在做作业后实施的调整策略为调整作业的评分和回馈。具体见下表。

---

[1] Friend M, Bursuck W. *Including Students with Special Needs: A Practical Guide for Classroom Teachers (7th ed)*[M]. Needham Heights, MA: Allyn & Bacon, 2015.

表 5-7　作业调整

调整的内涵	调整内涵的详细说明
回家前指导作业的撰写	1. 在学校先指导学生如何完成家庭作业，提供额外完成作业的协助（例如：告知作业的答案位置），并且让学生在课堂中提前完成部分作业，以确认他已了解如何做。 2. 明确告知学生教师对作业的期待。
调整作业的提交时间	调整作业的提交期限是指学生的作业内容与其他同学相同，只是调整作业的提交期限（例如：延长作业的提交时限）。
调整作业的形式	1. 以语音形式呈现作业内容。 2. 以点字形式呈现作业内容。 3. 放大作业的字体和图片。 4. 将作业中题目的字距（行距）拉大，或减少每页的题数。 5. 使用完整且简明易懂的句子，加注注音，或是使用图片（照片）搭配简易的文字叙述作业中的指导语或问题。 6. 提供线索（例如：提示解题步骤、提示关键语句、针对作业中的符号给予提示、给予提取正确词句的线索），或提供额外的范例。 7. 提供较大写字方格的作业本。 8. 给予提示（例如：描点、描红、外框字等）或提供标明字体结构的写字方格。 9. 在问答题的空白处提供答案大纲，以提示学生组织答案。 10. 调整作业内容的顺序（例如：由简单到复杂）。
调整作业的分量	1. 减少相同题型作业的数量。 2. 缩减题目的描述语句。 3. 将作业分解为若干个小作业，分次完成。
调整作业的完成方式	1. 让学生以录音的方式呈现作业。 2. 让学生以点字的方式呈现作业。 3. 让学生用电脑录入的方式呈现作业。 4. 让学生用剪贴、画画、制作、设计等方式呈现作业。 5. 让学生用大纲或图表方式回答问题。 6. 让学生用替代方式（例如：勾选、选择、画出、圈出等）回答填空题。 7. 让学生使用计算机完成作业。 8. 提供辅助器具（例如：握笔器、较粗或较黑的笔、易于抓握的笔等）书写作业。 9. 为学生提供同伴指导。

续表

调整的内涵	调整内涵的详细说明
调整作业的内容	1. 降低作业的难度。 2. 删除部分不适合学生能力的作业。 3. 根据学生的兴趣和能力,给予适合其独立完成的作业。 4. 提供可选择作业的机会(例如:设计"作业菜单",里面有所有学生必须完成的"主菜",有学生可以选择的"小菜",还有自主决定做或不做的"点心")。 5. 增加作业的难度和广度。
调整作业的评价和回馈	1. 调整作业的评分标准。 2. 提供即时的作业反馈,指导学生修改作业。 3. 给予额外的加分机会(例如:修改作业可以加分)。

注:表格修改自钮文英的《拥抱个别差异的新典范——融合教育》(第2版)

3. 课程组织的调整

课程组织的调整可以从调整课程内容的顺序以及加强课程内容间的联系与整合两方面着手。

表 5-8　课程组织调整

调整的内涵	调整内涵的详细说明
调整课程内容的顺序	1. 调整课程不同单元教学的先后顺序。 2. 调整课程同一单元中不同概念教学的先后顺序。 3. 以学生较能接受和理解的顺序呈现。
加强课程内容间的联系与整合	1. 加强课程内容与学生生活经验的联结。将"功能性课程"的概念融入课程,强调让学生了解何时、何地、何种情境会运用习得的技能(例如:"浮力原理"和生活现象间的联系)。 2. 加强不同课程领域内容间的联系(例如:在语文课中教"矛盾"一词时,可以将学生在社会课程中学到的古代武器的概念引入,解释矛和盾这两种武器,进而让学生理解矛盾的意义)。 3. 加强相同课程领域中不同单元间的联系(例如:在不同单元中教了"神"和"伸"两个字,那么可以将两者进行对比学习,加深认识)。 4. 采取整合的主题教学,使学生学习到整合的经验。

注:表格修改自钮文英的《拥抱个别差异的新典范——融合教育》(第2版)

4. 课程实施的调整

课程实施从某种意义来说即是教学，关于融合课堂上如何进行教学调整在本书第七章会有专门论述，此处不再赘述。

三、通用学习设计

融合教育的重要标志在于承认学生间的差异性，并把这种差异性当作人类发展的普遍特征去对待。融合课程的设计、实施和评价必须考虑到学生的差异性需求，以确保"所有人都能使用"。因此，一种新型的课程设计模式——通用学习设计（Universal Design for Learning, UDL）成为融合教育实践中非常流行的方式。

（一）通用学习设计的概念

通用设计（Universal Design, UD）起源于二十世纪 70 年代，最初是一个建筑概念，梅斯（Mace）建立北卡罗来纳州立大学的通用设计中心（the Center for Universal Design, CUD），提出通用设计是对产品和环境的设计，希望设计的产品能够适应大多数使用者的需求，不再需要特殊化的设计。1984 年，罗丝和迈耶斯（Rose & Meyers）共同成立应用科技中心（the Center for Applied Science and Technology, CAST），开始将通用设计的理念拓展到教育领域。奥克维斯和麦克莱恩（Orkwis & McLane）提出，将 UD 的原则应用在学习上，称为"通用学习设计"，他们表示，所有学生无论是否有身心障碍或学习障碍，都需要接受有意义且能发挥其优势的课程，以克服其身体、感官、情绪与认知障碍，而直接在课程设计中纳入 UD 的原则，可帮教师节省许多花费在事后课程调整上的时间和精力。奥克维斯进一步指出，UDL 与事后课程调整的思维不同，主张在课程设计之初就考虑不同学生的需求，以较有弹性、多元的方式呈现课程[①]。

（二）通用学习设计的框架

通用学习设计的框架借鉴了大脑神经网络的三个基本网络系统，分别为识别网络、策略网络和情感网络，通俗来说，这三个系统分别回答了"学习什么（what）""怎样学习（how）""为什么学习（why）"。

识别网络（Recognition Network）位于小脑，用于个体辨别和理解听觉、触觉、味觉、视觉、嗅觉等感官信息。换言之，学习的具体内容就是学生收集到的信息以及对看到、听到、触摸到、尝到和闻到的信息进行归类。识别系统也是学生识别文字和数字的功能区域。

策略网络（Strategic Network）位于大脑额叶，即学生如何计划组织观点以及完成任务，比如解答数学题目、写论文都是策略网络的任务。

情感网络（Affective Network）位于大脑中心，处理学生学习动机问题，包括学生情绪情感、活动参与度等。情感网络不是要识别系统，而是针对信息评价什么是重要的，以及采取什么行动。

（三）通用学习设计的原则

为了使课程可以满足所有学生的个性化需求，通用学习设计需要满足三个原则，分别是多元表征方式、多元表达方式和多元参与方式[②]。

1. 多元表征方式

多元表征方式（Multiple Means of Representation）是指教师为学

---

① 昝飞. 融合教育理想与实践[M]. 上海：华东师范大学出版社，2015：107.
② 昝飞. 融合教育理想与实践[M]. 上海：华东师范大学出版社，2015：108-110.

生提供不同的获得信息和知识的方式，比如：直接教学、小组讨论、讲座、视觉材料呈现等。具体来说，就是为学生提供多种学习材料呈现方式，包括知觉、语言与符号以及理解。学生感知和理解信息的方式不同，比如：感官障碍（视力障碍、听力障碍等）、学习障碍、多元文化的学生对于信息呈现方式的需求不同。有语言障碍的学生可能无法理解老师的问题或者即使知道答案但缺乏表达能力；有阅读障碍的学生可能对于视频或音频信息掌握很快，但是对于文本信息就束手无策。另外，如果学习内容对于学生来说是不易理解的，或者需要持续精力关注的，那么学习本身就是一件困难的事。为了减轻学习的障碍，多元表征方式的原则就是以"合适"的形式为不同类型的学习者提供信息，包括以不同媒介（视频、音频、触摸等）和不同格式（放大字体、提高音量等）的形式呈现。

2. 多元表达方式

多元表达方式（Multiple Means of Expression）是指学生可以采用多种方式提交和呈现学习结果，包括口头表达、书面材料、身体展示等方式。这一方面需要考虑三个内容，即身体动作、表达性技能和表达流畅性以及执行功能。比如：有严重运动障碍（如脑瘫）或者语言障碍的学生完成任务存在很大困难，那么可以给予学生选择权，让他们自己决定采用何种方式发表观点、完成任务，包括文本、口头表述或者手工作品。教师在评价学生或者测试时是否给予学生多样化表达观点的机会，这点非常关键。

3. 多元参与方式

多元参与方式（Multiple Means of Student Engagement）是指为了激发学生的学习兴趣和学习动机，提供适当的挑战，以支持学生主动参与到学习中，比如：通过动手操作、科学实验等方式来激发学生的兴趣。教师可通过激发学生兴趣、维持努力以及自我调整三方面进行。学生的活动参与受到很多因素影响，包括神经学、文化、个人相关性、主观能动性、背景知识、个人风格等，没有某一种方法能够适合所有学生。因此，给予学生多样化的参与方式非常重要。

教师通过以上三方面的努力，可以有效保证所有学生参与到学习活动中，接受和掌握相关学习内容，并充分表达自己的学习成果和观点。

第六章 融合教育学校个别化教育计划的制订

一、个别化教育计划概述

个别化教育计划是一种根据特殊儿童的身心特征和实际需要制订的、针对每个特殊儿童实施的、有助于个体实现最大限度发展的教育方案,是建立在科学、全面评估基础上的一份书面文件,它既是对特殊儿童教育和身心全面发展的总体构想,又是对他们进行教育教学工作的指导性文件。

为了更好地满足特殊儿童个性化的受教育需要,保障每一个特殊儿童平等接受高质量教育的权利,美国 1975 年颁布《残疾儿童教育法案》,规定每个州必须为每个接受特殊教育和相关服务的残疾人提供一份书面的 IEP,作为为其提供后续特殊教育服务的重要依据。IEP 具有法律效力,每一个相关人员都应当严格遵循 IEP 的要求,并对 IEP 的实施和评估等一系列工作负有重要责任。IEP 由 IEP 小组通过召开 IEP 小组会议制订,有着严格的制订程序和要求,特殊儿童的鉴定、安置、教学、评价均以 IEP 为基础。具体要求将在本章的后续内容中进行介绍。

在我国,虽然目前还没有明确的立法来保障 IEP 的制订与实施,但近年来，随着我国特殊教育内涵发展的要求越来越迫切，为了提升特殊儿童的受教育质量和针对性，IEP 制度在我国也得到了较好的推行。《特殊教育提升计划（2014—2016 年）》中要求"加强个别化教育，增强教育的针对性与有效性"[①]，《第二期特殊教育提升计划（2017—2020 年）》中再次强调"推进差异教学和个别化教学，提高教育教学的针对性"，充分明确了个别化教育对特殊儿童的意义和价值，也说明尊重差异、强调个别化发展是特殊教育质量提升的关键[②]。2020 年最新颁布的《教育部关于加强残疾儿童少年义务教育阶段随班就读工作的指导意见》也对随班就读学生 IEP 的制订和实施提出了要求："普通学校要针对残疾学生的特性，制订个别化教育教学方案，落实'一人一案'，努力为每名学生提供适合的教育"[③]。在上述一系列要求下，在特殊教育学校就读、在普通学校随班就读以及接受送教上门的学生在进校后都会得到一份量身定做的 IEP，用于指导后续教育教学及评估工作的开展。IEP 的制订情况也逐渐成为我国各区县及学校特殊教育工作质量考核的重要指标。

因此，可以说，IEP 是每一个特殊学生教育教学过程中必不可少的书面文件，它保证了特殊学生同样能够得到适宜的教育和服务，促进特殊学生在真正有效的教育服务下获得应有的发展，具有重要的指导意义。

---

① 教育部等. 特殊教育提升计划（2014—2016 年）[EB/OL]. http://www.scio.gov.cn/xwfbh/xwbfbh/wqfbh/2014/20140213/xgzc30389/Document/1362835/1362835.htm, 2014-01-08.
② 教育部等. 特殊教育提升计划（2017—2020 年）[EB/OL]. http://www.gov.cn/xinwen/2017-07/28/content_5214071.htm, 2017-07-17.
③ 教育部等. 关于加强残疾儿童少年义务教育阶段随班就读工作的指导意见[EB/OL]. http://www.moe.gov.cn/srcsite/A06/s3331/202006/t20200628_468736.html, 2020-06-22.

二、个别化教育计划的特性和功能[①]

（一）IEP 是一份具有法律约束力的书面协议

按照法律的规定，教师在给残疾儿童实施教育教学之前，必须和有关的专业人员及家长共同拟订一份包括教育目标、教育内容、相关服务、评价方法等在内的书面协议，以保证残疾儿童能够获得适当的教育。学校的校长、教师、专业人员和家长等一旦在这份协议上签字，它就具有法律效力。如果校方不按协议上的要求提供教育和服务，家长就可以到法院提请诉讼。

（二）IEP 是开展特殊教育教学的指南

在个别化教育计划中首先要根据残疾儿童身心特点和教育需要提出具有现实可能性的长期目标，然后确定每一阶段的具体目标和任务、相关的服务，教师就可以按计划选择适当的教材、教法和教学速度，一步一步地开展教学活动，最终实现预期的教育目标。

（三）IEP 是特殊教育管理的工具

在个别化教育计划中安排了一系列的评价活动。通过这些评价活动，教师可以了解残疾儿童学习的情况，及时调整自己的教学方法和教学速度；学校管理人员可以根据评价结果判断教师的教学能力，做出适当的人事安排；上级领导部门可以检查学校的教学质量和管理水平，督促学校改进教学和管理工作。

---

① 韦小满. 特殊儿童心理评估[M]. 北京：华夏出版社，2006：339-340.

（四）IEP 是建立普通教育与特殊教育之间联系的纽带

特殊教育遵循的一条基本原则是把残疾儿童安置在最少受限制的环境里。当残疾儿童到普通学校随班就读，他们不仅要学习普通教育的课程，而且还要学习专门为其设计的特殊教育课程。如何把普通教育和特殊教育的课程很好地结合起来，使残疾儿童能够获得最大的收益，这就需要制订一份个别化教育计划。

（五）IEP 是家长与学校之间沟通的渠道

在个别化教育计划的制订过程中需要家长积极地参加有关的会议，提供心理评估所需的信息，表达对孩子的教育期待等。通过校长、教师、专业人员和家长等有关人员面对面地讨论和协商，共同确定符合残疾儿童身心特点和教育需要的教育目标、相关服务及评价方法。在该计划的实施过程中，校方还要经常向家长报告进展情况，争取获得家长的支持和配合，共同谋求残疾儿童最好的发展。

三、个别化教育计划的内容

根据学生安置地点以及地区的不同要求，IEP 包含的具体内容和结构框架可能存在一些差异，但整体来讲，一份完整的 IEP 需包含以下几方面的内容和信息。

（一）特殊学生的基本资料

本部分主要对特殊学生的基本资料进行呈现，具体包括学生的姓名、性别、出生日期、身份证号、户籍、住址、联系方式、家长或监护人信息、障碍类型和程度、医疗经历、之前的教育环境和教育经历（如有）等。

（二）特殊学生的家庭情况

特殊儿童家庭的基本情况同样是 IEP 的重要内容之一，能够为教师和管理者设计合适的教育干预方案提供重要信息。特殊学生的家庭情况一般应包含以下内容：1. 家庭主要成员构成及与特殊学生的关系；2. 父母职业及工作单位；3. 家庭整体经济状况；4. 孩子的主要照料者；5. 孩子主要照料者的教养方式；6. 家庭成员中是否还有其他特殊人士；7. 家庭的居住环境等。

（三）特殊学生各发展领域的现状/评估结果及优劣势分析

对于特殊学生各领域发展现状的评估是制订 IEP 的重要基础，也是 IEP 应包含的重要具体内容之一。首先，该部分应当包括对特殊学生进行评估时使用的专业评量工具、评量结果（得分）以及评量人员；其次，结合评量工具给出的评量结果对特殊学生各领域发展现状进行较为详细的描述，具体领域包括：认知能力、沟通能力、运动能力、情绪管理能力、感知觉功能、生活自理能力、学业成就水平（包括语文、数学等科目领域）、人际关系等。该部分描述应尽量详细、客观，尽量呈现量化评估结果，以便日后对 IEP 的实现情况进行评估。最后，基于上述评估结果和现状描述，归纳出该学生身心发展方面的相对优势和劣势。

（四）特殊学生的教育目标

IEP 应包含为学生设立的长期和短期教育目标，根据学生的不同情况和需求，可以是一个月、一学期或一学年的目标。具体应包括：1. 能力或知识目标；2. 所属领域或学科；3. 未来要使用的评量工具和评量方法；4. 评估时间点（长短期目标的具体期限）；5. 评量人员。

（五）所提供的特殊教育相关服务

该部分应当是整个 IEP 的核心部分，针对特殊学生开展的教育教学工作均应围绕此部分内容展开。

基于上述基本情况的分析，需要为特殊学生提供达到长短期目标所需的特殊教育服务及相关负责人，具体可能包括：1. 教室环境的调整；2. 助学伙伴的安排；3. 课程、教材及测验的调整；4. 参与普通课程的情况；5. 抽离式教育（资源教室）的情况；6. 所需的特别辅具；7. 需要的专业康复治疗服务（言语治疗、物理治疗等）；8. 医学服务；9. 咨询服务；10. 其他相关服务。需要说明的是，由于特殊学生身上所具备的差异性和特殊性，针对不同学生的特殊教育相关服务通常呈现出多样化特征，而不局限于上述列出的项目，应真正从特殊学生的身心发展需求出发进行补充和确定。

（六）IEP 会议的基本情况

此部分需呈现 IEP 会议召开的时间、地点、议程以及参与人员，并附所有相关人员的亲笔签名。

（七）学生历次评估情况及调整情况

在初次为残疾学生制订 IEP 后，需要定期根据事先确定的长短期目标评估时间对残疾学生的各领域发展情况进行评估，并将评估过程、相关负责人、评估结果等内容加入其 IEP 档案中进行不断丰富和积累。此外，根据学生各领域的评估结果，可能需要对最初制订的 IEP 进行部分调整，具体调整的内容也应包含在此部分内容中。

四、个别化教育计划的制订

（一）参与人员及职责

为随班就读的残疾学生制订 IEP，绝非普通学校教师或资源教师的职责，而需要一个团队的共同努力，是 IEP 小组成员共同合作的结果，小组中每一个成员都应当从自身的角色和优势出发，为特殊学生 IEP 的制订提供依据和建议。通常来讲，一个特殊学生的 IEP 制订团队需要包括以下成员，不同参与成员承担不同职责。

1. IEP 小组主席（通常为普通学校资源教师）：协调 IEP 小组的具体活动；主持 IEP 会议；与学生家长进行沟通；确定 IEP 会议程序；对重要问题或疑难问题进行最终裁决。

2. 学校行政人员：对学校整体教育安排进行说明；回答 IEP 小组成员的有关问题；负责特殊教育与相关服务措施的落实。

3. 普通班级教师（班主任）：说明学生在普通班级的表现；提供课程设计和调整的有关材料；确定学科的年度目标和短期教学目标；明确说明学生接受普通教育的能力及限制。

4. 特殊教育专业人员（巡回指导教师）：提供学生有关的身心障碍情况；阐述学生的特殊教育需要；解释较为专业的评估资料；为课程和教学调整提供建议；为相关服务提供建议；对有关资料进行解释；回答其他相关人员提出的问题。

5. 家长：说明孩子在家庭的各种表现并提供其他有关资料；说明自身参与孩子教育的能力和限制；参与孩子长短期目标的制订。

6. 特殊学生本人（如具备一定的言语理解和表达能力）：陈述自己的障碍情况；说明自身对于特殊教育及相关服务的需求；对已经得到的特殊教育相关服务和评价过程表达感受和建议；对 IEP 的制订和完善提出建议和期望。

（二）制订程序和步骤

一个 IEP 的完整操作流程可以分为以下几个阶段：1. 相关材料收集和整理；2. 拟定 IEP 初稿；3. 召开 IEP 会议进行讨论和决议；4. 实施 IEP；5. 对实施效果进行评估并调整 IEP。整体而言，IEP 的制订和实施是一个动态的过程，需要根据学生的进步和反馈情况进行定期或随机的调整，使其更加符合特殊学生的受教育需要。

1. 相关材料收集

当教师和特殊教育专业人员面临一个特殊学生的时候，首先就要通过各种方式对其基本情况和各领域的发展水平进行全面、客观的评估，获得丰富的资料，为其 IEP 的制订奠定基础，因此，这也是 IEP 制订的第一步。这里的相关资料，主要包括两大部分，分别是学生的基本资料和通过教育评估获得的专业评估资料。

（1）学生基本情况

这一部分信息主要由特殊学生家长提供，主要包括：

基本信息：姓名、性别、年龄、残疾类别及程度等。

家庭情况：家庭成员、家庭住址、主要照料者、父母职业、家庭教养方式、家庭收入、父母对孩子残疾的认识和希望等。

生长史：学生发展过程中重要的成长记录，包括母亲妊娠期、生产过程以及有关学生语言、认知、行为、社交等方面的发展情况。

医疗史：对学生有影响的疾病史或用药情况，如过敏情况、致残原因、用药情况等。

教育史：学生过去接受教育的相关情况。

需要说明的是，对于上述资料的陈述要尽可能详细，同时需要陈述每一个事件或每一方面信息对于残疾学生学习和发展可能产生的影响，从而为后期 IEP 的制订奠定基础。

(2)专业评估资料

专业评估资料是本部分的核心内容,特殊教育专家团队需要通过使用标准化的工具或观察、访谈等方式对于残疾学生各领域的发展情况进行全面、客观的评估,同时形成书面的评估结果。具体包括以下几方面。

医学检查:根据学生的需要,由医生开展各种生理检查,如视力、听力、重大疾病、动作的发展等方面的检查。

标准化测验:为了更加科学、客观地了解学生各领域的发展水平,需要使用一系列标准化测验对学生进行测查,常用的标准化测验包括:**第一,智力测验**。例如,韦克斯勒智力量表(Wechsler Intelligence Scale)、斯坦福-比内智力量表(Stanford-Intelligence Scale)、考夫曼儿童成套评估测验(Kaufman Assessment Battery for children)、希-内学习能力倾向测验(Hiskey-Nebraska Test of Learning Aptitude)等,还有专门针对视力障碍人士开发的智力测验,即盲人学习能力倾向测验(Blind Learning Aptitude Test),该测验充分考虑到视力障碍学生的特殊需要,例如:题目以浅浮雕的形式出现,测验中的点和线比盲文读物更容易辨别等[1]。**第二,适应行为评估量表**。例如:在美国智力障碍协会(American Association on Mental Retardation, AAMR)资助下编制的 AAMR 适应行为量表(AAMR Adaptive Behavior Scale, ABS)、我国台湾学者 1998 年根据 AAMR 关于适应性行为的定义编制的中华适应行为量表、我国学者韦小满对 AAMR 适应性行为量表(学校版)进行修订后形成的儿童适应行为量表、文兰适应行为量表(Vinland Adaptive Behavior Scales)、独立行为量表(Scales of Independent

---

[1] 韦小满. 特殊儿童心理评估[M]. 北京:华夏出版社,2006:173.

Behavior)、适应行为调查表（Adaptive Behavior Inventory）等。**第三，学业成就测验**。例如：皮博迪个人成就测验（Peabody Individual Achievement Test）、斯坦福系列成就测验（Stanford Achievement Test Series）、加利福尼亚成就测验（California Achievement Test）、韦克斯勒个人成就测验（Wechsler Individual Achievement Test）、考夫曼教育成就测验（Kaufman Test of Educational Achievement）等。此外，除了上述三类主要的标准化测验外，还有专门对言语和语言能力、知觉和动作能力、行为问题等进行评估的标准化量表。需要说明的是，上述量表中，一部分已有中文版以及中国常模，可以直接使用，而部分还未进行本土化，由于不同国家的文化背景、社会发展水平、课程标准等存在较大差异，未经本土化修订的测量工具还不能直接运用于我国特殊学生的评估和实践中。

非标准化评估：除了采用标准化测验和量表对特殊学生进行评估之外，更重要的是综合运用恰当的非标准化评估对其各方面的情况和资料进行全面搜集，从而帮助专业人员获得更加客观、全面的信息。非标准化评估可以采用的方式和策略包括课程本位评估、档案袋（成长记录袋）评估、与家长或主要照料者的深入访谈、在特定情境或日常生活中对特殊学生进行观察等，这些都是对特殊学生进行综合评估的重要方式，能够更加全面地收集特殊学生现有发展水平的资料，同时有效弥补标准化测验的局限。

2. 拟定 IEP 初稿

在对特殊学生的相关材料进行系统收集后，资源教师及特殊教育专业人员需对资料进行综合整理和判断，并针对特殊学生的基本情况和评估结果制订相关内容，按照学校或学区 IEP 的统一格式要求拟定 IEP 初稿。

（1）学生的优势和劣势

根据上述教育评估收集的相关资料，特殊教育专业人员需对特殊学生在学校及社会生活中的优势和劣势进行综合分析和概括，以帮助教师和家长直观地了解该学生的强项和可能面临的限制。对于优势和劣势的陈述应当清晰、简练，以条目形式呈现。

（2）长短期发展目标及评估方式

对特殊学生进行系统评估后，特殊教育教师、资源教师以及学科教师等人员需要集中对其各领域发展的长短期教育目标进行讨论。一般来讲，长期目标可以是一个学年或一个学期的目标，而短期目标为一个月左右的目标，也可以根据特殊学生的实际情况确定。对于随班就读学生的长短期目标，应充分发挥学科教师的作用，从学科学习的规律和角度制订，促进其对于普通课程的学习。除了学科学习目标之外，特殊学生在生活技能、社会适应能力、言语语言发展、问题行为改善、动作能力发展等方面均可能存在特殊的发展需求，应当在设定目标时予以全面考虑，而非仅关注学生学业能力的发展。需要说明的是，不同学生发展目标的领域可能存在较大差异，侧重点也可能不同。此外，对于长短期发展目标的撰写应当表述清晰、精准、可测量，避免引起歧义进而影响目标达成度的评估。发展目标具体应包含以下几个要素：1. 主语，即"谁"将要完成这个目标，或这个目标是针对"谁"制订的，在实际撰写时有时可以省略；2. 条件，即学生在什么样的条件、情境或支持辅助下完成，例如：独立完成、在他人的支持和帮助下或口语提示下完成等；3. 标准，即最后目标的通过标准，例如：80%的成功率、5分钟能够完成10次等[①]。表6–1是部分不恰当IEP目标表述的例子和修改建议。

---

① 邓猛. 融合教育实践指南[M]. 北京：北京大学出版社，2016：182.

表 6-1　IEP 目标修改范例

目标表述	存在的问题	修改建议
泽泽的社交技能能够得到大幅提升。	表述模糊，不可测量，缺乏目标完成的条件和标准。	泽泽能够在助学伙伴的提示下主动与遇到的隔壁班同学打招呼，每周至少 10 次。
提升悦悦的数学能力。	表述模糊，不可测量，缺乏目标完成的条件和标准。	悦悦本学期末的数学能力能够达到三年级的水平。
减少琪琪扰乱课堂纪律的行为。	表述模糊，不可测量，缺乏目标完成的条件和标准。	本学期末琪琪能够在同伴提醒的情况下将扰乱课堂纪律的行为减少到每堂课 2 次以下。

确定长短期发展目标后，还应对评估目标达成度所采用的方式、工具以及评估人和责任人进行确认并体现在 IEP 文本中。对目标进行评价的方式与对特殊学生进行初次评估类似，包括标准化测验、学业成就测验、观察、访谈、档案袋评价等，需根据所评估目标的性质和特征选择最恰当的评估方式。

（3）所需的相关服务和支持

特殊学生发展目标的达成需要各种各样、个性化的特殊教育相关服务，包括针对性的干预、康复训练、普通课程设计和调整、评估方式调整、特殊的教具学具、辅助技术等。此外，学生接受上述相关服务的方式包括去县级资源中心进行专业训练、在资源教室接受部分抽离式的密集干预等，这些同样需要相关人员在评估结果的基础上，结合学生的长短期目标共同确定。

（4）接受相关服务的时间和地点安排

对于随班就读的特殊学生来说，大部分时间应当在普通教室接受教育，但他们通常需要在普通教室上课的基础上接受部分抽离式的资源教室集中授课或训练，有其他康复或专业治疗需求的学生还可能需要离开学校去专业的康复中心或区县特殊教育资源中心接受训练,这些都需要 IEP 制订小组进行综合考虑,为其制订个别化的"时间表"或"课程表",合理安排其在学校的时间和接受教育、服务的地点,这些内容都应包含在 IEP 中。

此外,IEP 初稿的内容应当尽量丰富、详细,将收集到的资料和分析结果尽可能全面地体现在 IEP 中。此外,如在拟定 IEP 的过程中发现有所遗漏,还可以进一步进行补充收集。

3. 召开 IEP 会议进行讨论和决议

召开 IEP 会议是 IEP 拟定过程中非常重要的环节,所有参与 IEP 制订的人员需要集中对 IEP 进行讨论和决议,最终形成所有成员均认可并签名的 IEP 文本。

(1) 会议准备

形成 IEP 初稿后,一般由普通学校资源教师对 IEP 会议进行准备、组织和协调。准备期间,资源教师需要:1. 通知学生及其家长、特殊教育专业人员(巡回指导教师)、班主任及重点学科教师、学校行政人员等相关人员会议的时间和地点;2. 准备会议资料,包括会议流程、拟定的 IEP 初稿、评估学生的过程性资料以及其他必要的相关资料;3. 布置会场,准备桌签、摆放资料,如特殊学生本人参会,则需要考虑其可能存在的特殊需要,如光线、桌椅摆放等。

(2) 正式开会

正式开会时一般由学校的资源教师担任主持人,同时需安排一名会议记录人员。会议通常包含以下议题:1. 主持人介绍参会人员;2. 资源教师介绍 IEP 制订的基本情况;3. 特殊教育专业人员及学科教师介绍并解释特殊学生的评估情况和评估结果;4. 全体参会人员对 IEP 文本进行研讨并发表观点;5. 主持人对会议内容进行总结,明确

IEP 是否需要修改以及需修改之处；6. 所有参会人员在会议记录上签名。

（3）会议结束后

IEP 会议结束后，IEP 小组应当对会议上提出的相关议题进行研究和讨论，如有需要则可以对 IEP 文本进行修改和调整，并将修改和调整后的 IEP 通过邮件、书信等方式请所有之前的参会人员过目、认可并签名。所有 IEP 小组成员均签名后，IEP 文本才能正式生效，作为为特殊学生开展教学、提供相关服务的基础和依据。

对于在普通学校随班就读的特殊学生来说，IEP 是极其重要的一份文件，在普通学校进行的一切教育教学活动、提供的相关服务均应依照 IEP 的要求展开，这也是满足特殊学生个性化需要的重要保障。在整个 IEP 的制订过程中，需要强调的是，尽管 IEP 的制订是一个非常专业、严谨的过程，需要特殊教育专业人员频繁、充分地参与，但由于随班就读的特殊学生学习和生活的范畴为普通学校，以学习普通课程为主，所以在制订 IEP 时必须强调普通学科教师的重要作用，需要其从普通课程的要求和大背景出发建构特殊学生的学习目标、设计课程调整方案等，而这正是特殊教育专业人员相对欠缺的领域。总之，特殊学生 IEP 的制订是一个多元参与的过程，对于随班就读学生的 IEP 制订来说更是如此，各类专业人员需要从自身的角度出发为 IEP 的制订和完善提供素材、资料，并在此基础上形成科学、专业的判断。

五、个别化教育计划的实施

在拟定好所有 IEP 小组成员均认可的 IEP 文本后，就需要在为特殊学生提供教学和服务的过程中对其进行重点遵循和参照。因此，通常建议 IEP 在学期开始之前能够最终定稿，以免影响新学期对于 IEP 的正式使用。从广义上讲，完整的 IEP 的实施和操作流程是一个包含

"实施－效果的持续评估－调整/更新－制订新的 IEP"一系列阶段的动态过程。

（一）IEP 的实施

IEP 的实施，即所有相关人员根据 IEP 的目标和要求设计并实施课程，同时开展相关服务。需要说明的是，针对特殊学生开展课程教学是 IEP 实施的重要核心内容，但本部分不对随班就读学生的课程教学问题展开系统论述，相关内容可参见本书其他相关章节，本部分重点对 IEP 实施的主要人员及其相应职责和工作进行阐述。

1. 普通学科教师

IEP 绝对不是一份完全独立于普通教育和普通课程之外的教育教学计划，而是充分建立在普通课程基础上，为了更好地满足特殊学生的个性化需要而进行的特殊安排，因此，普通学科教师在 IEP 的实施中扮演着核心的角色。对于普通学科教师来说，需要将 IEP 中特殊学生的发展目标和所需的相关支持服务与普通课程进行充分渗透和融合。首先，普通学科教师在设计课程时需要针对特殊学生的发展目标和需要对课程进行调整，包括课程的精简、充实或替代[①]，例如：降低课程目标、减少课程内容、根据特殊学生的需要增加部分内容、采用替代性的课程内容或教学材料呈现方式、调整学习效果评估的要求和方式等。例如：一堂以学习分数的加减法为目标的数学课，对于智力障碍学生来说，可以仅掌握分母相同的分数的加减法，并可以在完成时提供一定的协助或延长计算时间。需要说明的是，针对特殊学生的课程目标可以适度降低，但应与 IEP 中的长短期目标保持较大程度的一致性。其次，普通学科教师需要考虑在授课过程中可以采用差异

---

① 邓猛. 融合教育实践指南[M]. 北京：北京大学出版社，2016：77.

教学、合作教学、同伴指导、个别化教学等有助于特殊学生有效参与普通课堂教学的策略。再次，普通教师还需要为特殊学生提供部分特殊支持，包括助学伙伴的安排、特殊教具或学具的提供、专门学习材料的制作等。最后，普通教师需要对学生学习结果的评价方式进行调整，充分结合 IEP 的发展目标，调整测验内容、延长测验时间、采用档案袋评估、生态评估等多元评估方式，以全面、客观地衡量特殊学生的发展和教育成果。此外，普通学科教师还应当配合资源教师设计抽离式的学业干预方案，与资源教师、家长等密切沟通特殊学生的情况。

2. 资源教师

资源教师是普通学校特殊教育的专业人员，负责协调和组织特殊学生 IEP 的具体实施，此外，还应当重点为特殊学生设计资源教室课程方案，实施资源教室的教学。由于特殊学生的个性化需要丰富多样，资源教室课程的类型和内容也是多元化的，包括但不限于：以学科知识为主的学业补救型教学，对特殊学生进行感统训练、注意力训练、动作训练、行为训练、心理辅导等。在组织形式上，资源教室课程可以以一对一的方式展开，还可以以小组活动或团体训练的形式进行，以更好地满足特殊学生的教育干预需要为原则。资源教室的课程需要与普通课程密切结合，对普通课程进行有益补充，同时重点发展学生 IEP 中难以在普通课程和教学中得到充分学习和训练的技能，以有效促进其 IEP 目标的实现。

除直接针对特殊学生开展的显性课程之外，资源教室还可以开展个性化的家长讲堂、家长咨询活动、随班就读主题校园文化活动等隐性活动，间接服务于特殊学生的身心发展需要，推动其 IEP 的顺利实施。

3. 特殊教育专业人员

根据特殊学生的不同需求，特殊教育专业人员也有可能需要直接参与其 IEP 的具体实施过程。例如：在部分学校，区县特殊教育资源中心的巡回指导教师需要定期去学校为随班就读学生开展教育评估或康复训练，在普通学校随班就读的学生也可能需要定期前往区（县）特殊教育学校接受特殊教育专业人员的干预，此外，如有需要，特殊教育专业人员还可以进入课堂进行随堂指导、扮演教学助手的角色。特殊教育专业人员在特殊学生的 IEP 实施中的作用较为灵活，可能是直接参与教学，也有通过巡回指导的方式对普通学校的学科教师或资源教室进行培训和指导，从而间接参与特殊学生 IEP 的实施。

4. 特殊学生家长

特殊学生的家长在孩子 IEP 的实施过程中扮演着非常重要的角色。由于特殊学生的家长参与了对特殊学生的评估和 IEP 制订的过程，因此对 IEP 有着较为充分的了解，特殊学生家长在 IEP 实施的过程中需要将孩子在学校的训练内容迁移、泛化到家庭环境中，结合 IEP 的目标和自身的情况对孩子进行学业补救、简单的康复训练和心理疏导等，同时还需要及时跟踪和反馈孩子在家里的情况，与学校教师保持较为密切的联系，与其一同促进学生 IEP 的实施。

（二）IEP 实施效果的持续评估

IEP 绝不是一次性的、静止的教育方案，其完成操作流程是一个包括初次制订、实施、评估、修订、再实施、再评估的动态化过程，旨在通过持续的评估和调整来更好地服务于特殊学生的全面发展。对于 IEP 实施效果的评估可以按照 IEP 文本中拟定的方法和时间有序开展，也可以根据教育教学的需要随机、灵活地调整评估。整体而言，对于 IEP 实施情况的评估应当综合采用学业测试、量表评估、档案袋评估、观察及访谈等方式,以及时、客观地了解和把握学生的发展情况和所提供的教育和相关服务的适宜性。

(三) IEP 的调整和更新

根据定期或不定期的评估结果,教师和特殊教育专业人员可能会发现之前制订的 IEP 中存在的问题,例如:长短期目标过高或过低、所提供的特殊教育相关服务不足以帮助特殊学生实现应有的发展潜能等,这时就需要相关专业人员共同探讨,对 IEP 进行针对性的调整与更新。这些调整需要进行充分的讨论和记录(见表 3),并征得家长及相关人员的同意。在对 IEP 进行调整和更新时,教师需要认真考虑旧内容是否确实需要调整、新内容与旧内容之间的关系,以及新内容可能产生的影响,以确保所调整内容的有效性。

表 6-3　IEP 更新会议记录表

学生姓名		会议时间	
参加人员			
目前为止 IEP 的实施情况			
原 IEP 中需调整的内容			
调整原因及评估结果			
调整后的内容			
其他需要说明的内容			

所有参会人员签字:

（四）制订新的 IEP

通常，在一个周期（一般为一个学期或一个学年）后，相关人员应当对 IEP 的实施情况进行综合评估，所有 IEP 小组的成员需要召开会议，对上一阶段 IEP 的实施情况进行综合讨论，包括学生现有的发展水平和目标达成情况、过去取得的进步情况、下一个周期的总目标和分目标、家长对于特殊学生发展的期望、上一阶段 IEP 实施过程中存在的问题等。在此基础上，IEP 小组需要为特殊学生制订新的 IEP，开始一个新的 IEP 周期。

六、个别化教育计划范例

本案例选自台湾地区《优质 IEP：以特教学生需求为本位的设计与目标管理》[①]。具体文字根据汉语表述习惯以及我国随班就读的现实情况进行部分删减和调整。

基本资料

学生姓名	小伟	性 别	男	出生日期	××年××月××日
学 校 名		年 级		家长姓名	
障碍类型		鉴定日期		制订日期	
开始日期		拟 定 者			

[①] 黄瑞珍，杨孟珠，徐淑芬等. 优质 IEP：以特教学生需求为本位的设计与目标管理[M]. 台北市：心理出版社，2007.

简易教育史、医疗史、生长史

依据教师访谈，小伟的父母分居，由妈妈独立抚养小伟。家里除了小伟之外，还有三个姐姐，但年龄相差较为悬殊，分别就读于国中、高职及大学。由于姐姐和小伟均在求学阶段，因此由妈妈负担主要家计。平时放学后妈妈会带着小伟在夜市或客运站附近经营小生意，因此作息较为不规律。在小伟的课业辅导方面母亲也无能为力。小伟平时个性温和、开朗，身体状况良好，与同学的相处和睦，体能方面的活动表现佳。但从一年级起由于学科明显落后于同伴，经由普通班教师转介至资源班接受学科辅导，并于小学三年级下学期接受学障鉴定，鉴定结果判定为"文化不利"。经由资源班教师持续观察与辅导发现，小伟在识字方面有显著困难，经过语文降级辅导、识字策略相关的课程训练，小伟逐渐呈现缓慢稳定的成长。目前识字量约为小学一年级的程度，但在同音异字或字的类化使用方面仍有困难，另外在阅读理解、数学抽象概念理解方面亦落后同年龄的儿童。因此于小学五年级时进行学习障碍的"重新鉴定"，并被判定为学习障碍。

主要评估结果

1. 认知能力

（1）韦氏智力测验第二版（施测日期××年××月××日）：评量结果为全量表 IQ93，其中言语 IQ84、操作 IQ105，整体而言其智力属于中等程度。分测验中"图形拼凑"得分最高（量表分数为 14），说明其空间概念发展水平较高；而常识（量表分数为 4）、词汇、记忆广度（量表分数为 5）得分最低，说明其语文知识、字词运用及短时语文记忆与记忆广度均有明显困难。就因素指数的分析而言，其知觉组织 IQ109，达到中等以上的程度，表示其知觉组织、空间概念能力较佳；其语文理解 IQ82，显示其语文理解为明显弱势。

（2）根据观察，小伟在听觉记忆和长期记忆、短期记忆上均有明显困难，无法完整复述一长串话，对于提取信息或先前经验亦有困难。

（3）根据教师观察，小伟的注意力持续时间较短，需将学习内容分成小段落，口语提醒及背诵可以提高小伟注意力维持的时间。

（4）《国小学童多元智能取向量表》（施测日期××年××月××日）：根据量表发现，就小伟而言，肢体动觉和人际交往是优势能力，语文、数学逻辑是弱势能力。

续表

2. 沟通能力
（1）《中文年级认字量表》（施测日期××年××月××日）：原始分数为4，低于临界值，表示其存在识字困难。
（2）《阅读理解困难筛选测验》（施测日期××年××月××日）：低于临界百分比0.49，评量结果为阅读理解困难。
（3）从直接观察中了解到小伟可以表达日常生活中的需求，但无法完整陈述发生事件的来龙去脉，口语表达多为简单句，缺乏连接词、形容词等，语言表达能力明显落后于同伴；语言理解方面对于指令、规则均能遵守，但分类概念非常薄弱，无法分辨及正确回答"人物""事件""时间""地点"等简单问题。

3. 行动能力
依据观察，小伟的行动能力良好，体能表现与同年龄学生相同，球类活动为其最擅长的运动。

4. 人际关系
从平时观察和教师访谈中了解，小伟的人际关系不错，不论在班上或在资源班，小朋友都乐于与其互动，在老师的提示下也会主动帮助别人。

5. 社交能力
从平时观察中发现，小伟面对不熟悉的成人或小朋友时会较为内向和被动，但若对方表现主动，小伟通常能够很快地融入，不论在班上或在资源班都有固定游戏或互动的朋友。此外，小伟很有礼貌，遇到认识的老师会主动打招呼，对于老师要求的事情通常能够完成，因此人缘很好。

6. 情绪管理
根据妈妈描述、教师访谈和直接观察一致发现，小伟的情绪稳定，在陌生情境中表现得较为害羞，需要大人的引导，但在熟悉情境的表现就很开朗，不过平时很少表达自己的感受。

7. 感官功能：
根据学生的健康卡信息，其视觉、听觉均正常，无特殊疾病。观察中发现小伟在精细动作方面的问题为书写时笔画随意，虽然会仿写，但常常字迹潦草。

8. 健康状况
健康状况良好，但与同伴相比体形瘦小，目前身高为143cm，体重32公斤。

续表

9. 生活自理
生活自理的能力较强，对于日常生活中的事务均能独立完成。

10. 学业成就
（1）由特殊需求转介资料表得知，小伟从一年级起，数学、语文与整体学科成绩就排在全班后 15%，在原来班级的学习有显著困难。
（2）根据非正式评量与观察发现，在语文方面，小伟的识字量非常有限，无法背诵小学一年级上学期的课文，日常生活中的常用字也都不认识。在数学方面，基本的加减运算并无困难，但不会背乘法口诀，因此乘法计算有困难，且缺乏除法概念。此外，对于一些基本的数学概念（如时间、几何图形）的理解与运用能力不足，整体数学能力大约为小学二年级程度。

优劣势分析

优势
1. 体能活动及球类运动能力较好。
2. 知觉组织和空间概念能力较好。
3. 个性温和，情绪平稳。
4. 能够独立完成日常生活中的事务。

劣势
1. 注意力集中时间短，常因小事而分心。
2. 长短期记忆力均较为薄弱，需通过操作或反复练习，才能记住习得的概念。
3. 识字量非常少，无法阅读短文或应付日常生活所需的常用字。
4. 基本数学概念的理解较弱。
5. 无法正确回答时间、地点、人物、事件等简单问题。

服务需求

1. 资源班课程与教学：包括安排语文、数学等学科的适应性课程，并教导小伟识字策略、记忆策略及故事结构策略（了解故事的时间、地点、人物、事件等）。
2. 测验调整：纸笔测验时，语文、数学使用资源班调整后的试卷，并根据情况延长考试时间。社会、自然学科的测试在资源班由专门人员为其读出题目。
3. 与教务处协调，免去对其作业的抽查。

教育安置

安置方式	普通班+资源教室
说明	1. 星期一至星期五含早自习共5节课,进行小学一年级汉语阅读、朗诵、识字训练。 2. 原来班级语文、数学课全部抽离至资源教室接受适应性与降级课程,其余课程皆维持不变。

课程设计方案

	科目	课程设计方案	教学重点	服务时间	负责教师
资源教室教学	语文	降级课程	一年级语文听说读写等基本能力	外加:5节	×××
		适应性课程	阅读绘本故事,回答故事中时间、地点、人物、事件等问题	外加:1节	×××
		识字策略教学	独体字认读与听写、加法识字、基本字带字策略	抽离:4节	×××
	数学	降级课程	三年级数学:时间、日历、加减法应用、三角形与四边形、乘法、除法等基本概念的学习	抽离:4节	×××
	注意力记忆力	实用性课程	教导提高注意力及记忆力的策略	渗透于各学科教学中	×××

教育目标

	学年/学期教育目标	教学领域	评估方法	评估结果 上学期	评估结果 下学期	评估人员
学年目标	一、全面提升听说读写能力	语文				
学期目标	1. 学会一年级语文课程内容,包括朗读课文、识字、生字听写、生字组词,达到80%的正确率。		纸笔测验	P		×××

续表

	学年/学期教育目标	教学领域	评估方法	评估结果 上学期	评估结果 下学期	评估人员
学期目标	2. 在听完故事后，能回答故事主要成分中的三项：地点、人物、发生的问题、解决方法、结果。		口述	P		×××
	3. 能够认识国民小学字频表 100 个基本常用字，达到 80%正确率。		纸笔测验	P		×××
学年目标	二、建立三年级数学课程的基本数学概念	数学				
学期目标	1. 到学期末，小伟能够在任何人提问时说出当下的时间；会使用日历找出每个人的生日及主要节日；计算某两个日期的距离天数，正确率达到 80%以上。		口述	P		×××
	2. 理解加减法应用题的题意，并正确写出算式，正确率达到 80%以上。		纸笔测验	P		×××
学年目标	三、增进小伟各领域学习的专注力、记忆力	各领域				
学期目标	1. 能专心于正在进行的活动，期末时资源班与普通班教师均认为小伟有进步。		观察	P		×××
	2. 期末时能够背诵 50 个字以内的一年级课文，正确率达到 80%以上。		观察	P		×××

评量结果：P—通过；C—继续执行；E—再充实或加深目标；S—简化目标；D—放弃目标

IEP 会议参与人员（签名）

行政人员		专业人员	
普通教师		家　　长	
资源教师		其　　他	

注意力、记忆力训练短期目标与学习评估结果

科目	注意力记忆力	班级	五（A）&资源班	教学节数	渗透至各学科	教材来源	自编	设计人员	×××

学年目标	增进小伟各领域学习的专注力、记忆力。

学期目标	1. 能专心于正在进行的活动，期末时资源班与普通班教师均认为小伟有进步。 2. 期末时能够背诵 50 个字以内的一年级课文，正确率达到 80%以上。

科目	教学重点	学习记录与评量
	◇ 上课时桌面仅留下与学习有关的用品。 ◇ 上课时注视老师。 ◇ 资源班教学时采用分段学习，学习 20 分钟休息 5 分钟。 ◇ 根据学习内容，运用视觉、听觉、触觉、肢体动觉等多感官方式，增进记忆力。	11 月： 1. 小伟在少量口语提示下已能够收拾桌面上的物品，但有时仍会注意操场上的活动而分心。 2. 学会应用边写边念的方式记忆生字。 1 月： 1. 小伟上课时能专注于正在进行的活动。 2. 小伟能够运用肢体动作、联想、复述、分段记忆的方式，增进记忆力。

期末总结	经过一个学期的训练，小伟已能逐渐学会自我觉察自己上课是否专心，并尽量不被其他事物影响，因此在完成作业的速度上有长足的进步，所以资源班教师与普通班教师认为小伟较前一个学期有了明显进步。此外，在记忆力方面，通过复述的方式，小伟有效提升了记忆力。在学习生字时，都是采用边写边念、写完后立即听写评量的方式监控学习的成效。另外，也教导小伟应用联想的策略对字进行记忆，例如"汁"与水有关，因此偏旁是三点水；"拉"是用手拉，因此是提手旁。适时运用肢体表演的方式协助记忆，经过一学期的持续练习，小伟的短期记忆与长期记忆能力均有进步。

语文—短期目标与学习评估结果

科目	语文	班级	五（A）&资源班	教学节数	小组/个别 每周9节	教材来源	自编	设计人员	×××
学年目标	全面提升听说读写能力									
学期目标	1. 学会一年级语文课程内容，包括朗读课文、识字、生字听写、生字组词，达到80%的正确率。 2. 在听完故事后，能回答故事主要成分中的三项：地点、人物、发生的问题、解决方法、结果。 3. 能够认识国民小学字频表100个基本常用字，达到80%正确率。									

短期目标教学内容	评量结果（A：100%；B：90%；C：80%；）								评量者
	第1课	第2课	第3课	第4课	第5课	第6课	第7课	第8课	
1-1 朗读课文	A	A	A	A	A	A	A	A	×××
1-2 生字书写	B	A	A	B	A	B	A	A	
1-3 生字听写	A	A	A	B	A	A	B	A	
1-4 生字组词	C	B	B	C	B	B	B	A	

短期目标教学内容	预定进度	评量结果（a：独立完成；b：口语提示）								评量者
		北风与太阳	傻驴的故事	神奇的变身水	阿吉的眼睛	慌张大王	菲菲生气了	葡萄国的宝藏	巨人阿布	
	周次	3	5	7	9	11	13	15	17	
2-1 能说出故事的地点		a	a	a	b	b	a	a	a	
2-2 能说出故事的主角		a	b	b	a	a	a	b	b	
2-3 能说出故事中主角遇到的问题		a	b	a	b	b	a	a	a	×××
2-4 能说出故事中的主角如何解决问题		b	b	a	a	a	b	a	b	
2-5 能说出故事的结果		a	a	b	a	a	a	b	b	

续表

短期目标/ 教学内容	教学重点	评估日期/结果与记录			评估者
3-1 学会常见的独体字	依据小学字频表100个基本常用字中的独体字，先进行教学，建立部首概念，以作为独体字策略的基础。	11/3　1/12 认识 教学字数：50个字 认识通过率：90%	11/3　1/12 听写 教学字数：50个字 认识通过率：80%	说明 小伟对于所教的独体字能够达到80%以上的正确率，且对于部首的概念理解有明显的进步，唯独在应用上可以做进一步扩充。	×××
3-2 学会第一级常用部首，例如：人、水、手	认识第一级常用部首，能说出字的部首。	11/3　1/12 指出 部首：水、手、口、木、心、言、女、土、日、火、竹、刀、衣 通过率：90%	11/3　1/12 说出/写出 部首：水、手、口、木、心、言、女、土、日、火、竹、刀、衣 通过率：80%	说明 经过一学期的反复练习，小伟已建立部首的概念，并且会用部首联想字意。	×××
3-3 学会使用"基本字带字""加法识字"等识字策略，提高识字量	能够运用加法口诀及"基本字带字"策略，提高识字量。	教学字组		说明 对于基本字带字策略已能达到熟练程度，不仅书写能够达到80%正确率，且能够从句子中选出正确的词，但仍然需要经常复习以维持学习效果。	×××
		11/3　1/12 ①青：请、清、晴、精 ②包：泡、跑、抱、炮 ③……略	11/3　1/12 ④立：位、拉、垃、粒 ⑤……略		
期末总结	经过教学后，发现小伟的学习仍有相当多的潜能且理解能力不错，但在策略方面的使用较弱，需用恰当的策略辅助。策略的熟练度能够主动类化到部分相关情境，因此在小伟的教学设计上，除了量上的增加外，也应该关注质的提升。例如：教导小伟学习生字以后，给予更多的时间与情境让其加以运用，另外令其获得成功的经验提升其学习动机也是一项重要的目标。					

资源教师：_____　　家长：_____　　日期：_____

数学—短期目标与学习评估结果

科目	数学	班级	五（A）&资源班	教学节数	小组/个别每周4节	教材来源	自编	设计人员	×××
学年目标	建立三年级数学课程的基本数学概念									
学期目标	1. 到学期末，小伟能够在任何人提问时说出当下的时间；会使用日历找出每个人的生日及主要节日；计算某两个日期的距离天数，正确率达到80%以上。 2. 理解加减法应用题的题意，并正确写出算式，正确率达到80%以上。									

周次/预定进度	教学重点	评量结果		
		优（90%）	佳（80%）	可（70%）
第1~5周：单元一：我会看时钟	◇ 能读出/说出/写出钟面上的时间	√		
	◇ 依照指定时间，能够正确画出长短针的位置	√		
第3~10周：单元二：征服日历	◇ 能正确读出日历的月、日、星期	√		
	◇ 能依题目正确指出几天后的日期	√		
第5~20周：单元三：乘法变变变	◇ 能流畅背诵乘法口诀	√		
	◇ 能计算二、三位数乘以一位数	√		
	◇ 能计算二位数乘以二位数	√		
第10~20周：单元四：除法小精灵	◇ 能正确写出除法的算式	√		
	◇ 能够分辨除数、被除数和余数			√
	◇ 能计算二、三位数除以一位数			
第5~20周：单元五：加减乘除应用题综合运用	◇ 增进加减法应用题的题意理解，并正确写出算式	√		
	◇ 能正确写出乘法概念的应用题		√	
	◇ 能正确写出除法概念的应用题		√	
期末总结	教学建议： 1. 针对时间、日历观念的教学，可以扩充到日常生活的应用，例如：规划时间表、养成看时钟做事的习惯；培养时间感，例如：吃一顿饭、洗手、跑一百米用多久；推算时间，例如：10分钟后、10分钟前的时间，几天前或几天后的日期。 2. 在加、减、乘、除基本运算方面，重点可放在应用题的题意理解上。计算方面：乘、除可再加深难度，乘法可学习三位数乘以两位数，除法可尝试学习除数为两位数的除法，或以计算机替代。									

资源教师：_____ 家长：_____ 日期：_____

第七章　融合教育学校的课堂教学

融合班级学生差异大，要在教学中满足不同能力学生的学习需求，需要教师运用有效的教学策略，针对不同学生的学习长项、兴趣、困难设计教学。对于没有接受过特殊教育系统培训的普通教师来说，他们担心自己不了解班上的特殊学生，不具备教他们的知识和技能，但事实并非如此。对课堂上的各类特殊学生，提前掌握一些学生发展特点的知识会有帮助，可是这不代表融合班级教师必须完全掌握这些知识和技能才可以教学。从本质上来说，融合班级和普通班级的教学方法是相通的，只是融合班级教师需要想办法使教学设计更精致、教学方法更多元。

一、教学调整的基本思路和方法

（一）教学准备

教学准备通常分为"备教材"和"备学生"，但是对融合课堂教学来说，还应增加一个内容，即"备环境"。

1. "备环境"

（1）座位的安排

为特殊学生安排适合的座位对课堂教学效果会产生积极影响。首先教师要意识到不同区域的学生受到教师的影响不同。在教室中，除了最常见的"秧田式"座椅的摆放形式,还可以将座椅摆放成"U"形,或将几张桌椅摆一起形成小组排列的形式。"秧田式"排列中,处于前、中部的学生更容易受到教师关注;"U"形排列中处于底部曲线区域的学生比其他学生拥有更多的发言机会;小组排列中,位于教室前部的学生通常和教师交流更多。其次要考虑到学生的发展特点。比如:有些孤独症学生喜欢某个特定角落,肢体障碍学生需要坐在进出方便的位置,听力障碍学生需要坐在能看清教师发音口型的位置等。教师在安排学生座位时,要综合考虑教室物理环境和特殊学生的需要,合理设置座位,既方便教师照顾他们的学习需求,又方便学生进行自我调节,尽快适应课堂学习。

(2)特殊的感觉需求

有些特殊学生在感知觉方面比普通人迟钝,但也有些更敏感。比如:有的学生由于触觉、痛觉发育迟钝,即使用头和手使劲撞墙、门都不觉得疼痛;有的学生对教室灯光的闪动、某种气味或声音非常敏感,会觉察到普通人觉察不到的光、声、气味的信息,因此他们会表现出奇特行为,如哭闹、拒绝进教室等,进而干扰课堂教学。因此教师在布置教室时,要通过家长访谈或观察了解学生对哪些东西敏感,对哪些东西有偏执的喜好或厌恶,尽量去除干扰学生上课的因素。

(3)个性化的学习设施设备

有些特殊学生需要为其配置特定的桌子、椅子、书写笔、本子、照明设备、沟通工具等,以帮助他们更好地参与。例如:有些脑瘫学生需要使用特定的桌椅支持他们安坐;有些盲生需要的课桌桌面要比普通学生的大,这样有利于他们摆放各种学习用具,他们还可以根据需要在桌面上摆放台灯、助视器等设备;有些学生的手部精细动作发展不佳,他们要使用适合他们抓握的粗大数字笔及大格子本子以帮助他们把字写在格子里;有些学生缺乏言语,需要使用沟通辅助工具(如沟通板、沟通本）表达需求，等等。根据学生的特点和需求，有针对性地为特殊学生配备个别化学习设施设备，是融合教学中"备环境"的重要环节。这些特定的设施设备，并非都需要购买，有些可以由家长、教师自己进行创造。

（4）视觉提示

视觉提示可以视为一种常用的教学策略，指的是教师利用各种视觉线索，如不同颜色、大小、形态的字和图片以及符号等，帮助学生理解正在进行以及即将发生的课堂教学活动，提示学生在什么时间应当做什么、怎么做，从而促进学生更好地掌握学习内容。它对特殊学生和普通学生都适用。比如：对于低年级学生，或者识字量不多的高年级特殊学生，除了常见的文字版课表外，教师还可以用图片制作课表，比如用各科课本的封面、各科教师的卡通图来示意要上的课程是什么；在课堂教学过程中，教师可以根据学生的行为表现出示不同颜色的卡片，提醒特殊学生觉察、调整自己的学习状态等。除了用于课堂管理，视觉提示还可以用于内容讲解，比如教师可以用图形示意不同概念的关系，或者解释事情发生过程，帮助学生理解课文。

2."备学生"

教师在讲授新课前，通常会考察学生对即将学习的知识和技能的了解程度，然后根据学生的掌握情况调整教学设计。对于特殊学生来说，教师还要关注学生的学习偏好、预设可能会出现的问题。

（1）了解学生的学习偏好

不同的学习者所依赖的主要感觉通道有所不同。有的人是"视觉学习者"，他们通过看文字、图片能够有效获得信息；有的人是"听觉学习者"，通过聆听，他们能够有效整合、处理语音信息；有的人是"动觉学习者"，例如有些学习障碍学生或注意力缺陷多动学生，让他们看十遍书、给他们讲十遍物理原理，可能都不如让他们动手操作一次产生的学习效果好[1]。还有的学生，如果给他们提供"多感官"学习机会，他们对概念的理解掌握就更好。例如：教师在讲到秋季特点时，不仅请同学搜寻了不同地方秋季的图片，还让同学收集校园里代表秋季来临的物品，如发黄的树叶、枯萎的小草、身上的衣物等，通过看图、朗读、触摸等方式，促使学生更全面地了解秋季。

此外，了解特殊学生喜欢的物品、活动也很重要，这些可以作为引导他们参与学习的强化物。有些特殊学生在机构培训时，经常获得作为强化物的小食品。用食品作为强化物时，教师要特别慎重，因为这可能违反学校不允许上课吃东西的规定，而且对其他学生也会造成干扰。如果特殊学生特别喜欢某种小食品，而且它确实能够有效减少特殊学生的问题行为，教师可以考虑在课堂上以代币制的形式给学生奖励，课后学生可以拿出代币从教师那里换零食，而不是在课堂上直接给学生食品奖励。

（2）预设可能出现的问题

教师在准备教案时，通常会预想学生在上课时会提出哪些问题、出现什么反应。对于特殊学生，教师更需要考虑课堂上他们出现情绪问题的可能性以及相应的应对措施。一般来说，通过观察，教师能够摸清学生出现问题行为的规律，比如有的学生无法长时间安坐，会出现下座位、随意游走的行为，那么教师在备课时，可以考虑让学生协助自己发放作业本；有些学生上课会自言自语，有时声音很大干扰了其他学生，教师可以提前准备一些学生能够理解的减小音量的提示，在学生自言自语声音越来越大的时候出示给他们；有些学生只能维持前十分钟的注意力，教师可以给他安排放松练习，引导他到教室角落

---

[1] 托比·卡滕等著，杨希洁译. 融合教学实践[M]. 华东师范大学出版社，2016：99-100.

练习，等等。备课时教师越充分地考虑到学生的问题行为，就越有可能规避这些问题，有效引导学生。

3."备教材"

这个环节和后面介绍的"教学内容调整"（即学什么）"教学方法调整"（即怎么学）有直接关系，"备教材"可以帮助学生使用更合适的学习材料掌握所学内容。学习材料不一定是文字、图片，还可能是实物、活动等，要充分考虑学生的生活经验以及学习偏好，配置形式多样的学习材料。

（1）帮助学生理解概念的学习材料

考虑需要补充哪些材料，帮助学生理解不熟悉的概念。不少特殊学生由于早年感觉经验不足，加上经常在家或在机构训练，和普通学生相比，他们相对缺乏生活经验，因此对很多常见事物的理解能力和普通学生有差异。如下文中介绍的例子中，特殊学生不了解课文中"雏儿"的概念，也无法通过文字来理解，因此教师准备了动物幼崽的图片，帮助学生理解。

（2）帮助学生充分练习的学习材料

要准备让学生能够充分练习的材料。若普通教材中的练习题、活动不适合部分特殊学生学习，教师要根据教学目标、教学内容提前准备适合学生练习的资料。

（二）教学实施

融合教育课堂教学要密切结合普通学校课程标准、特殊学生的个别化教育计划，以及课程调整要点来进行。

1. 教学目标调整

要为特殊学生讲解普通教育课程，尤其是为残疾程度较重的学生讲解普通课本知识，对教师来说确实是巨大的挑战。因此，在教学之前，要深入了解每位特殊学生个别化教育计划中的长、短期目标，教师根据这些目标确定特殊学生在本学科要掌握的知识和技能，将其分解到每个单元、每节课的教学目标中。

对每门课来说，要确定哪些是需要特殊学生学习的核心概念和技能。虽然学生有权利学习课程的所有内容，但是从他们的学习能力、学习需求考虑，融合课堂教学应该选择对特殊学生而言最重要的也最有可能掌握的核心概念和技能。有智力残疾的特殊学生，他们不需要和普通学生一样对概念、技能进行深入、全面的研究，他们只要了解概念的浅层含义、初步了解或运用技能即可。另外，教师选择的核心概念、技能应当尽可能全面地呈现学科内容，帮助特殊学生对该学科形成比较系统的了解。例如：对于四年级的轻度智力障碍学生而言，让他们完全掌握分数计算是非常困难的事情，但是可以帮助他们了解数学中分数的概念，还可以让他们掌握简单的分数如何读、写，并了解分数代表的意义。如果因为这些学生难以掌握分数计算而不将分数概念列入教学目标中，学生对数学的了解就缺乏了"分数"这一领域。

对每节课而言，教学目标通常包含三个层面：知识目标、技能目标，以及情感和态度目标。运用布鲁姆的教学目标分类法，教师可以较好地描述普通学生和特殊学生应掌握的教学目标。布鲁姆将教学目标分成六个层次：1. 知道（knowledge），即认识并记忆某项知识和技能；2. 了解（comprehension），即初步掌握事物的概念；3. 应用（application），即将所学内容用于问题解决；4. 分析（analysis），即能够分解事物，说明各部分的联系、基本构成和运行原理；5. 综合（synthesis），即能够重新组合各要素，创造性地解决问题；6. 评价（evaluation），即对事物本质、运行规律进行判断和推断。教师在为特殊学生拟定教学目标时，可以适当降低目标的层次，同时减少目标的数量①。在拟定教学目标时，还要注意围绕本节课的教学内容，清晰地、准确地描述目标，尽量用名词、数量词、动词明确说明目标，避免模糊的表述。

2. 教学内容调整

在融合教育课堂上所有学生使用的教材应当一样，但无法确保特殊学生能在课堂上学有所获，教师有必要根据实际情况对教学内容进行恰当的删减、增补、变动。删减即在保证学科知识系统性不被破坏的前提下，适当减少学习的数量、降低学习的难度；增补即适当对教材上的知识、技能进行补充，通过多样化举例、重复练习等方式帮助学生更好地掌握学习内容；变动主要是确保不影响整体教学安排情况下，调整教学内容呈现的形式、顺序和进度以更好适应特殊学生的学习需求。下文将用具体例子来展示教师如何调整教学内容。

删减：在五年级语文课文《珍珠鸟》中，普通学生需要学习12个生字。在上五年级的时候，教师对小立进行了评估，发现他对左右结构的汉字掌握比较好，对于简单的或生活中常用的左右结构汉字能够认、读、写，也能较快掌握基本含义、正确地运用汉字。对于复杂一些的或学习生活中不常见的左右结构的汉字，有时他需要经过老师提示才能认出来。对于其他结构的汉字，他学习速度比较慢。教师将12个生字分成了3个层次，第一层次是小立必须会读、会写、会正确使用的字，包括"柜""陪""待""趴"，因为这几个生字属于左右结构，相对简单，用得也多。第二层次是小立要会读的字，包括"睑""眸""雏""呦""悉""享"，前两个属于左右结构的汉字，教师要求小立能够认读，并了解它们属于眼睛范畴；后四个虽然不是左右结构

---

① Bloom, Benjamin S. (Ed). Taxonomy of educational objectives: The classification of educational goals. Handbook I. Cognitive Domain. New York: McKay. 1986: 201–207.

的汉字，但是"雏"和"呦"属于左中右结构，小立掌握起来比较容易，"悉""享"在生活中使用频率高，因此教师要求小立能够认读这些字，并在教师提示下进行组词或造句。第三层次包括"蔓""幽"，这些字结构比较复杂，且日常生活中使用频率不高，因此教师不要求小立能够认读这两个字。

增补：在课文中有一句话"我猜到，是它们有了雏儿"。"雏儿"一词对小立以及班上部分学生而言是陌生的。一般来说，普通学生通过查字典或教师讲解，能够很快理解它指的是动物幼崽。但是对于小立以及班上小部分普通学生来说，单纯依靠文字来理解"雏儿"一词仍有难度。因此教师准备了鸡、鸭、狗、猫、马、猴等6种动物的成年形态以及幼年形态的真实图片在上课时展示，之后教师邀请小立和其他两位对概念掌握有难度的学生上台，将打乱的图片进行配对，并且要求学生指着图，说明哪张是哪张的"雏儿"。教师接着展示了两张珍珠鸟的图片，要求小立和两位同学共同判断哪张图片是成年形态的珍珠鸟、哪张是幼年形态的珍珠鸟。三名同学在商量后，指出了正确图片，但是无法回答选择的原因。于是，教师提问了其他同学，总结出陆地、空中动物的"雏儿"通常具有圆滚滚、毛茸茸的特征，令人心生怜爱。

变动：《珍珠鸟》一文要求学生能够从珍珠鸟的外形、叫声、神态、动作等方面分析珍珠鸟的可爱之处。在课堂上，教师要求普通学生在课本上画出描写珍珠鸟可爱之处的句子，并且在相应位置标注描写珍珠鸟特点的句子。这个任务对小立有一定难度。因此，在同学找句子的时候，教师走到小立身旁，带领小立读句子，例如"从中传出的笛儿般又细又亮的叫声"，之后问小立："这句话描写的是珍珠鸟的什么？"小立回答"叫声"。教师随即让小立画下该句，并在旁边标注"叫声"。随后教师又用该方式指引小立找到描写珍珠鸟外形、神态以及动作的句子，每类各一句。接下来，教师要求同学在作业本上，用自己的语言来描述珍珠鸟，显然小立无法完成这个任务。于是，教师指导他看课本上的珍珠鸟图片，问他："这只小珍珠鸟，它的外形是什么样的？""它背上和肚皮的羽毛、嘴，还有脚是什么颜色？""如果它会说话，你猜它会说什么？""你喜不喜欢它？"然后，教师引导小立把他的回答串成一段话并要求他复述，完成了这项任务。

调整教学内容时，要遵循如下几点：一是要充分了解教材内容，只有在谙熟教材的前提下，调整教学内容才不会出现遗漏核心概念和技能的情况；二是要以个别化教育计划为调整依据，深入了解特殊学生的学习优势、不足和需求，有针对性地调节教学内容；三是适当补充的教学资源应紧扣教材的内容；四是经常在课上、课下检查学生对调整后教学内容的掌握情况，及时根据评估结果调整改进策略。

有必要特别强调第四点的重要性。在实际教学中，教师在调整教学内容后，如果特殊学生未能按教师期待那般完成教学任务，教师很可能判断学生"无法完成该项任务"，随即不再要求学生完成该任务。从某种程度上说，这可能无意中减少了学生参与课堂学习的机会。在国际上，逐渐流行用"干预反应"（Response to Intervention）理论引导融合教育课堂教学改革[①]。这一理论并不认为学生的残疾类型、程度是教学或干预人员需要首要关注的问题，强调特殊学生能不能和其他普通学生一样，对他所要学习的内容做出恰当反应才是问题的关键。比如在上述《珍珠鸟》一课中，教师布置学生完成寻找描写珍珠鸟的句子时，小立对这个任务是无法"反应"的，因此教师对教学内容（即"干预"）进行了"变动"，变成教师找到句子，让小立回答该

---

① 杨希洁, 韦小满. 为全体学生提供有效的教育服务——"干预反应"模式的发展及影响[J]. 中国特殊教育, 2012, (6): 3–10.

句子描写珍珠鸟的哪一方面特征,小立对经过修改的任务产生了恰当反应。如果小立对这项任务还是无法给出恰当的反应,那么根据干预反应理论,教师应再次调整教学内容,教师带领小立找到句子后,直接告诉他答案,再让小立回答该句讲的是珍珠鸟哪一方面特征。

例如:教师走到小立身旁,带领小立读句子,如"从中传出的笛儿般又细又亮的叫声",之后告诉小立:"这句话描写的是珍珠鸟的叫声,它的叫声又细又亮,像笛子发出的声音那样。"之后,教师问小立:"你再说说,'从中传出的笛儿般又细又亮的叫声',这句话描写的是珍珠鸟的什么特点?"小立回答:"叫声。"

通过这样的变动,教师成功引起小立产生了恰当反应,即能够回答"叫声"。干预反应理论关注的是教师或干预人员要根据学生的反应,判断自己发出的任务是否"合适",而不是针对自己发出的任务考察学生给出的反应是否"恰当"。这充分体现了"以生为本"的理念,也和我们传统教育理念中的"因材施教"的教学理念高度吻合。还需要指出的是,在实际课堂教学中,教师可能因为经验不足、教学时间不够分配,以及其他各种原因,无法在课上进行有效教学调整,那么可以通过课后个别指导方式,帮助学生做出恰当的学习反应。

3. 教学方法调整

融合课堂的教学方法和普通课堂的教学方法本质上相似,只是融合课堂使用的方法需要根据特殊学生的差异性考虑更多的细节。下文对融合课堂教师经常使用的几种教学方法进行讲解,这些方法看似简单,但要真正用好它们,需要注意细节的设计。

(1) 教学提示

根据特殊学生特点、学习状况而专门制定的教学提示能有效促进特殊学生参与学习。从形式上看,教学提示主要分为视觉提示、言语提示、动作提示等三类。教师决定在课堂使用教学提示时，要考虑如下问题。

第一，教学提示是不是符合学生的接受能力？例如对于绝大部分学生而言，教师使用言语提示时，应注意使用简洁的语言，明确指示做什么和怎么做。

教师对小立说："你看其他同学都在翻书做作业了，你也赶紧把书从书包拿出来和大家一起做吧！要不然就无法完成作业了。"小立拿出了书，但是没有翻开书页。于是教师又说："你刚才有没有注意听讲？我让大家做什么题目？你要翻到练习三，练习三是我们今天学习的内容。翻到第12页，上面有好几道题，别的同学要完成5道题，你选择3道题或2道题来写吧，前2道题就可以。你看你能不能做。"但是小立此时只是盯着书本，没有任何动作。于是教师认为小立没有理解她的话，只好帮助小立打开书本，并且圈出要求他做的习题，小立很快完成。但是，如果教师换一种表述方式，小立就容易跟上教师的指令。教师可以说："小立，要做练习了！打开书包，把数学书拿出来，翻到第12页，做第1题和第2题。"这有利于小立根据提示完成学习任务。

第二，哪种教学提示对学生最有效？上文提到，视觉提示对大部分特殊学生都有效，但它显然不适用于视力障碍学生。对有些学生，教师可能需要同时使用两种或更多的提示。如教师一边出示示意小立坐回座位的图片，一边说"坐下"。小立没有反应，教师又采取了动作提示，再次出示让小立坐下的图片，提示说"坐下"，同时用手轻拍小立，示意他坐下。

第三，教学提示会不会分散学生的注意力？有的时候，教师为了调动学生"多感官"地参与课堂学习，会使用一些信息载荷量很大的提示，反而干扰了学生。

教师要求学生们有感情地阅读 PPT 或课本上的一段话，但是 PPT 附带了音效。教师本意是让学生在音乐的伴随下，能够更好地触景生情，更有感情地朗读。结果这首乐曲是学生熟悉的歌曲，小立和班上好几位同学都在座位上哼唱。

第四，教师是否等待学生给出适当反应？课堂教学中有时会出现教师发出提示后却未能等待学生给出恰当反应的情况，这造成两种后果。第一种是教师认为教学提示对学生无效，逐渐放弃使用教学提示；第二种是学生"学会"忽视教学提示，其结果也会导致教师减少使用教学提示。例如：这节课是品德与生活课，小立的桌面上没有摆放课本，反而堆了几张画。教师走到小立身边说："小立，拿出课本。"之后教师就走回讲台讲课。小立刚听到指示的时候，放下了手中的画笔，并且打开书包。但是等教师走回讲台后，他又开始继续画画。教师讲了一段时间后，发现小立还在画画，于是再次提醒小立，但是这次小立直接忽视了教学提示。

教师给出教学提示后，要用一定时间等待学生反应，因为有的学生很难给出即时反应。但是，课堂教学的节奏非常快，教师到底要用多长时间等待呢？这个问题，需要辩证地分析。如果涉及学生行为问题管理的指示，教师一般等待几秒钟即可，通常不超过 10 秒钟。但是教学提示涉及解决学生的学业问题时，教师给的等待时间需要更长一些。教师要根据自己的经验，判断学生没有给出反应，是教师等待的时间不够，还是提示无效，抑或是其他原因。

（2）同伴教学

同伴教学是常见且非常有效的教学策略，教师指定一名学生和特殊学生组成小组，共同学习知识和技能，完成学业任务。教师通常选择善良、有耐心、学习成绩尚可的学生担任特殊学生的助学伙伴。以下建议可以帮助教师更有效地开展同伴教学。

首先，给予助学伙伴一定的支持和指导。有些特殊学生的行为表现和普通学生不太一样，教师需要帮助助学伙伴了解特殊学生的特点，同时指导助学伙伴怎么帮助特殊学生。有的教师戏称助学伙伴也需要"上岗培训""在职培训"。

其次，如果班上只有特殊学生有助学伙伴，要考虑这一形式是否对他们造成消极影响，比如这种形式会不会进一步造成特殊学生被"隔离"，甚至助学伙伴也被其他同学排斥。有的教师会通过轮换助学伙伴，或者把更多学生组成配对组，一方面消弭单一配对组造成的消极影响，另一方面也促使更多同学从同伴教学形式中获益。

最后，明确助学伙伴的任务，充分考虑其利益。在课堂上，助学伙伴一般充当提醒特殊学生参与课堂学习、帮助特殊学生掌握教学内容的角色。但是，助学伙伴与教师助手不同，他们首先要确保自己完成学业任务，其次才是在心有余、力有足的情况下帮助特殊学生参与学习。但是如何把握这个度？尤其对于小年龄段的助学伙伴来说，他们可能把整节课时间都用来盯特殊学生有没有参与学习。因此，教师不仅要在"岗前培训"时明确助学伙伴该做什么、怎么做，以及什么时候做，还要经常给助学伙伴反馈，告诉他们哪里做得好，哪里需要改进。此外，要监测助学伙伴的学业成绩以及社交情况，关注其会不会因为助学任务而受到消极影响。

（3）个别教学

在班级里，经常可以看到教师对学生开展一对一形式的教学。但并不是所有的一对一教学形式都可以纳入个别教学的范畴。第一，个别教学要经过一定设计，教师在拟定教学方案时，要预设哪些教学内容适合采用一对一的形式进行辅导。第二，个别教学应紧密结合课堂学习材料进行讲解，而不是让学生完成与课堂学习无关的任务。第三，个别教学的实施者，一般是教师或者是教师助手，如果是由教师助手开展个别教学,则教师助手需要提前和教师交流,确定教学内容、教学过程和策略。第四,教师要定期评估个别教学的效果。根据这几点可以区别个别教学和课堂常见的一对一教学形式的差异。总体而言,个别教学比常见的一对一教学指导更具有规划性、系统性,教学内容通常是预设的,教师要及时评价教学效果并改进。

(4) 小组合作

小组合作是教学中屡见不鲜的概念,它的本质是促成各方参与者都能有机会、有意愿为问题解决贡献自己的智慧和劳动,学会尊重他人,聆听不同观点,进而扩展自己的思维,提高问题解决技能。但是实践中,普通学生和特殊学生的合作学习,经常演变成一种流于表面、对参与各方(尤其是特殊学生)都无益的教学方法[①]。例如:课堂上经常见到教师指定前后桌合作讨论作业,由于特殊学生反应慢,其他学生快速得出答案后就不再讨论,其结果是特殊学生仍然没有完成作业,而且也浪费了这段时间,没有用在有效学习上。无论合作小组是由哪些成员构成、合作的项目及形式如何,在融合课堂教学中采用这种教学方法,要注意四个事项。第一,考虑哪些学习项目适合于采取小组合作。普通学生和特殊学生,都应当从项目中获得适合自己的学习任务。第二,合作小组每个组员都应有明确的任务,如果他们自己无法区分任务,教师有必要对学生进行培训或提供支持,让小组成员能快速地分任务、分角色。第三,强调普通学生和特殊学生在小组合作时处于平等关系,不是指导与被指导的关系,普通学生不必教导特殊学生如何完成任务,而应提供支持。第四,在时间许可的情况下,合作小组在展示成果时,教师还可以鼓励小组成员对彼此的贡献进行

---

① 张海含,万文涛. 小学生合作学习难以持续开展的问题研究[J]. 教育与管理,2016,(10):33-35.

评价。

（5）翻转教学

"翻转教学"或"翻转课堂"是近年席卷中国教育界的改革潮流，它在形式上是指学生自己观看教师事先录制的教学影片，之后学生以在线或现场方式参与课堂讨论，教师根据学生的讨论进行澄清、归纳、总结[①②]。和传统学习方式不同的是，学生要事先学习教学影片，了解基本内容；教师在课堂上不直接讲解教学内容，而是引导学生讨论学习中的难点、困惑。学生完成学习任务之后，教师再通过检测考察学生的学习效果。翻转教学应用得当，可以同时满足不同学习进度、学习能力学生的需求。例如：教师可以录制内容相同或不同的影片，让普通学生和特殊学生学习主要概念，学生可以自己控制学习的进度、节奏，还可以反复学习。甚至在某些课上，教师可以为特殊学生单独准备教学影片，其他学生则聆听教师讲解，之后，教师在讨论环节邀请特殊学生参与讨论。

（6）多元评价

对融合课堂教学成果进行评价时，也要密切结合学生能力、需求及教学内容来设计。教师可以采用纸笔测验形式来了解学生的学习情况，如学习单、考卷、作业、检核表等，可以采用实作评价方式，比如通过画画、音乐表演、手工作品、口语报告、演讲、表演、行为表现等能够代表学生学习成果的事物或活动来评价学生学习效果，还可以采用档案评价方式，即收集教学过程中能代表学生实际学习和行为表现状况的内容，如课堂作业、各类作品、活动照片、课堂教学的录音录像等，作为展示和评价学生发展状况的依据。最后，教师还可以

---

① 邓格琳. 教育信息 2.0 背景下翻转课堂再思考[J]. 人民教育，2021，（13-14）：94-96.
② 陈艳. 翻转课堂视域下英语教师角色误区、转换及实现路径[J]. 教育理论与实践，2021，（12）：39-42.

通过观察、问卷或访谈来了解学生的进步情况。对学生的评价尺度也应具有多样性和弹性，例如：普通学生要求达到100%才算学习合格，而特殊学生只要通过60%即视为过关；普通学生必须完成试卷上所有试题，而特殊学生只要完成部分试题即可。

二、教学调整的原则

教学调整要根据学生的能力与普通课堂教学的要求决定。学生残疾程度越重，需要调整的内容就越多。但无论如何，课堂教学调整需要秉承的宗旨是：在不影响普通学生的情况下，积极促进特殊学生参与学习，促进特殊学生和普通学生相互了解、相互合作。

1. 教学调整应由易到难，由简到繁

教学调整是一项系统的、渐次展开的、不断调整的工作。教师很难在一开始就制定出一套完美的教学调整方案。教学调整也不应当成为教师过重的负担，如果教师觉得教学调整占据了大量的时间和精力，那么教师要考虑暂停目前的调整方式，重新梳理。无论是新教师还是老教师，在新学期教学任务开始时，需要在开学初考虑：最有可能实现、最有可能获得效果的教学调整是什么？从教学目标到教学内容，再到教学方法的调整，有哪些措施最简单、最容易实施？之后，等教师对新教材更熟悉之后，再结合个别化教育计划，逐渐过渡到比较难、比较复杂的教学调整措施。

2. 教学调整应在融合课堂教学整体框架内进行

教学调整不是为特殊学生另辟一套完全不同的教学方案。在融合课堂上，学生学习的课本和普通学生应该一样，但是特殊学生可以根据需求和能力，从教材中选取适合其学习的内容。教师删减和增补内容时，应当考虑这些内容与学科的重要概念之间的关联。

3. 教学调整要促进特殊学生参与学习

教学调整应尽量减少或消除特殊学生被"隔离"于学习之外的状况。在融合课堂上，特殊学生参与学习的过程，甚至比特殊学生获得的学习结果还重要。因为参与学习不仅能帮助特殊学生获得学习成就，还能够帮助他们获得学习体验、提高与人互动合作的技能。如果教学调整使得学生更不愿意、更不喜欢参与学习，那么需要考虑调整的方式是否恰当。

4. 教学调整要帮助特殊学生获得自信

教学调整应尽量减少或消除特殊学生因不理解教学内容而产生的各种负面感受。很多特殊学生在融合教育学校中会因为学习不佳产生羞耻、自责、自卑、愤怒、无聊、抑郁等情绪，这些情绪感受会影响特殊学生与其他人的交往，造成"隐形隔离"。教学调整应当让特殊学生学有所获，提高他们的自信心，相信自己也具备学习能力和进步机会。

5. 教学调整应与特殊学生的年龄相适应

教学调整所选择的教学内容、教学资料、教学方式，应尽量与学生的生理年龄相匹配。简单不等于幼稚，虽然大部分特殊学生的心理年龄比较小，但教学调整要选择那些和特殊学生同龄的普通学生能够接纳的教学材料、教学方式，尽量不出现"低幼化"的教学调整，例如对中学生使用食物奖励、补充的学习资料充斥各种幼童看的卡通人物等都属于和学生年龄不相适应的教学调整。

第八章 融合教育学校的教师

对于开展融合教育的学校,学校里所有班上有特殊学生的老师都可以称为融合教育教师,其具备普通教师和融合教育教师的双重身份,或者说,融合教育教师从本质上来讲也是普通教师,只是因为教育对象的变化带来了新的角色和素养要求。除普通教师之外,资源教师是融合教育学校重要的特殊教育专业人员,通常负责统筹和协调全校的融合教育工作,为特殊学生和普通教师提供专业支持,承担着资源教室管理和运作的重要职责。最后,由于特殊学生的多元化,还可能需要巡回指导教师、言语治疗师、行为治疗师、物理治疗师等各类专业人员的训练和指导。从广义上来看,这些都属于融合教育学校的教师,他们彼此合作,共同服务于普通学校中特殊学生的学习和发展。

一、融合教育学校各类教师的角色和职责

无疑,融合教育的有效实施是一个系统工程,需要各类教师和专业人员的共同努力和协同合作。根据不同人员的角色和职责,将融合教育的实施者分为直接教学人员、专业支持人员以及其他相关人员三类。

（一）直接教学人员

1. 普通班级教师

普通班级教师是融合教育实施主体中最大的组成部分，也是特殊学生的第一责任人，为其在学校的学习和发展负主要责任，与学校资源教师、学生家长等一同合作，共同促进特殊学生的最大化发展。整体而言，普通班级教师在特殊学生融合教育过程中的职责包括以下几点。

（1）与学校资源教师、学生家长、巡回指导教师、各类特殊教育专业人员等密切合作，对特殊学生进行全面、客观评估，提供特殊学生在自己所教科目和课堂教学中的表现状况，共同促进评估的顺利开展，为学生的安置决策提供建议。

（2）按照个别化教育计划的进度和要求对班内的特殊学生开展学科教学，在日常教学中充分关注其个性化的特征和需求，进行课程调整，展开差异教学，为特殊学生设计个别化的教育目标和任务，并对测验和评估的内容、方式进行针对性调整，即使特殊学生能够在自身基础上有所进步，又能够让其体验到进步和成功。

（3）与学校资源教师、学生家长、巡回指导教师、各类特殊教育专业人员一同评估特殊学生个别化教育计划的执行和进展情况，必要时共同讨论并做出调整，以促进最适宜特殊学生的发展。

（4）对特殊学生在课堂中可能出现的问题行为进行分析和干预，对其注意力状态进行监控和调整。

（5）积极与班主任及其他相关学科教师沟通，了解特殊学生在其他学科领域及课堂的表现，搜集多方资料开展教学。

（6）安排学科助学伙伴，为特殊学生的学习提供有针对性的支持。

（7）积极进行特殊教育相关专业知识的学习，针对融合教育教学中的问题开展相关研究，积极参加融合教育专业培训及教研活动，提升自身的专业化水平。

2. 班主任

班主任是学校中全面负责班级学生的思想、学习、健康和生活等工作的教师，是班级的核心组织者、领导者和教育者，同时也承担着协调和组织班级内所有任课教师的角色和任务，与学生家长的关系也更为密切。无疑，班主任对于班级中特殊学生的学习、生活及各方面的发展发挥着更加重要和关键的作用。除上述作为普通科任老师应当履行的职责外，融合班级的班主任在特殊学生相关工作中还需额外承担以下任务。

（1）根据班级中特殊学生的基本情况和需求，对班级中的物理环境和心理环境进行建设，必要时调整座位安排、光线、教室布置、装饰物等，保障特殊学生的健康和安全；对班级中的普通学生进行正确引导，促进其正确理解特殊学生及其特殊需要，形成乐于助人、积极向上的班级氛围，杜绝嘲笑、伤害特殊学生的行为，为特殊学生营造平等、包容、放松的心理环境。

（2）为班中的特殊学生精心挑选和安排较为固定的生活和助学伙伴，陪伴并帮助特殊学生更好地适应学校生活。

（3）与学校资源教师和科任教师密切沟通个别化教育计划的执行情况，关注特殊学生在资源教室课程中的进步和表现，及时调整课程方案，确保课堂教学能够与资源教室的教学和训练有机衔接。

（4）与特殊学生家长进行密切联系，及时向家长汇报学生在学校的表现和进步情况，向家长提出巩固学校教育成果的期望和要求，营造家校合作的良好氛围，共同促进特殊学生各领域的发展。

（5）让特殊学生参加班级中的所有例行活动（班会、外出参观、团建等），增强其安全感和归属感；每学期开展融合教育相关的主题活动，将融合作为班级文化建设的重要主题之一。

（6）在合适的场合和时机向所有家长宣讲融合教育的意义以及班中特殊学生的基本情况，争取普通学生家长的支持，避免普通学生家长排斥融合教育的现象出现。

（7）为特殊学生建立成长记录档案，及时记录其发展情况和值得纪念的里程碑事件，同时为评估提供信息和资料。

（8）争取学校领导、其他科任老师、资源教师、康复训练师、社工等其他各类参与融合教育人员的支持，形成合力，促进特殊学生更好地发展。

3. 资源教师

资源教师是指规划、建设、运用和管理资源教室的特殊教育专业人员，是融合教育学校中的特殊教育专业人员，负责组织和协调全校的融合教育相关工作，是融合教育工作运行过程中的关键角色。资源教师是特殊教育和普通教育沟通的桥梁，其职责也非常多元化，既要直接承担对特殊学生在资源教室的教学与辅导，又要参与特殊学生的评估鉴定、日常管理、咨询与沟通、对外联络及教学科研工作。具体而言，资源教师在融合教育实践中的具体职责主要有：

（1）组织开展学校中所有特殊学生的评估和鉴定工作，收集相关评估资料，与普通班级教师、学生家长、巡回指导教师、各类特殊教育专业人员等沟通，正确解读评估结果，撰写评估报告，提出初步的安置建议。

（2）在主管校长的直接领导下，制定学校融合教育工作相关制度，并监督实施与指导。

（3）组织并重点参与全校特殊学生个别化教育计划的制订，并对其实施情况进行动态评估，会同普通班级教师、巡回指导教师、家长、特殊教育专业人员等对 IEP 进行修订和调整，适时组织制订新的 IEP。

（4）接受普通科任教师的咨询，指导其对班级中的特殊学生开展差异教学，进行课程调整，改善测验和评估方式，为特殊学生提供恰当且充分的学习机会。必要时还可直接参与普通班级的教学，与普通科任教师开展协同教学。

（5）计划并实施资源教室的教学，以小组教学或个别化教学的方式对特殊学生进行抽离式辅导，辅导内容直接来源于每个学生的 IEP，包括学业补救、心理咨询、简单的康复训练、学习策略的教学、注意力训练等。

（6）对全校特殊学生的档案进行管理，对特殊学生的持续发展进行追踪和持续评估，为特殊学生的安置和转衔提供建议。

（7）积极参与各类特殊教育专业培训，并对全校教师、家长、学校领导等开展二次培训，宣传融合教育理念，传授特殊学生行为管理、课程教学、融合环境建设等相关技能，提升自身及学校教师的融合教育素养，促进其专业化发展。

（8）定期对资源教室的整体工作进行评估和分析，管理资源教室的软硬件设施，做好经费预算，合理使用资源教室经费。

（9）与特殊学生家长密切联络，争取家长的协作与配合。

（10）争取校内和校外各种资源支持促进学校融合教育工作的整体推进，联络、协调区域内各种特殊教育资源，使其发挥最大化效益，共同促进特殊学生的全面发展。

（11）与区域特殊教育资源中心保持密切联系，与巡回指导教师协商指导内容和频率等，一同探讨和破解融合教育实施过程中的重点难点问题，及时了解上级关于融合教育的相关政策文件精神，共同服务于学校融合教育工作的顺利开展。

4. 巡回指导教师

巡回指导教师是区域内从事特殊教育教学指导工作的一种专职人员。以巡回教学的方式对一个地区的若干学校、家庭、医院中的特殊儿童进行定期或专项辅导，同时也对学校教师、特殊儿童家长提供指导。巡回指导教师隶属于区域特殊教育资源中心，而我国目前特殊教育资源中心一般依托特殊教育学校建立，因此巡回指导教师一般由特殊学校教师兼职担任，或由特殊教育学校教师转岗担任，主要职责是充分利用自身的特殊教育专业资源和优势，通过巡回的方式指导本地区随班就读工作的开展。具体职责有：

（1）直接为本区域内融合教育学校资源教师和普通教师提供专业指导与服务，指导教师开展融合教育教学与评估，制订与实施 IEP。

（2）在 IEP 实施过程中，根据学校及教师的需求进行不定期指导，参与特殊学生的评估及 IEP 的调整。

（3）为区域内融合教育学校的资源教师及学生家长开展专业培训，宣传融合教育理念，传授特殊学生教育教学及管理的相关知识和技能。

（4）必要时深入融合教育课堂进行指导，与普通教师一同开展协同教学。

（5）为融合教育学校提供特殊学生所需要的专业教具与学具，促进特殊学生在普通班级更加高效地学习。例如为视力障碍儿童提供大字课本，为听力障碍学生配备助听器等。

（6）对本地区融合教育的情况进行整体掌握，直接参与特殊学生的筛查与评估，负责特殊学生个人档案、学籍管理工作，及时更新特殊学生安置方式等有关信息。

（7）在学生的转介过程中，负责与学校和家长沟通并协调本地区特殊教育资源，以满足学生的需求。

（8）开展融合教育相关研究，探索和破解区域融合教育发展中面临的重点难点问题，提升科研能力。

（9）将实践指导与科研成果转化为政策建议，在当地教育行政部门作出融合教育相关决策时提供咨询，切实推进区域融合教育的规范、可持续发展。

（10）利用各种机会开展融合教育理念宣导工作，在全社会范围内营造良好的融合教育氛围。

（二）其他支持人员

1. 校长

融合教育的开展无疑离不开校长的支持。校长虽然不直接参与特殊学生的教学和管理工作，但却在学校融合教育工作的开展过程中发挥着不可替代的重要作用，这也赋予了校长在融合教育工作开展中的更多职责，这些职责主要有：

（1）认真学习并领会国家、省、市及区（县）融合教育相关政策精神和要求，深刻认同开展融合教育的重要意义，按照上级的规定和部署规划学校的融合教育工作，统筹学校各方面力量开展融合教育工作。

（2）组织建立由分管校长、教务主任、年级组长、班主任、资源教师、科任教师等组成的融合教育工作小组，明确相关人员职责、工作量核定标准和奖惩制度，建立完备的工作制度和年度规划，规范融合教育工作的切实开展。

（3）为学校融合教育的开展争取足够的经费，将相关经费需求纳入全校经费总预算中进行全盘考虑，为融合教育的开展配足软硬件设施设备，为资源教师及任课教师开展工作提供必要的经费支持。

（4）组织开展融合校园文化建设，将融合教育理念融入校园文化建设中，创设无障碍环境，改造或新建必要的无障碍设施，营造让特殊学生有安全感和归属感的校园环境。

（5）参与特殊学生评估和 IEP 制订过程中的相关会议，为安置决策提供建议和指导。

（6）完善家校联系制度，开展丰富多样的家庭教育指导活动，指导特殊学生家长对特殊学生进行科学有效的教育，引导普通学生家长认同融合教育理念，支持学校的融合教育工作。

（7）接受区域特殊教育资源中心的指导，按要求反馈和报送特殊学生相关信息，与特殊教育资源中心密切配合，充分利用其特殊教育资源，更好地开展本校的融合教育工作。

2. 康复训练师

基于特殊学生的需求和个别化教育计划，融合教育学校中的部分学生可能还需要接受除学校教育外的专业康复训练，因此，康复训练师也是为部分特殊学生提供专业服务的人员。当前，大多数普通学校没有专门的康复训练师，一般由所在区的特殊教育学校或各类康复机构的教师为普通学校的特殊学生提供康复服务。一般来讲，普通学校需要的康复训练师主要有言语训练师、动作训练师、物理治疗师等，其职责主要有：

（1）使用常用的专业评估工具对特殊学生开展评估，参与特殊学生的安置决策和个别化教育计划的制订。

（2）按照学生的个别化教育计划为其设计并开展针对性的康复训练，及时与学校科任教师、资源教师沟通，全面了解学生在校学习和发展情况。

（3）对康复训练过程进行观察和激励，对学生的康复效果进行定期评估，不断调整和完善康复训练计划。

（4）有效整合康复训练和学校内教学干预，使其能够更加高效地服务于特殊学生综合能力的提升。

（5）必要时向普通教师、资源教师、学生家长等开展康复训练工作的相关培训，使康复训练的效果能够在不同环境中得到巩固和加强。

二、普通教师融合教育素养的结构和内容

在相关政策要求下，以及我国随班就读实践快速发展的迫切需求下，对普通教师的融合教育素养进行职前培养和职后培训是随班就读质量的重要保障。而对普通教师开展融合教育素养的职前培养和职后培训，需要首先明确我国当前的随班就读实践对于教师素养的真正需求和挑战。

在教师融合教育素养的结构上，郝振君等[1]认为，实施全纳教育需要教师秉持全纳的态度、怀抱全纳的期望，树立民主的教育观，现阶段需要教师先具备教育特殊儿童的知识、技能和情感。王美萍等[2]则从全新的教育理念、普通教育和特殊教育的知识及能力三个方面探讨了全纳教育对教师素质的要求。还有研究者分别从知识、技能、能力、态度四个方面[3]；专业理念、知识和能力方面[4]；知识、技能、态度方

---

[1] 郝振君，兰继军. 论全纳教育与教师素质[J]. 中国特殊教育，2004（07）：2-5.
[2] 王美萍，胡平凡. 全纳教育理念下的教师素质及其培养[J]. 当代教育论坛（校长教育研究），2008（09）：88-90.
[3] 华国栋. 特殊教育师资培养问题研究[M]. 北京：华夏出版社，2001：187-189.
[4] 李拉. 专业化视野下的随班就读教师：困境与出路[J]. 教育理论与实践，2012，32（23）：34-36.

面分析了随班就读教师应具备的融合教育素养[1]。孟万金[2]探讨全纳教育理念下教师专业素养结构，提出了专业理念、专业智能、专业情怀及专业规范四个关键系统。穆光伦、王雁等[3]通过研究，构建了现阶段随班就读教师四维度的专业素养结构，即专业态度、专业知识、专业技能及获取支持能力。另一些研究者则从随班就读教师应具备的整体素养去分析。尽管不同的研究者对随班就读教师融合教育素养结构的认识上略有差异，但大都围绕教师的专业理念（或态度）与品质、专业知识及专业能力（或技能）展开，这与以往研究中对普通教师素养结构的讨论大体一致。

在教师融合教育素养的具体内容上，研究者同样展开了较为丰富的讨论。在专业理念上，大部分研究者[4][5][6][7]认为教师应当具备全纳教育思想，即人类对自由、平等人权的追求，形成新的教育机会观、人才观、专业发展观、教育价值观、学生观、教师观、教育过程观、教育评价观，对特殊需要学生保持真诚的接纳、合理的期望，接纳特殊学生的个体差异等；彭兴蓬[8]将"教育关怀"作为融合教育教师的核

---

[1] 冯雅静. 随班就读教师核心专业素养研究[J]. 中国特殊教育，2014（01）：4-9+23.
[2] 孟万金. 全纳教育理念下教师专业素质及专业化标准研究[J]. 中国特殊教育，2008（05）：13-17.
[3] Mu G M, Wang Y, Wang Z, et al. An enquiry into the professional competence of inclusive education teachers in Beijing: Attitudes, knowledge, skills, and agency[J]. International Journal of Disability, Development and Education, 2015, 62(6): 571-589.
[4] 孟万金. 全纳教育理念下教师专业素质及专业化标准研究[J]. 中国特殊教育，2008（05）：13-17.
[5] 郝振君，兰继军. 论全纳教育与教师素质[J]. 中国特殊教育，2004（07）：2-5.
[6] 朱楠，雷江华. 融合教育背景下免费师范生特殊教育能力培养研究[J]. 中国特殊教育，2014（02）：29-35.
[7] 王玉美. 全纳教育对幼儿教师素质提出的新挑战[J]. 继续教育研究，2008（09）：71-72.
[8] 彭兴蓬，雷江华. 教育关怀：融合教育教师的核心品质[J]. 教师教育研究，2015，27（01）：17-22.

心品质进行单独阐述，认为融合教育教师应该具有关怀和关爱的品格，并养成敏感性的关怀品质，以实现对特殊儿童的初级关怀和充分关怀。在专业知识上，学者们认为随班就读教师应掌握的特殊教育知识包括：融合教育发展的历程与趋势，相关的法律法规，特殊儿童的定义、分类及身心特点，特殊儿童的学习特点及教学策略，特殊儿童的行为管理，特殊儿童的早期发现与早期诊断等方面的知识，甚至提出了作为特定班级的教师，起码应该具备与自己班上的特殊需要儿童有关的基础知识[1][2][3][4][5]。在专业技能上，需要随班就读教师具备与特殊儿童沟通、交流的能力，如手语、盲文等；对特殊儿童进行评估的能力；制订与实施个别化教育计划能力；差异教学能力[6][7]；课程调整能力；与家长、同事及专业人员合作能力；实施合作教学能力；环境创设能力；班级管理能力；获取支持的能力等[8][9][10][11]。

综上，基于以往丰富的相关研究，以及我国当前随班就读实践发展对教师融合教育素养的需求，教师的融合教育素养应包含以下内容（见表8-1）。

---

[1] 冯雅静. 随班就读教师核心专业素养研究[J]. 中国特殊教育，2014（01）：4-9+23.
[2] 沈卫华. 全纳：未来教师专业发展的重要课题[J]. 教育科学研究，2010（06）：70-73.
[3] 唐如前，黄春春. 论全纳教育视域下的教师专业素养[J]. 文教资料，2010（13）：116-118.
[4] 华国栋，华京生. 全纳教育对师资的需求和挑战[J]. 中国教师，2009（09）：44-46.
[5] 董建伟，季茂岳. 全纳教育理念下教师的新发展[J]. 吉林省教育学院学报，2009，25（05）：41-42.
[6] 吕耀中. 全纳教育视野下的差异教学[J]. 中国特殊教育，2006（01）：9-13.
[7] 华京生. 差异教学的实施与管理[J]. 中国特殊教育，2011（05）：30-33+45.
[8] 方俊明. 融合教育与教师教育[J]. 华东师范大学学报（教育科学版），2006（03）：37-42+49.
[9] 沈卫华. 全纳：未来教师专业发展的重要课题[J]. 教育科学研究，2010（06）：70-73.
[10] 华国栋. 随班就读教学[M]. 北京：华夏出版社，2000：7.
[11] 朱楠，雷江华. 融合教育背景下免费师范生特殊教育能力培养研究[J]. 中国特殊教育，2014（02）：29-35.

表 8-1　普通教师融合教育素养的结构和内容

维度	具体内容
专业理念和态度	认同融合教育的价值和意义
	认同普通学生和特殊学生都能在融合环境中受益
	认同对于大部分特殊学生来说普通学校是更加合适的受教育环境
	认同所有学生都能够学习，有进步的潜力
专业知识	国内外融合教育背景与政策
	我国融合教育支持系统及教师角色
	个体发展的差异性和多样性
	感官障碍儿童身心特点及其融合需要
	智力障碍儿童身心特点及其融合需要
	注意力缺陷多动障碍儿童身心特点及其融合需要
	学习障碍儿童身心特点及其融合需要
	孤独症儿童身心特点及其融合需要
	肢体障碍儿童身心特点及其融合需要
专业技能	问题行为矫正能力
	融合环境建设能力
	注意力培养和监控能力
	多元评估能力
	课程调整和差异教学能力
	争取专业支持的能力
	沟通和合作能力

需要说明的是，普通教师的融合教育素养具有较强的灵活性和动

态性,随着我国随班就读实践的深入开展、支持保障体系的日益健全,普通学校特殊教育专业人员配备不断完善,随班就读对象的改变,普通教师需要具备的融合教育素养可能会发生一定的变化和调整,而不是一成不变的。在随班就读发展程度不同的地区,对于教师融合教育素养的要求也可能存在较大的差异。因此,对于普通教师融合教育素养内容的确定应密切结合当地随班就读发展的现实情况进行综合分析和判断。

三、普通教师融合教育素养的培养和培训

(一)普通教师融合教育素养培养和培训的政策规定

1. 职前培养

基于对培养普通教师融合教育素养重要性的认识,以及我国随班就读工作的逐步开展,我国早在 20 世纪 80 年代就在相关政策中要求普通师范生学习一定的特殊教育相关知识。

1988 年全国第一次特殊教育工作会议上首次提出我国特殊教育"以一定数量的特殊教育学校为骨干,以大量特教班和随班就读为主体"的发展格局。自此,随班就读教师特殊教育素养的培养开始在相关政策中出现。1989 年,最早对特殊教育发展进行全面规定的规范性文件《关于发展特殊教育的若干意见》中明确规定包括幼儿师范学校在内的所有普通师范生职前培养中可增加特殊教育内容。其后,20 世纪 90 年代颁布的两项法律法规《残疾人保障法》和《残疾人教育条例》均对普通师范生特殊教育素养的职前培养做出规定,使得随班就读教师特殊教育素养的培养问题以法律形式得以确定,成为此后相关政策制定的指导和依据。除此之外,20 世纪 90 年代另有 4 项政策对普通教师特殊教育素养培养进行了规定。值得注意的是,经过前期随

班就读的试点实验，1994 年随班就读在全国推广，《关于开展残疾儿童少年随班就读工作的试行办法》随之颁布，该文件是我国最早专门针对残疾儿童少年随班就读进行全面规定的文件，涉及学生、经费、教师、资源配置等各个方面。

2001 年教育部联合国家计委、民政部、财政部等多部门颁布了《关于"十五"期间进一步推进特殊教育改革和发展的意见》，成为 21 世纪以来第一个对随班就读教师特殊教育素养职前培养做出规定的文件。其后十余年间，共有 8 项政策颁布，要求普通师范院校开设特殊教育相关课程。值得关注的是，2012 年首次对特殊教育教师队伍建设做出全面部署的《关于加强特殊教育教师队伍建设的意见》以及 2017 年新修订的《残疾人教育条例》中均着重强调"支持师范院校和其他高等学校在师范类专业中普遍开设特殊教育课程，培养师范生具有指导残疾学生随班就读的教育教学能力"。2020 年教育部最新颁布的随班就读工作专项规范性文件《关于加强残疾儿童少年义务教育阶段随班就读工作的指导意见》要求"落实师范院校和综合性高校的师范专业普遍开设特殊教育课程的要求，优化随班就读工作必备的知识和内容，提升师范毕业生胜任随班就读工作的能力"。可见随着融合教育理念和实践的深入发展，并且在提高教师专业化水平以及师资队伍整体质量的背景下，我国对普通教师特殊教育素养培养的关注和重视日渐增多，且逐渐将其列为国家相关发展规划的内容之一。

总之，改革开放四十年来，随班就读教师特殊教育素养的培养逐渐成为国家教育发展规划的内容之一。**从政策层次上**，整体而言，相关规定主要体现在强制力相对较低且具有一定时效性的"意见""计划""办法"等部门规范性文件中。同时，在具有最高强制力的《残疾人保障法》和专门针对特殊教育的法规《残疾人教育条例》中，也对普通师范院校开设特殊教育课程做出了规定。但是，由于我国至今没有专门的特殊教育法律，并且在教育领域的其他重要法律和政策中，例如《义务教育法》《教师法》以及各时期的教育发展纲要等没有对培养随班就读教师特殊教育素养提出明确要求，使得该问题仍未成为整个教师教育领域关注的共同问题。**从规定内容上**，所有政策文本表现出较强的一致性，其核心要求均是应当在普通师范院校的普通师范专业开设特殊教育课程等，使普通教师掌握必要的特殊教育知识和技能，以此提高教师对随班就读的特殊需要学生进行指导的能力。部分与培养随班就读教师特殊教育素养相关的政策规定见表 8-2。除此之外，在 2014 年颁布的《特殊教育提升计划（2014—2016 年）》中，增加了"将特殊教育相关内容纳入教师资格证考试中"的要求，从准入资格上强调普通教师的特殊教育素养，从源头上保证随班就读教师队伍的质量。这也反映我国相关部门对该问题的认识已经不再局限于从培养过程的层面进行规定，而已经提高到了一个新的高度，真正将特殊教育能力作为胜任普通教育工作所必备的技能和要求之一，也从另外一个角度增加了对普通教师特殊教育素养培养的强制性，将对整个教师教育改革发挥重要影响。

2. 职后培训

20 世纪 80 年代末随班就读政策提出伊始，1988 年国务院批转的国家计委等部门制定的《中国残疾人事业五年工作纲要（1988—1992 年）》将"加强特教教师师资培训"作为教育部分的主要措施，首次明确强调"按照混校、混班的需要，对普通学校的教师进行特教知识培训"。这也是我国最早对随班就读教师特殊教育素养开展职后培训的规范性文件。其后，1992 年《残疾儿童少年义务教育"八五"实施方案》中再次强调加强随班就读教师在职培训，并且进一步指出"残疾儿童、少年教育学校应发挥骨干、示范作用，对……随班就读的教

表 8-2 部分与培养随班就读教师特殊教育素养相关的政策规定

颁布时间	名称	颁布部门	效力级别	内容（部分）
1989.05.04	《关于发展特殊教育的若干意见》	国务院转发（国家教委、国家计委、民政部、财政部、人事部、劳动部、卫生部、中国残疾人联合会）颁布	国务院规范性文件	三、领导与管理。"18. 加强师资队伍建设。各地普通中等师范学校、幼儿师范学校的有关专业课，可根据当地需要适当增加特殊教育内容；高等师范院校应有计划地增设特殊教育选修课程。"
1990.12.28	《中华人民共和国残疾人保障法》（颁布）	全国人民代表大会常务委员会	法律	第三章 教育。第二十五条 "普通师范院校开设特殊教育课程或者讲授有关内容，使普通教师掌握必要的特殊教育知识。"
1991.12.29	《中国残疾人事业"八五"计划纲要（1991—1995年）》	国务院批转国家计委等部门制定	国务院规范性文件	三、"八五"计划期间的主要任务、指标和措施。（二）教育。"建立以特殊教育学校为骨干，普通学校附设特殊教育班和随班就读为主体的特殊教育格局。""在全国教委直属师范大学增加特殊教育专业的试点……陆续在各级普通师范院校开设特殊教育课程。"
1992.05.12	《残疾儿童少年义务教育"八五"实施方案》	国家教委、中国残疾人联合会	部门工作文件	三、主要措施。（三）加强师资和管理人员的培训工作。"3. 自1992年起，各地普通中等师范学校应逐步开设特殊教育基础知识必修课程，高等师范院校应设置特殊教育选修课程，以适应残疾人教育发展的需要。"

续表

颁布时间	名称	颁布部门	效力级别	内容（部分）
1994.07.21	《关于开展残疾儿童少年随班就读工作的试行办法》	国家教委	部门规范性文件	五、师资培训。"21.……普通中等师范学校要分期分批开设特殊教育课程，以保证从事随班就读教学新师资的来源。"
1994.08.23	《残疾人教育条例》（颁布）	国务院	行政法规	第六章 教师。第四十一条 "普通师范院校应当有计划地设置残疾人特殊教育必修课程或者选修课程，使学生掌握必要的残疾人特殊教育的基本知识和技能，以适应对随班就读的残疾学生的教育需要。"
1996.05.09	《残疾儿童少年义务教育"九五"实施方案》	国家教委、中国残联	部门工作文件	三、主要措施。4.——师资队伍建设。各级普通师范院校增设特殊教育课程培养；各级普通师范院校增设特殊教育课程或在有关课程中增加特殊教育内容，使学生毕业后能够适应随班就读工作的需要。"
2001.10.19	《关于"十五"期间进一步推进特殊教育改革和发展的意见》	国务院办公厅转发（教育部、国家计委、民政部、财政部、人事部、劳动保障部、卫生部、税务总局、中国残联）颁布	国务院规范性文件	"11.普通师范学院（校）和幼儿师范学校（专业）要有计划地开设特殊教育讲座，在学生中普及特殊教育知识。"

续表

颁布时间	名称	颁布部门	效力级别	内容（部分）
2008.04.24	《中华人民共和国残疾人保障法》（修订）	全国人民代表大会常务委员会	法律	第三章 教育。第二十八条"普通师范院校开设特殊教育课程或者讲授有关内容，使普通教师掌握必要的特殊教育知识。"
2011.10.08	《教师教育课程标准（试行）》	教育部	部门工作文件	将"特殊儿童教育"这一模块纳入教师教育课程中。
2012.09.20	《关于加强特殊教育教师队伍建设的意见》	教育部、中央编办、国家发展改革委、财政部、人力资源社会保障部	部门规范性文件	首次对特殊教育教师队伍建设作出全面部署。着力破解涉及教师队伍建设体制机制方面的瓶颈，从规划、管理、培养、待遇、营造氛围等方面，全面加强教师队伍建设。第二部分"支持师范校和其他高等学校在师范类专业中普遍开设特殊教育课程，培养师范生具有指导残疾学生随班就读的教育教学能力。"
2014.01.08	《特殊教育提升计划（2014—2016年）》	国务院办公厅转发（教育部、国家发展改革委、民政部、财政部、人力资源社会保障部、卫生计生委、中国残联）颁发	国务院规范性文件	在主要措施部分，明确提出"……鼓励高校在师范类专业中开设全纳教育课程，培养师范生的全纳教育理念和指导残疾学生随班就读的教学能力。""将特殊教育相关内容纳入教师资格考试。"

续表

颁布时间	名称	颁布部门	效力级别	内容（部分）
2017.02.01	《残疾人教育条例》（修订）	国务院	行政法规	第六章 教师。第四十四条"普通师范院校和综合性院校的师范专业应当设置特殊教育课程，使学生掌握必要的特殊教育的基本知识和技能，以适应对随班就读的残疾学生的教育教学需要。"
2017.07.17	《第二期特殊教育提升计划（2017—2020年）》	教育部、国家发展改革委、民政部、财政部、人力资源社会保障部、卫生计生委、中国残联	部门工作文件	三、主要措施。"（五）加强专业化特殊教育教师队伍建设。普通师范院校和综合性院校的师范专业普遍开设特教课程。在教师资格考试中要含有一定比例的特殊教育相关内容。"
2020.06.22	《关于加强残疾儿童少年义务教育阶段随班就读工作的指导意见》	教育部	部门规范性文件	六、提升教师特殊教育专业能力，"落实师范院校和综合性高校的特殊教育课程的要求，优化随班就读工作必备的知识和内容，提升师范毕业生胜任随班就读工作的能力"。

师进行短期培训"，明确指出特殊教育学校在随班就读教师职后培训中的作用。1994年《关于开展残疾儿童随班就读工作的试行办法》颁布，对随班就读教师的任职资格、培训工作、考核与奖励等作出更细致的规定，强调地方各级教育行政部门在随班就读教师职后培训中的职责，为随班就读教师职后培训体系的建立奠定了基础。二十世纪八十年代末和九十年代的各项政策开启了随班就读教师职后培训体系建立之路径，但是总体而言，涉及内容不够具体全面，仅是方向上的引导和规定。

二十一世纪初始，《关于"十五"期间进一步推进特殊教育改革和发展意见》颁布，这也成为新世纪第一个对随班就读教师职后培训做出明确规定的文件，不仅要求"加大承担普通学校特殊教育班和随班就读教学工作教师培训的力度"，同时细化规定内容，提出"使任课教师都能够接受一次比较正规的短期培训，掌握基本的特殊教育教学方法"，而且要求"教育部要编写承担随班就读教学工作教师培训教材"以为职后培训提供强有力的专业支持。可见，随班就读教师职后培训政策具有向具体化、可操作化的方向发展的新趋势，成为切实指导随班就读教师职后培训工作开展的强有力支撑。其后十余年间，《全国随班就读工作经验交流会议纪要》《教育部基础教育司关于开展建立随班就读工作支持保障体系实验县（区）工作的通知》《关于进一步加快特殊教育事业发展的意见》等9项文件对随班就读教师职后培训做出了明确规定。值得注意的是，《全国随班就读工作经验交流会议纪要》以及为落实此纪要而颁布的《教育部基础教育司关于开展建立随班就读工作支持保障体系实验县（区）工作的通知》明确要求"建立随班就读工作的支持保障体系"，而且首次提出要"以县为单位，以县特殊教育学校为依托……有计划地开展随班就读教师的业务培训，并做到经常化、制度化"。这也为其后各项政策将随班就读教师职后培训定位于"县一级"政府、教育行政部门的职责奠定了基调。例如：2017 年修订的《残疾人教育条例》第四十五条规定"县级以上地方人民政府教育行政部门应当……在普通教师培训中增加一定比例的特殊教育内容和相关知识，提高普通教师的特殊教育能力"；《第二期特殊教育提升计划（2017—2020 年）》明确指出"县一级承担普通学校随班就读教师培训"。与此同时，随着国培计划的开展，"开展随班就读教师的全员培训"成为随班就读教师职后培训政策的要点。2012 年《关于加强特殊教育教师队伍建设的意见》中首次明确提出开展"承担随班就读任务教师的全员培训"。部分与随班就读教师特殊教育素养职后培训相关的政策支持见表 8-3。

总之，改革开放四十年来，国家层面颁布的十余项政策文件成为随班就读教师职后培训体系建设的有力支撑，随班就读教师特殊教育素养的职后培训工作逐步走向规范和系统。虽然从政策层次上来看，关于随班就读教师职后培训的相关规定主要体现在强制力相对较低且具有一定时效性的"意见""方案""办法"等部门规范性文件中，但是也不乏专门针对特殊教育的法规《残疾人教育条例》，对培训管理体制做出了明确规定。从规定内容上，所有政策文本既表现出较强的一致性，也表现出政策内容的发展性。从二十世纪八十年代、九十年代仅从方向上要求"加强随班就读教师的岗前培训和在职培训"，发展至二十一世纪初"使任课教师都能接受一次比较正规的短期培训"，直至近年来"全员培训"的提出以及明确规定"县一级承担普通学校随班就读教师、资源教师和送教上门教师培训"，反映出我国随班就读教师职后培训体系的逐渐发展与管理工作的不断完善。

表 8-3 部分与随班就读教师特殊教育素养职后培训相关的政策支持

颁布时间	名称	颁布部门	效力级别	内容（部分）
1988.09.03	《中国残疾人事业五年工作纲要（1988—1992）》	国务院批转国家计委等部门制定	国务院规范性文件	四、措施。教育"43. 加强特教师资培训。在办学形式上，采取特教学校与混校、混班相结合……按照混校、混班的需要，对普通学校的教师进行特教知识培训。"
1992.05.12	《残疾儿童少年义务教育"八五"实施方案》	国家教委、中国残联	部门工作文件	"各地要加强特殊教育教师（包括随班就读教师）岗前培训和在职培训工作。""残疾儿童、少年教育学校应发挥骨干、示范作用，对特殊教育班和随班就读的教师进行短期培训。"
1994.07.21	《关于开展残疾儿童少年随班就读工作的试行办法》	国家教委	部门规范性文件	五、师资培训。 20. 随班就读班级的任课教师，应当遴选热爱残疾学生，思想好，业务水平较高的教师担任。他们应当具备特殊教育基础知识和基本技能，了解随班就读级教育教学的基本原则和方法。 21. 地方各级教育行政部门应当把视力、听力语言和智力残疾儿童随班就读的师资培

续表

颁布时间	名称	颁布部门	效力级别	内容（部分）
1994.07.21	《关于开展残疾儿童少年随班就读工作的试行办法》	国家教委	部门规范性文件	训工作列入计划，设立培训基地，采取多种形式，对教师进行岗前和在职培训。普通中等师范学校要分批开设特教师资的来源。22. 省、市（地）级教育行政部门应当组织有关专家，为县、乡两级培训随班就读残疾儿童少年的筛查人员。23. 对随班就读班级教师工作的考核评估，应当包括普通教育和特殊教育两个方面，并应充分肯定他们为残疾学生付出的劳动。24. 地方各级教育行政部门和学校应当根据实际情况，制订奖励和补贴随班就读班级的教育教学办法，鼓励教师积极从事随班就读工作。对表现突出的教师，应当给予表彰。
2001.10.19	《关于"十五"期间进一步推进特殊教育改革和发展的意见》	国务院办公厅转发（教育部、国家计委、民政部、财政部、人事部、劳动保障部、卫计委、税务总局、中国残联）颁布	国务院规范性文件	10. 大力加强特殊教育教师的培养，培训工作。"十五"期间，加大承担普通学校特殊教育班和随班就读教学工作的力度，使任课教师都能够接受一次比较正规的短期培训，掌握基本的特殊教育教学方法。……教育部要编写承担随班就读特殊教育工作教师培训教材，制定特殊教育教师资格条件有关规定。

续表

颁布时间	名称	颁布部门	效力级别	内容（部分）
2003.02.09	《全国随班就读工作经验交流会议纪要》	教育部基础教育司、中国残联、教育部就业部	部门规范性文件	第三部分，围绕今后随班就读工作的共识展开。例如第三项："建立随班就读工作的支持保障体系。""形成省、地（市）县为单位的管理与指导网络，特别是建立以县为单位的网络，即县教育局→乡镇中心学校→随班就读学校连接的管理网络和县教研（或特教学校、特教中心）→乡骨干校教师（中心校/特教校）→随班就读点教师的教研和指导网络。区、县教研室要起龙头作用，对本地区随班就读工作进行研究、指导培训、咨询辅导等。特殊教育学校要配合教研室承担起对全县各随班就读点巡回指导、强化随班就读教师的业务培训、检查、培训、咨询等任务。"第四项，"加强随班就读教育教学工作的业务管理"。"加强随班就读教师的业务培训，为他们提供资料、提供咨询、提供指导。各地要以县为单位，以县特殊教育学校为依托，县里没有特教学校的，要以地市特教学校为依托，有计划地开展随班就读教师的业务培训，并做到经常化、制度化。""加强特殊教育学校与普通学校的沟通，充分发挥特教学校在随班就读中的骨干指导作用，要提高特教学校随班就读教师的业务水平，以胜任对普通学校随班就读教师的指导咨询工作。"

续表

颁布时间	名称	颁布部门	效力级别	内容（部分）
2003.02.19	《教育部基础教育司关于开展工作建立随班就读工作支持保障体系实验县（区）工作的通知》（对《全国随班就读工作经验交流会议纪要》的工作落实）	教育部	部门工作文件	二、实验内容。"5. 县（区）要形成两个网络：县（区）教育局→乡镇中心学校→随班就读学校连接的管理网络；县（区）教研室（或特教学校、教研员）→乡（镇）中心校（骨干校教师）→随班就读点教师的教研和指导网络。保证随班就读工作管理上层层抓、层层落实；教研方面层层抓，层层落实。县（区）教研室要起龙头作用，对本地区随班就读工作进行研究、指导培训、咨询辅导等。要充分发挥县特殊教育学校在随班就读工作中的重要作用。特殊教育学校要配合教研室承担起对全县各随班就读点巡回指导、检查、培训、咨询等任务。"10. 加强随班就读教师的业务培训，为他们提供资料、提供咨询、提供业务指导。以县特殊教育学校为依托，有计划地开展随班就读教师的业务培训，做到经常化、制度化。"12. 加强特殊教育学校与普通学校的沟通，充分发挥特教学校在随班就读学校中的骨干指导作用。要充分和发挥特殊教学校的功能和作用，要提高特教学校教师的业务水平，以胜任对普通学校随班就读教师的指导咨询工作。"

续表

颁布时间	名称	颁布部门	效力级别	内容（部分）
2009.05.07	《关于进一步加快特殊教育事业发展的意见》	国务院办公厅转发（教育部、发改委、民政部、财政部、人力资源社会保障部、卫计委、中央编办、中国残联）颁布	国务院规范性文件	四、加强特殊教育师资队伍建设，提高教师专业化水平。16. ……要加强对在普通学校、儿童福利机构或其他机构中从事特殊教育工作的教师和特殊教育学校巡回指导教师的培训。……依托高等特殊教育学院、其他有关院校和特殊教育和专业机构建设"特殊教育教师培训基地"。18. ……要将特殊承担随班就读教学与管理人员的工作列入绩效考核内容。
2011.10.08	《教师教育课程标准（试行）》	教育部	部门工作文件	将"特殊儿童教育"这一模块纳入在职教师教育课程中。
2012.09.20	《关于加强特殊教育教师队伍建设的意见》	教育部、中央编办、发展改革委、财政委、人力资源社会保障部	部门规范性文件	第三部分，"各地要同步开展特殊教育教师和承担随班就读任务教师的全员培训"。
2014.01.08	《特殊教育提升计划（2014—2016年）》	国务院办公厅、国家发展改革委、民政部、财政部、人力资源社会保障部、卫计生委、中国残联）颁发	国务院规范性文件	在主要措施部分，明确提出"（五）对在普通学校承担残疾学生随班就读教学和管理工作的教师，在绩效考核中给予倾斜"、"提高教师专业水平。研究实行特殊教育教师持证上岗。制订特殊教育教师专业标准。推动地方确定随班就读教师、送教上门指导教师和康复训练人员等的岗位条件。……加强普通学校随班就读、资源指导、送教上门等特殊教育教师培训"。

续表

颁布时间	名称	颁布部门	效力级别	内容（部分）
2016.01.20	《普通学校特殊教育资源教室建设指南》	教育部办公厅	部门规范性文件	将"开展普通教师培训"列为资源教室的主要功能之一。 八、管理规范。（四）指导评估。"区域内特殊教育指导中心或特教学校应加强对资源教室的业务指导培训和评估，定期委派专人为资源教室教师提供指导和业务支持，并对区域内资源教室的运行及成效进行考核评价，并将结果上报主管教育行政部门。"
2017.02.01	《残疾人教育条例》（修订）	国务院	行政法规	第六章 教师。第四十三条 "省、自治区、直辖市人民政府可以根据残疾人教育学校发展的需求，结合当地实际为特殊教育学校和指定招收残疾学生的普通学校制定教职工编制标准。县级以上地方人民政府教育行政部门应当会同其他有关部门，在核定的普通学校编制总额内，……在指定招收残疾学生的普通学校设置特殊教育教师等专职岗位。" 第四十五条 "县级以上地方人民政府教育行政部门应当……在普通教师培训中增加一定比例的特殊教育内容和相关知识，提高普通教师的特殊教育能力。" 第四十六条 "……普通学校的教师承担残疾学生随班就读教学、管理工作的，应当将其承担的残疾学生教学、管理工作纳入其绩效考核内容，并作为核定工资待遇和职务评聘的重要依据。"

续表

颁布时间	名称	颁布部门	效力级别	内容（部分）
2017.07.17	《第二期特殊教育提升计划（2017—2020年）》	教育部、国家发展改革委、民政部、财政部、人力资源社会保障部、卫生计生委、中国残联	部门工作文件	三、主要措施。"（五）加强专业化特殊教育教师队伍建设。……在教师资格考试中要含有一定比例的特殊教育相关内容。加大培训力度，对特殊教育教师实行5年一周期不少于360学时的全员培训。'国培计划'加强特殊教育学校校长和骨干教师的培训。省一级承担特教通学校特殊教育教师培训，县一级普遍承担特殊教育学校随班就读教师、资源教师和送教上门教师培训，增强培训的针对性和实效性。"
2020.06.22	《关于加强残疾儿童少年义务教育阶段随班就读工作的指导意见》	教育部	部门规范性文件	六、提升特殊教育专业能力。"各级教研部门要定期组织随班就读教师开展专题教研活动，通过公开课或优质课评选、优秀成果培育推广、专题讲座等多种方式，有效支持随班就读教师专业发展，不断提高随班就读教师工作水平。"

（二）普通教师融合教育素养培养、培训的内容和形式

1. 培养和培训内容

对于普通教师融合教育素养的培训内容，应当充分注重培训内容的技能性和实用性，而非对特殊教育相关理论系统的强调。普通教师迫切需要能够直接在班级中运用、帮其解决班中特殊学生可能出现的各种问题的有效策略。此外，普通教师融合教育素养培养和培训内容的选择和编排还应当充分基于我国随班就读现实情境的需求，从现实出发，以技能性内容为主，从而直接、有效地服务于课程目标的达成。具体来讲，内容应包括以下几部分。

（1）国内外融合教育背景及相关政策

此部分内容旨在帮助教师正确认识并理解融合教育的内涵、价值、发展历程、国际趋势及其在我国的地位、相关实践和推进政策。该部分内容虽无法直接提升教师面对特殊学生及随班就读课堂的实践能力，但能够使其认可融合教育的价值、我国推广随班就读工作的必要性和可行性，以及让教师意识到单纯隔离式的特殊教育安置格局早已结束，普通教育和特殊教育的绝对界限早已被打通，教育和指导残疾学生同样将是每一名普通教师义不容辞的责任，更是自己在走上工作岗位后必然会面临的情况和挑战。

（2）我国融合教育支持系统及教师角色

此部分内容旨在帮助普通教师充分了解当前我国随班就读支持保障体系的现状，以及作为一名普通教师在其中的角色和地位，进而形成正确的角色意识和合作意识。具体来讲，包括普通学校资源教室的运作和管理、资源教师的专业素养和职责、各级（省级、市级、区县级）特殊教育资源中心的地位及巡回指导模式、医院及康复机构在随班就读中扮演的角色，以及普通学校内部对于随班就读工作的支持

和应当做出的相应调整，等等。教师通过该部分内容的学习，能够意识到随班就读的实践和发展是一个系统工程，更加明确自身在随班就读工作中的角色，同时意识到在普通学校教育和指导残疾学生并不是自己一个人的责任和义务，还有包括资源教师、区域资源中心、各类专业人员的支持和协助。因此，与他们的沟通协作能力、获取支持的能力以及资源调用能力等从某种程度上讲更为重要。综上，在讲授国内外融合教育背景及相关政策的基础上，重点介绍我国当前随班就读支持保障体系的现状，进而强调普通教师在推进随班就读实践中的角色和地位，能够帮助普通教师了解随班就读的现状，树立正确的角色认知，为具体知识和技能的学习奠定基础。

（3）班级中特殊儿童的身心特点及其融合需要

此部分为对普通教师融合教育素养进行培训的常规内容，重点选取当前我国随班就读实践中常见的若干类特殊儿童（孤独症、智力障碍、听力障碍、学习障碍、肢体障碍等），对其身心发展特点及其融合需要进行介绍。重点关注各类残疾儿童突出的身心特点及障碍表现对其在普通学校学习所产生的可能影响，以其在普通环境中的教育需要为落脚点，突破以往课程中单纯对各类残疾儿童身心发展特点甚至致病原因等内容进行逐条、机械介绍的传统，使培训内容与现实教育环境中的实际需要紧密结合，帮助教师客观地认识各类特殊儿童在普通学校的学习情况和可能遇到的困难，所学内容能够直接指向随班就读的实践需要，从而为教育教学及管理技能的获得做好准备。

（4）融合班级经营和管理策略

此部分为培训的重点和核心内容，以技能性内容为主，旨在为普通教师提供更具操作性和实践性的融合教育班级管理及教学指导策略，使其能够有效驾驭因残疾儿童的加入而差异化、多样化程度更高的课堂。培训内容强调教师迫切需要且能够直接、有效服务于随班就读实践的教学和管理策略，例如学生问题行为的矫正措施、注意力培养和监控策略、课程调整和差异教学的具体方法、多元评估的开展与实施、班级氛围的引导和营造策略、专业支持的获取及与多方合作等，这些均为实践性和技能性内容。以上内容以实际操作能力的培养和培训为主，并不过于强调教师对于技术及方法原理和作用机制的系统掌握。与理论知识相比，该部分技能性内容的掌握才是培训应当关注的重点，能够直接提升普通教师在随班就读情境下的实践能力和胜任力。

2. 培养和培训形式

基于培养及培训内容的实践性、技能性特征，就培养和培训形式而言，更应当遵循情境化、体验化的原则，以情景化的实践体验为核心，尽量减少传统的课堂讲授。具体而言可采用以下方式进行。

（1）集中培训

对于融合教育相关政策、我国融合教育支持保障体系、各类特殊儿童的身心发展特点等内容，依旧可以采用传统的集中讲授的方式对普通教师进行培训，使其对融合教育工作和各类特殊儿童形成基本的科学认识，为后续技能性知识的学习奠定知识基础。

（2）专题研讨

对于普通教师融合教育素养的培养和培训，可以充分发挥专题研讨的针对性和灵活性，将相关内容进行整合，以一个个既有联系又有区别的专题呈现，让教师在研讨过程中充分表达自己的想法，对于某些有争议的问题也可以进行充分的争论和碰撞，在此过程中帮助教师对某些关键问题形成正确理解，促进其在融合教育实践中的有效运用。

（3）案例分析

真实情境中的案例是普通教师融合教育素养培养和培训的重要载体，典型案例的呈现和分析能够帮助教师更加直观地感受融合教育实践中可能面临的情境和问题，让其在案例分析的过程中更加全面、充分地认识融合教育实践中的典型事件，进行深入剖析和反思，进而加深对于所学知识和技能的理解，提升运用水平。

（4）专业督导和及时反馈下的实操

对于某些技能性极强的培训内容，如特殊学生问题行为矫正策略、心理和行为评估、弹性课程设计等，可以让参训教师进行现场实操，同时由经验丰富的教师和专家进行监督、指导和及时反馈，这样能够让教师及时调整自己的行为，提升技能的掌握和运用水平。

此外，需要说明的是，对于普通教师融合教育素养的培训还应当重点关注普通教师对于特殊学生及融合教育态度的转变，这是对其进行知识和技能培训的重要基础。由于缺乏相关知识基础和背景，很多普通教师仍然认为特殊教育学校是特殊学生接受教育的最佳场所，对融合教育的理念和价值认同度不足，因此在培训过程中应将融合教育的理念和价值贯穿始终，进行潜移默化的渗透，使普通教师逐渐转变对于融合教育和特殊学生的态度和观念，以积极、包容的心态接纳特殊学生，将融合教育素养的提升作为自身专业化发展的重要内容，积极学习和探索相关知识和技能。

当前我国针对普通教师融合教育素养的培训仍然以较大规模的集中讲授为主，鲜有为参训教师提供在真实情境中实操和体验的环节，严重影响了培训效果。融合教育素养具有较强的灵活性和实践性，真正有效的培训应当聚焦教师实践能力的培养，强调技能性素养的获得，因此，应当在可能的范围内尽量缩小培训规模，为教师提供更多小组甚至是一对一的展示、实操环节，真正帮其提升应对融合教育课堂和特殊学生的能力。

四、资源教师能力建设

如前所述,资源教师是普通学校融合教育工作组织和开展的核心专业人员,在其中发挥着关键作用。但是,当前我国普通学校的资源教师大多由普通学科教师兼职担任或转岗担任,缺乏特殊教育知识和技能,因此,对于资源教师的能力建设显得更加迫切和重要。

(一)培训内容

结合相关研究,资源教师的培训应当包括理论知识培训和实务技能培训两部分,以更好地帮助资源教师建构工作中所需的知识和技能。

1. 理论知识培训

资源教师的培训内容,首先必须包含一定比例的理论知识,有助于资源教师较为全面、系统地了解特殊教育和特殊学生。具体应包括:

(1)特殊教育相关概念、术语、理论;

(2)特殊教育的哲学、社会学、生物学基础;

(3)特殊教育的本质、特点及规律;

(4)融合教育发展的国际趋势和经验;

(5)我国融合教育相关法律政策和规定;

(6)普通学校中常见的各类特殊儿童的身心发展特点和需要;

(7)融合教育支持保障体系和各类专业人员职责;

(8)资源教室的建设和管理规范。

2. 实务技能培训

与理论知识相比,实务技能的培训对于资源教师来说更加重要,因为这能够更加直接地帮助资源教师提升开展融合教育工作中的实践能力，提高其胜任力和自我效能感。资源教师实务技能的培训内容主要应包括：

（1）资源教室工作的流程和规范，包括疑似特殊学生的发现、评估诊断、安置决策、IEP 的制订、实施效果的评估、转介服务等；

（2）特殊学生的评估和诊断，包括医学诊断报告的解读、教育心理评估的组织实施、常用心理量表的操作运用、各类评估结果的整合判断、评估报告的撰写以及评估结果的使用等；

（3）融合课堂教育教学及管理技能，包括特殊学生课程调整及测验调整、合作教学的组织与开展、差异教学的实施、教学训练方案设计、动态和多元评估的开展、注意力监控和训练、行为矫正、心理咨询技能等；

（4）简单的康复训练技能；

（5）融合教育资源利用及环境设计，包括学校无障碍环境设计、专业设施设备的配备等。

（二）培训方式

对于理论知识来说，可以采用系统讲授、自主学习、专题讲座、案例分析等方式开展培训，帮助资源教师全面、系统地了解相关理论知识，为实务技能的培训奠定知识基础。其中，需要注意的是，除了讲授、专题讲座等传统培训形式之外，应当充分发挥资源教师的主观能动性，鼓励其选择自己感兴趣的内容开展自主学习，授课教师可提供可选阅读书目，为资源教师自主学习提供资源和空间。此外，还可以引导资源教师运用基本理论知识对融合教育实践中的具体问题和典型教学事件进行分析和讨论，提升其对于理论的综合运用能力。

对于实务技能培训来说，培训形式应当丰富多样，充分体现活动性、情境性和实践性，注重让资源教师在实践操作中提升应用技能，真正能将培训效果运用到相关教学和管理实践中。第一，基于真实情境的案例教学，将涉及知识、技能、方法等内容尽可能通过真实的教学案例进行分析和讲解，增强资源教师的直观感受，使其充分了解相关知识和技能的应用情境和应用效果，为其举一反三奠定基础。第二，在专业督导和及时反馈下的临床实操。在培训过程中应当为资源教师提供充分的实操技能，将所学的知识和技能进行实际运用，并接受专业人员和有经验的教师的监督、指导和反馈，在运用和操作过程中领会相关技能的核心要素，及时纠正可能存在的问题，在实践中建构相关的知识和技能。第三，还可以组织新手资源教师对经验较为丰富的资源教师进行实地访谈、观摩或直接参与其日常工作，切实了解资源教师的工作内容和所需专业素养，从而指导自身工作的开展。

五、普通教师与资源教师的合作

在融合教育学校中，对于特殊学生的教育教学来说，最普遍、最关键的合作便是普通教师与资源教师的合作。只有普通教师和资源教师能够有效协同合作，才能为特殊学生提供最有用、最恰当的教育服务。需要说明的是，普通教师和资源教师的合作教学必须建立在特殊学生的个别化教育计划基础之上，按照个别化教育计划的要求和进度进行沟通与合作。一般而言，资源教师与普通教师合作的常见模式有咨询模式与合作教学模式。

（一）咨询模式

"咨询"指的是一种与不同专业人员的互动过程，目的是得到能够有效解决特定问题的方法。融合教育学校中，普通教师和资源教师首先是一种咨询关系。可以说，资源教师作为全校特殊教育专业背景最强的人员，有义务为班中有特殊学生的普通学科教师提供特殊教育相关咨询。在咨询模式下，普通教师是咨询者，资源教师是提供咨询的专家，它是一种直接服务于普通教室，间接服务于学生的模式。因此，从某种意义上讲，咨询也是一种合作，其最终目的是共同解决随班就读教育教学中的问题，提升随班就读学生的受教育质量。

资源教师与普通教师之间的咨询是一种合作咨询，具有自愿性、渐进性，成员之间地位平等，彼此分享资源，共同制订目标，分担做关键决定的责任，共同为执行的结果负责。这里讲的咨询是一种正式的程序，而非随机、简单问答式的"咨询"。正式咨询工作的开展需要做大量的准备，并按照一定的步骤进行。首先，在前往进行咨询时，普通教师需清晰地陈述自己在教育和管理随班就读学生时遇到的问题和表现，资源教师也需明确普通教师的关注点和问题所在，同时建立一种相互尊重、接纳、关注、合作的咨询氛围。一般来讲，普通教师向资源教师咨询的问题可能有：随班就读学生的行为管理、教学调整和课程设计、心理问题调试等。其次，资源教师需要和普通教师一同搜集解决问题所需要的信息，这些信息可能来源于 IEP 中的基本资料或评估结果，也可能来源于家长访谈、课堂观察等，以上问题的解决需要资源教师和普通教师合作进行动态观察和系统收集。再次，在获取较为充分的相关资料后，资源教师需要和普通教师一同探讨并形成解决问题的可能方案。需要说明的是，二者的合作和探讨应当是充分民主、公平的，资源教师切忌以特殊教育专业人员的姿态片面地提供建议，应当充分邀请普通教师参与，二者共同协商制定问题解决方案。最后，资源教师和普通教师应当在若干个可能的解决方案中选定最优方案，共同实施方案并监控实施效果，遇到新的问题时还需要新一轮的咨询工作介入，直至相关问题得到有效解决。

总之，咨询模式是普通教师和资源教师合作的主要模式之一，资源教师的角色和职能之一也是为学校的普通教师提供咨询。在咨询过程中，二者平等、充分地表达观点，共同合作搜集资料并形成问题解决的最终方案。

（二）合作教学模式

除了一对一的咨询之外，必要时，资源教师还需要切实进入课堂，与普通教师一同为包括特殊学生在内的所有学生开展教学，因此，普通教师和资源教师的另外一种重要的合作模式便是开展合作教学。在融合教育领域，合作教学通常是指普通教师与资源教师之间跨领域的协同合作，是由两名或两名以上普通教师与资源教师组成的小组，分别运用自身的专长，一起设计课程、分工合作进行教学，并且共同评估学生的学习及整体的教学成效。合作教学不等于"分组教学"或"分科教学"，它具有三个基本要素：第一，两个或两个以上（包括普通教师和资源教师）教师共同策划全部或部分教学内容；第二，两个或两个以上教师分工合作执行全部或部分教学活动；第三，两个或两个以上教师共同就全部或部分教学相关事宜进行反思和评估，包括学生的学习成效以及整个教学过程是否顺畅等。

1. 合作教学的优势

合作教学的优势很多，其中最大的优势便是能够让普通教师和资源教师均充分发挥自身的专长，增进二者的相互了解，共同提升随班就读学生的学习成效。例如：普通教师具备本学科的知识目标、教材教法等相关知识，而资源教师则较为了解随班就读学生的认知特征、学习风格、课程调整等相关技能，二者的合作能够促进彼此分享教学经验和专业知识，进而促进彼此的专业成长。

表 8-4　普通教师和资源教师的合作教学和互动[1]

普通教师知识和技能	资源教师知识和技能	二者合作和互动
学科和课程领域知识	各类特殊学生的相关需要	分享教学经验
课程目标	个别学生的学习风格	共同进行班级经营
教材	课程调整的知识和技能	沟通和协作
学科或课程领域的相关资源	学生学习风格和策略	满足社会和情绪需求
课程的发展	调整学习环境的知识技能	监控学生的学习和进步
课程实施顺序	相关法律	评估教学成效
学习环境	提升学生学习动机的技术	团队问题解决
		共同应对教育政策的改变
		促进专业成长

2. 合作教学的步骤和模式

合作教学的步骤可能是先合后分，再由分到合，或者是先合后分，然后再进一步分成更细的个别教学。例如：可先由主班教师进行集体教学，介绍要学习的基本概念，引发学习动机，此时协同教师在班级中来回走动，维持班级秩序，密切关注随班就读学生的学习状态，必要时进行引导和提醒。在主班教师讲授完主要内容后，可以按照学生的能力、需求等分成不同的小组进行讨论、练习和巩固，由协同教师进行具体指导，也可以对随班就读学生进行个别辅导。最后，再合在一起，由主班教师来进行集中经验分享和课程总结。课堂教学结束后，主班教师和协同教师还需要对整个课程进行的过程进行总结与反思，共同评量教学效果，并对下一次课程教学的开展进行研究与策划。合

---

[1] 钮文英. 拥抱个别差异的新典范——融合教育（第二版）[M]. 中国台北：心理出版社，2015：569.

作教学是主班老师和协同教师共同成长的过程,通过承担不同的角色,分享各自的体验,共同进行课程和教学设计,来促进班级中所有学生的有效学习。

合作教学的具体模式和组织形式丰富多样,主班教师和协同教师的具体分工可能因班级学生情况的不同而有不同的表现形式,例如"主教+观察""主教+协助""分站教学""平行教学""选择式教学""团队教学"等。

（1）主教+观察模式

这一模式指的是两名参与合作教学的教师中一名教师作为主讲教师,另一名教师在班级中来回走动,观察学生的学习情况（观察重点是特殊学生）并适时提供帮助（见图8-1）。这一模式的优点是教师能够对全班的情况进行系统观察,全面搜集学习过程的资料,有助于生成恰当的教学策略,增进对每一个学生及其互动方式的了解。但需要注意的是,在这一模式下,扮演观察员的教师无法为主班教师分担教学任务,需要主班教师具备较强的大课堂驾驭能力;此外,主班教师和观察教师还应当时常更换角色,避免扮演观察员的教师长期失去对于课堂的主导权。

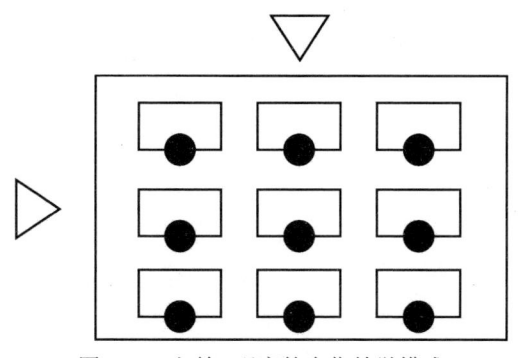

图8-1 主教+观察的合作教学模式

(2) 主教+协助模式

这一模式指的是两名合作教学的教师一名扮演主教,另一名教师重点协助班级中的特殊学生参与班级教学活动,对其给予个别指导,以提高其学习效率(见表8-2)。这一模式的优点是能够为班级中的特殊学生提供较为充分的个别化指导,协助其跟上班级的教学进度,及时监控并调整其学习行为,更有针对性和指向性。但需要注意的是,这一模式可能会让特殊学生因过于依赖协助教师的帮助而缺乏自主探究,不利于其学习能力的进一步提高,所以协助教师应当恰当地控制自己提供帮助和指导的方式和强度,既让特殊学生能够及时获取必要的指点,又让其保持努力的心态和动力,积极探索和解决处于最近发展区内的学习任务。

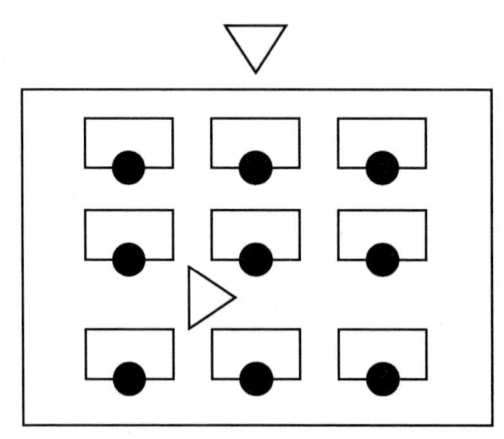

图8-2 主教+协助的合作教学模式

(3) 分站教学模式

这一教学模式是合作教学的两名教师在教室中固定的地方轮流指导经过的学生,每次3~5名,而其余学生则进行自学或小组自主讨论(图8-3)。在这一模式下,学生是活动的,教师是固定的,两名教师的角色和地位也是相对平等的。这一模式的优点是能够照顾到更多学生的需求,使班级中大部分学生都能够得到更有针对性的支持,但需要教师有较强的组织管理能力和课程计划能力,也需要班里学生有良好的自我管理、独立学习以及合作学习能力。

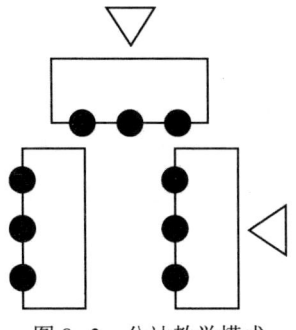

图 8-3 分站教学模式

(4) 平行教学模式

在该模式中,教师按照学生的情况和授课内容将学生分为平行的两组,同时开展教学活动(见图 8-4)。不同的课程学生分组情况可能不同。这一模式的优势是可以有效降低课堂教学的生师比,能够让学生得到更多的表现和反馈机会。但需要注意的是,这种模式可能会增加教室中的噪音干扰,同时也需要两名教师在课程讲授深度、进度方面保持较高的一致性。

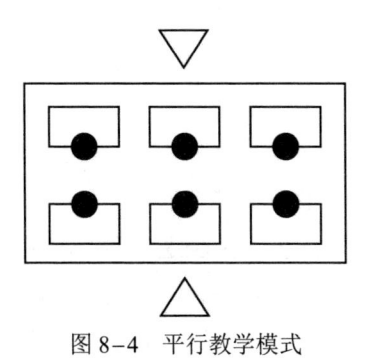

图 8-4 平行教学模式

(5) 选择式教学模式

这一模式指的是两名教师开展合作教学,一名教师扮演主班教师的角色,另外一名教师根据学生的情况选择部分学生进行个别化或小组教学(见图 8-5)。这一模式可以使特殊学生能够得到更加充分的学习机会,又兼顾到全班学生的整体学习进度。但是该模式需要教师精准地判断哪些学生需要课堂中的个别辅导,以及辅导的程度,避免剥夺部分学生参与全班整体教学的权利并造成不必要的"隔离"和孤立,同时负责个别指导或小组教学的教师还应在教学内容上尽量与主班教师保持一致。

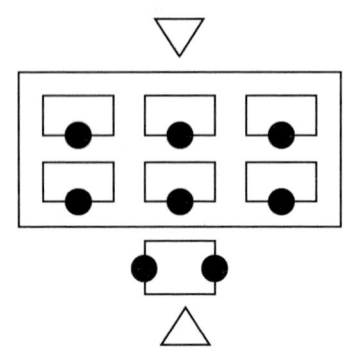

图 8-5　选择式教学模式

(6) 团队教学模式

该模式指的是合作教学的两名教师在整个教学过程中轮流担任主班教师,主导课堂,平等地参与教学活动。虽然分工略有不同,但没有主次之分,共同分享课堂的主导权(见图 8-6)。这一模式需要教师在授课之前进行充分的准备甚至演练,在教学过程中恰当分工,在概念讲授、举例说明、监控学生表现方面扮演不同的角色,共同促进课程目标的达成。但需要注意的是,团队教学模式不仅意味着教学任务的分担,更意味着教学内容的丰富,应当通过周密的设计达到

"1+1>2"的效果，而不仅仅是"分着把课上完"而已，这就失去了团队教学的真正意义。

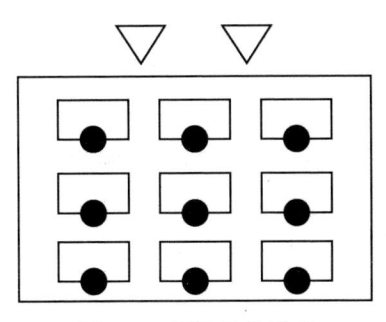

图 8-6 团队教学模式

整体而言，合作教学的模式有很多，也非常灵活，普通教师和资源教师在合作教学时需要根据自身的需求、班中特殊学生的需求以及授课内容的特征等灵活进行选择和安排。合作教学不仅仅是简单的一起上课，需要教师进行充分的沟通和密切的配合，使普通学生和特殊学生的学习效果都能够实现最大化。研究表明，影响合作教学效果的因素很多，例如：开展合作教学的教师本身的合作能力以及合作意识、教师之间沟通的效率、特殊学生本身是否适合在合作教学的环境下学习，等等。有研究者归纳出了适合开展合作教学的教师特质[1]：1. 具备专业能力；2. 具备良好的组织能力；3. 有自信心；4. 有合作教学的经验；5. 能尊重协同成员；6. 在合作教学的过程中，如果有需要，愿意投入额外的时间；7. 对专业保有热情；8. 能尊重协同成员的能力和贡献；9. 能每周和协同成员进行计划和讨论；10. 具备良好的沟

---

[1] Walther-Thomas, C., Korinek, L., McLaughlin, V. L., & Williams, B. T. Collaboration for inclusive education: Developing successful programs[M]. Needham Heights, MA: Allyn and Bacon, 2000: 198.

通和问题解决能力；11. 有参与合作教学的意愿；12. 能不断地在专业上寻求成长和进步；13. 对于新的观念与事物能够保持弹性而开放的态度。

总之，上述提到的咨询模式和合作教学模式均是融合教育学校中普通教师与资源教师进行合作的主要形式。无疑，沟通与合作能力是融合教育学校的所有普通学科教师和资源教师应当具备的基本能力之一，因为融合教育本身便是一个需要高质量沟通和资源共享的事业，资源教师与普通教师作为为特殊学生提供教育服务的主体，应当在教学过程中保持密切联系，共同商议，选择能够让彼此都感到舒适、自身优势能够得到充分发挥的合作模式进行工作，以实现提升特殊学生融合教育质量的最终目标。

第九章　融合教育学校的家校合作

  良好的家校合作是残疾学生在融合教育学校中获得健康发展的基石。学生学习和发展的主要情境是家庭和学校,当家庭和学校能够发挥协同作用时,学生就受益良多。2020年教育部出台了《教育部关于加强残疾儿童少年义务教育阶段随班就读工作的指导意见》[1],对家校合作的主要意义、方式进行了明确阐释:"16.强化家校共育。要密切与残疾学生家长联系与沟通,加强家庭教育工作与指导,引导家长树立科学育儿观念,履行家庭教育主体责任。加强宣传引导,积极争取普通学生家长的理解和支持。注重发挥康复、医学、特殊教育等专业人员和社区、社会相关团体的作用,形成学校、家庭、社会教育的合力,共同为残疾学生成长创造良好的教育环境。"这一条款,明确说明学校在家校合作过程中起主导作用,不仅要积极主动地和残疾学生、普通学生家长交流,还肩负引导、培养家长有效地参与学生教育的意识和技能。但是在现实中,教师、父母会遭遇很多意想不到的障碍,对家校合作的品质造成影响。那么,我们在思考开展适合本校情况的家校合作模式、合作活动时,应该考虑哪些因素?遵从哪些原则?要注意哪些特点?

---

[1] 教育部.关于加强残疾儿童少年义务教育阶段随班就读工作的指导意见[EB/OL].http://www.moe.gov.cn/srcsite/A06/s3331/202006/t20200628_468736.html. 2020-6-17.

一、考虑"残疾"给父母带来的影响

无论父母学识、性格、财富、人脉关系如何，残疾孩子对他们而言，都是巨大的压力。充分理解"残疾"带给家庭的影响，有助于教师和父母之间建立起紧密的合作关系。

案例1：李老师的班上有一位孤独症学生小青，他的妈妈是孤独症父母圈中的知名家长，因为这位妈妈自从发现儿子是孤独症谱系儿童后，就开始一边学习一边对孩子进行干预，经常参与孤独症儿童有关的社会公益活动。几年之后，这位妈妈被越来越多的孤独症儿童父母认可，很多父母将她视为榜样、专家、代言人。小青上小学后，妈妈向学校坦诚了他的情况，并且提出陪读要求。学校考虑到小青的学习需求，也认为妈妈在孤独症儿童教育干预方面非常专业，因此同意了她的陪读请求。

在刚开始的阶段，班级老师和小青妈妈表示双方合作良好。但是一个月后，老师开始向校领导提出请求：不希望小青妈妈再到班上陪读。同时，小青妈妈也向校领导提出建议，希望学校尽快让老师参加有关孤独症儿童发展与干预的培训，否则小青无法在学校获得良好的教育。学校领导很诧异，为什么前一阵还合作良好的双方，会出现这样的情况？

经过调查，校领导了解双方彼此抱怨的缘由。从小青妈妈的角度，她认为老师不了解孤独症学生的发展特点，因此无法给小青提供更专业的照顾，比如：教师在课堂上没有给小青足够的发言机会，在课下没有组织学生和小青一起玩，教师讲课的方式不适合孤独症儿童学习，因此小青妈妈上课的时候要不断提醒小青。老师则认为小青妈妈过于"强势"，总试图让教师采取她的教学建议，这不仅干扰了教师的课堂教学，而且由于她在课上总是不断提醒小青下一步要做什么，导致小青上课不听教师的教学指令；小青妈妈还显得"自私"，下课经常安排其他学生和小青玩耍，但这对其他学生不公平。无论是小青妈妈还是任课教师，都认为双方"不专业"。小青妈妈认为老师不了解孤独症学生以及相关的知识，不尊重她的教学建议；老师则认为小青妈妈不了解普通学生的需求以及学校正常的教育教学，不顾及其他学生及其父母的感受。

（一）父母的情绪体验

孩子的残疾给绝大部分父母带来了无以言状的消极情绪体验。

震惊、否认。孩子的到来对大多数父母而言意味着欣喜和希望。除了个别在孕期就知道孩子有残疾但仍坚持生下孩子的父母以外，其他父母没有预备要接受一个"有残疾的孩子"。很多人在得知自己孩子有特殊情况的时候，他们很震惊，会产生否认、抵触的情绪。有些父母好几年甚至是更长的时间，都无法接受孩子有残疾的事实。

愤怒、羞愧。有些父母经常追问自己："我和我的家人没有做错什么事，为什么上天要惩罚我？"有些父母会不停思考自己在孩子出生前、孕期以及孩子出生后是否做了不好的事，还会追查双方家庭是否有特殊的"遗传基因"或家族病史。他们通常不愿意和其他人主动提起孩子的情况，甚至害怕让其他人知道。

忧虑、悲伤。父母对孩子的未来充满无力感，他们担心孩子难以上学、难以获得一技之长、难以独立生活。他们会因为孩子以及家庭要面临的坎坷而产生难以描述的悲伤情绪，有些父母甚至患上抑郁症。

这些情绪通常交织在一起出现。随着孩子残疾状况以及父母性格特征、父母获得的支持力度等方面的不同，父母的情绪体验也逐渐出现新的变化。有些父母在经历了一段时期的消极情绪体验后，能比较平静地接纳孩子有残疾的事实,积极寻求帮助;也有一些父母情绪体验变得更糟糕,常年处于焦虑、沮丧、自卑、无助的情绪中。

在孩子进校后,父母的情绪体验也会直接或间接影响父母和教师之间的关系。当教师和父母出现交流不畅的时候,建议教师多了解一下父母的情绪状态,这有助于解决问题。例如:在案例1中,教师认为小青妈妈"强势""自私",但是这可能只是表象,她的内心可能长期处于焦虑、惶恐的状态,这会导致她言行举止出现一些让人不理解或不虞的表现。

(二)父母的经济和时间压力

对于大多数残疾儿童父母来说,他们感受到的经济压力远远高于普通儿童父母。尽管我国的残联部门、民政部门、教育部门、医疗部门,针对残疾儿童及其家庭,都有不少的经济补贴或援助政策,但这些支持无法完全满足残疾儿童的成长需求。为了更好陪护孩子,父母双方通常会有一方辞去工作,家庭的经济压力也越来越重。

与之相应的是父母的时间压力,他们中的很多人常年得不到足够的休息。例如小青妈妈,为了更好地养育孩子,她辞职后重新学习新的学科、陪伴孩子参加各种训练班、在家制订周密的干预计划,参加并组织各种父母活动或公益活动,她几乎没有属于自己的休闲时间。有些父母戏称自己是"24小时工作的全职全时妈妈/爸爸",但戏言的后面是无以言表的无奈。

当孩子进入小学、中学,即使孩子可以接受免费义务教育,在学校也有教师照看,但是父母的压力通常不会因此减轻,甚至他们还会因为孩子在成长中面临的新的挑战和困难,在经济和时间方面,倍感压力。

（三）父母的多种角色

特殊需要儿童父母和普通儿童父母的区别在于前者承担了更多的角色。当代的普通儿童父母，除了"父母"的角色外，或多或少也要承担起"家庭教师"的角色。但是与特殊儿童父母相比，他们所付出的时间、精力通常比较少。

特殊儿童父母往往身兼多职：父母、护理师、家庭医生、教师、治疗师、玩伴、心理咨询师、社会活动家、政策推动者、残疾人士代言人，等等。当这些角色集中在父母身上时，他们的压力是普通人难以承受的。

如同小青妈妈，她不仅是妈妈，也是小青的老师、社会活动家、孤独症领域专家等。在兼顾多重角色的过程中，有时和学校教师工作时，她可能会不由自主地代入"父母"之外的角色，这会让习惯和"父母"工作的教师感到困扰，教师可能会觉得自己被评判、被要求。

与此同时要注意的是，父母在承担了上述多重角色后，有时会忽视身为"伴侣"的角色；有时会忽视自己作为一个独立的人，也有成为其他人的"朋友""玩伴"的需要；还有很多父母，尤其是母亲一方，不得不放弃"职场工作者"的身份。但是这些角色，恰是在家庭婚姻中作为独立之人获得社会尊重和认可的基石。当父母因为照顾残疾孩子而难以很好地顾及这些角色时，就会出现家庭纠纷、夫妻离异、离群索居等现象。和父母交流时，有的教师更容易注意到父母缺失的角色，而未能很好地考虑到父母承担的多重角色，造成教师对父母批评多，这也可能在无形中，影响了家校合作。

二、和父母建立合作伙伴关系的原则

互相尊重、有效交流是建立良好家校合作关系的基础。尽管教师深知这两点的重要性，但是在实践中应该做哪些事情、不做哪些事情，才能实现真正的尊重和交流？

（一）保持适当的工作距离

在各大沟通软件支持下，人与人的社交距离似乎越来越小。教师和父母，不仅能在群里交流，还可以通过个人发的动态信息，了解对方的生活、工作状况。除此以外，有些教师和父母会在现实中衍生出朋友或其他关系。如此一来，教师和父母之间的原本定位清晰的工作关系出现了边界模糊现象，这不利于构建合适的家校合作。教师即使和父母成为关系良好的"合作伙伴"，也不意味着教师和父母成了"朋友"。对于父母而言，他们更需要一位能在孩子教育问题上给予支持和引导的专业人士，而不是一位可以倾诉苦闷、获得心灵慰藉的朋友。在具体实践中，建议教师遵守如下准则。

1. 在社交软件中和父母互加联系方式时，屏蔽双方的朋友圈。

2. 在班级父母群中，只讨论与学校工作、学生学习有关的内容，如果遇到父母在群中发生争执，教师不要轻易发表自己的意见或看法。如果确实需要教师出面解决问题，例如在融合班级中，有时会出现普通学生父母联合起来，希望将残疾学生赶出班级的情况，他们可能会在班级群中和残疾学生父母发生激烈争吵，遇到这种情况，教师应在交流群中明确提出"建议双方停止争论"，同时邀请双方父母到学校进行正式会谈。

3. 不和父母过多谈论自己的家庭、学习，以及工作经历、感受。父母有时会主动和教师提起自己的生活、工作情况，教师有时出于工作缘故也要向父母了解一些家庭的背景信息。有些父母会显得很热情，并且询问教师个人的状况。建议教师采取合适的方式回复，不过多披露自己的情况，这样有助于保持一个合适的工作距离。

4. 不把父母当成是"可交易"的人。有些父母拥有重要的社会地位、丰富的社会资源。学校为了发展，有时会通过学生父母关系寻找一些资源。在父母自愿、事件和程序合法的情况下，学校通过父母完成一些工作，这样的情况无可厚非。但是对于教师个人而言，如果希望父母解决的是私人问题，这在一定程度上破坏了建立良好合作关系的基础。

（二）从动态发展视角看待父母

在社交关系中，绝大部分人都会有意无意地给其他人"贴标签"，有时我们甚至会轻易地、不加考察地给人下判断。一旦有了"标签"，就会引发一系列的标签效应。就如小青妈妈，她因为担心孩子的社会交往能力弱，急切希望有更多的同龄孩子和小青交流，所以出现下课安排其他学生陪小青玩耍的情况。但如果轻易认定小青妈妈是"自私"的人，这并不合适。要判断小青妈妈是否真的"自私"，至少要考察两个方面：一是动机层面，小青妈妈是不是只考虑到小青的利益，而忽视其他学生的利益；二是现实层面，普通学生和小青玩耍时的真实行为是不是面临不利境况、真实感受是否消极。如果教师在没有考察时，就断定小青妈妈是"自私"的，这很容易导致教师和家长之间出现紧张关系。

"标签"也不意味着它具有永久性。实际上，人们的想法、行为、态度会随着环境、支持性资源、内心态度、技能发展等的变化而变化。但是，"标签"，尤其是人们彼此之间的"第一印象"，效力非常大，影响很深远。教师尽量保持一个开放的心态，从动态变化的视角去看待父母，这是建立良好家校关系的重要原则。

（三）反思"平等""合作"的意义

教师们认可"建立平等、合作的家校关系"的重要性。但是不同教师对"平等"与"合作"的内涵的理解各有不同。部分教师的行为表现值得我们思考，这些行为是否有助于构建良好的家校关系。

第一个行为表现是过于频繁召唤父母商议孩子的问题。很多残疾学生父母对于被教师召唤一事心存恐惧。站在教师的立场，发现孩子出现问题就积极联系父母，这件事情体现教师的责任心。但是站在父母的角度，通常他们很担心接到教师要求他们去学校的信息，这意味着孩子可能又出现一些不良行为或现象，这对于他们来说，往往是一种精神打击。

二是习惯性将家校沟通时出现的障碍归结于父母有心理或其他方面的问题。不可否认，残疾儿童父母中间，很多人因为巨大压力而产生了一些消极情绪，但是其中只有少部分的人罹患心理疾病，大部分的人一边忍受着消极情绪的影响，一边又依靠自身的心理复原力，努力维持自己的心理和生理等各方面的健康。但是教师有时会轻易地将家校沟通之间出现的障碍，认定是父母出现了心理问题导致，而不是就事论事，从细节处发现导致合作成效低的具体原因。

三是将父母看成是威胁自己教师地位的对手。如同案例中的小青妈妈，被教师认为是潜在的竞争者。在现实中，确实很多残疾儿童家长通过学习、实践经验的积累成了某个领域的"专家"，但是这不等于他们希望取代教师的地位。如果教师认定某位家长是"竞争对手"，就如案例1中小青的老师们，都认定小青的妈妈试图插手课堂，有和教师抢夺课堂发言权的问题，在这样的情况下，他们之间很难建立起真正的合作关系。

对于什么样的工作方式才能促成良好的合作关系，什么样的交流才是彼此尊重的交流，其实没有定论，需要结合具体情境来看。这就要求教师经常进行自我反思，或者和家长、其他教师及时交流，改进自己的工作方式，提高自己对平等合作含义的理解。

三、运用有效的沟通策略

有效沟通是构建良好家校合作关系的基础。但是，如果教师只是空有和父母建立合作关系的意愿、缺乏有效沟通的能力和技巧，那么家校合作最后也难以成功。建立家校合作关系从来不是一句口号，而是真实的、需要一步步执行的活动。

（一）商议定期沟通时间表并执行

特殊学生在学校，每天都可能遇到突发事件，这使得一些教师不得不随时请父母到校处理特殊情况，或经常在放学后留父母谈话。但是，这种不定期的交流形式长期实行后，往往给父母带来"压迫感"，他们总处于"不知道孩子今天会发生什么问题"的担忧中，有些父母甚至会主动减少到校次数。

通常，开学后的两周到一个月的时间，教师通过观察学生的行为，一般能预判学生在学校可能会出现哪些特殊情况。教师可以将学生的问题行为和父母进行商讨，共同列出哪些问题需要及时联系父母、哪些需要放学时联系父母，以及哪些可以暂搁，等和父母见面时再反馈、讨论。

教师和家长共同制订一份定期交流的时间表，对于解决孩子的问题、增进合作关系非常有帮助。在定期交流的形式下，父母不必时刻担心自己会被教师传唤，教师也能有充分的时间，根据自己的意愿，充分了解、分析、处理孩子的问题行为，增强教师的教学效能感。

（二）称赞父母的任何一项微小但积极的改变

父母养育特殊儿童的过程非常艰辛，他们遭遇到很多挫折、无望的处境，甚至是恶意对待，因此任何来自他人的真诚欣赏、赞美，都有可能让他们勇气大增。身为成年人、身为父母，获得教师的认可和表扬，是值得他们骄傲和开心的事情。因此，如果教师发现父母有了积极的变化，哪怕是非常微小的变化，都请用最真诚的态度表扬、鼓励他们。当微小的、积极的变化逐步累积，就会产生连锁效应，汇聚成令人惊讶的、可喜的变化。

案例2：小王老师是某融合教育学校经验丰富的班主任，她带的班级几乎年年都遇上特殊学生。小王老师和学生家长，无论是特殊学生家长还是普通学生家长，关系都处理得非常好，她还曾被评选为市级优秀班主任。她提到和家长工作的诀窍之一是：表扬比批评管用，这句话不仅适合学生，也适合学生家长。她提到，当她和家长交谈时，她很重视捕捉那些"闪光点"，例如在和一位爸爸反馈孩子最近在校的不良行为表现时，她突然发现最近这名学生的生活主要是爸爸在照顾，平时用餐几乎都在家附近的餐馆解决。这位爸爸之前几乎不会单独带孩子外出，因为他羞于和残疾孩子在一起，怕别人发现，但这两周妈妈出差，他只好带孩子上学。小王老师听了以后，大力表扬了爸爸及时接送孩子的行为，提出爸爸的陪伴对孩子的重要意义。尽管小王老师找爸爸聊天的初衷是讨论孩子的问题行为，但是谈话的后半程，大部分围绕爸爸如何陪伴孩子以及陪伴的重要性展开。此次谈话后，小王老师发现这位爸爸开始逐步参加学校的班群活动，学生周记中也出现了爸爸的身影。

（三）遵循"积极倾听"和"有意义地说"

在教师培训中，做"积极倾听者"这句话经常被提及。但是什么状态是"积极地倾听"？

首先反思：当你和父母交流时，谁说的时间更多？如果教师说得多，那么很可能说明你不是一个积极倾听者，甚至不是一个倾听者。

其次思考：当你和父母交流时，你是如何听的？积极地倾听，意味着不轻易打断父母的陈述，并且将他们讲述的内容进行理解、分析，再对这些内容进行反馈。有的时候你只需要简单复述父母的话，有的时候你需要回答。所有这些，都会让父母觉得他们被教师理解、接纳。

"说"的方式、内容也同样重要。首先，在和父母谈话过程中，说话内容是"要求、指示"多，还是"询问、建议"多？教师可能有这样的经验：家人、朋友提到，自己和任何人说话的方式都像是和学生说话，让人感觉不佳。通常而言，"和学生说话"的方式，指的是教师习惯于用发指令的形式，要求别人按照自己的想法去做。在和父母交谈过程中，即使教师的想法、出发点都是好的，但是一旦教师使用了指令，很可能会引起父母的反感。但是，换成询问、建议的方式说，父母就更容易接受。例如："我们一起考虑一下，有没有可能每天检查孩子的作业？"比"希望你每天检查孩子的作业"更容易让父母接纳。

在"说"的时候，还要经常反思：每次谈话，是提学生的问题多还是提学生的进步多？如果大部分的谈话内容，都在说学生的问题，即使教师的谈话初衷是为了和家长共同商议如何解决孩子的问题，但长此以往，同样会让父母产生逃避心态，不愿意再和教师交流。当然，这并不意味着教师不能或尽量少提学生的问题，只是在谈话之前，要考虑近期是否看到学生进步的地方，将这些信息综合反馈给父母，有利于他们更全面了解自己孩子的在校情况、更客观地看待孩子的行为。

（四）根据事实而不是推测进行判断

在和父母交流过程中，教师不免对父母的做法、动机产生各种各样的判断。判断本身没有问题，但是判断产生的过程却可能导致一些错误出现。

案例3：一年级（1）班的数学老师最近对小彦妈妈很生气，因为每次小彦提交的作业都不全，有的时候甚至只完成了一两道题目。但是，小彦的语文作业每天都认真完成了。数学老师认为小彦妈妈"势利"，因为语文老师是班主任，所以她就盯着小彦完成语文作业。数学老师私下抱怨说："这个妈妈这么势利，我课上为什么还要那么费心让小彦学习数学？不如都拿去学语文好了！"几周后，小彦父母到学校和老师们开会，商讨小彦的教育问题。数学老师终于问了小彦妈妈为什么不让小彦好好做数学作业。小彦妈妈说，小彦学习数学比学习语文容易，而语文单是写字就让小彦难以招架，每天晚上小彦都要花大量时间做语文作业，为了不影响小彦的休息时间，妈妈让小彦选择性地完成数学题，节省下的时间全部用于写语文作业。会后，数学老师感慨地说："我应该早和她交流！"

依据自己的经验、推测来判断父母，很可能发生误判，从而影响家校关系。在现实中，有很多教师具有丰富的经验，这些经验能帮助教师更好地开展工作，但也可能让教师过于依赖自己的经验，产生不实的推断。在家校合作中，要建立双方的信任，前提条件之一是双方都能依据事实判断，而不是依据个人经验、推测进行判断。

四、促进家校合作时学校应做的事

前文论述的家校合作工作,主要是从教师层面阐述。但是家校合作从来不是教师的个人工作,它需要在学校层面进行统筹规划,才能发挥好作用。

(一)讲好开学家长第一课

开学前,各个学校都会举行家长会,尤其是针对新生家长,这个会议显得尤其重要。对于融合教育学校,怎样让普通学生家长理解、接纳自己孩子班上有特殊学生的事实,是校领导、班主任以及其他教师要认真思考的议题。在这个会议上,建议学校要清晰地向所有家长传达:

1. 普通学校招收残疾学生是国家政策的要求,残疾学生选择在普通学校就读是他的法定权利,不容置喙;

2. 学校将给残疾学生提供针对性的教育服务,让他更好地适应学校生活;

3. 从已有的实践经验看,有残疾学生的班级,普通学生的成绩不受影响,而且有助于培养普通学生接纳多样性、平等待人的能力;同时,残疾学生也能够在普通班级获得良好的发展;

4. 在学习过程中,普通学生和残疾学生之间可能会出现矛盾,学校将按工作流程,将危害减到最小。

只有校长、教师坚定地向所有父母传达了融合教育对所有孩子的发展都具有重要意义、学校将全力支持融合教育并会及时解决过程性问题时,父母才会信任、支持学校开展融合教育工作,才能为将来的家校合作奠定基础。

（二）给教师和父母提供必要的"家校合作"培训

目前学校举办的教师培训、父母培训，基本是针对如何提高教师的教育水平以及提高父母的养育水平开展的，很少针对教师如何提高自身的合作技能、父母如何参与学校工作进行培训。但是，培养合作意识、掌握合作技能，对教师和父母双方都同等重要。教师和父母可以分开培训，也可以根据情况在一起培训，但无论培训形式如何，应该让教师、父母明确了解：

1. 合作双方的关系是平等的，不存在"谁听从谁"或者"谁讨好谁"的关系；
2. 合作双方要找到彼此认可的交流方式、节奏；
3. 教师不会比父母更了解他们的孩子，与此同时，父母不会比教师更了解班上的孩子；
4. 父母和教师的背景、立场不一样，对教育现象的理解会有所不同，但不能因此认为对方是错误的；
5. 鼓励教师和父母创造性地开展多形式合作。

（三）对"合作卓有成效"的教师、父母进行表彰

对工作出色的合作双方进行表彰，不仅能够提高双方的积极性，也有利于营造合作氛围，促进其他父母、教师开展有效合作。除了表彰外，还可以组织教师、父母进行经验分享。

第十章　融合教育学校教育质量评价

融合教育自提出就备受众多国家瞩目，直至今日仍然是引领国际教育界进行改革的潮流。人们在提及融合教育的时候，联想最多的词通常是"平等"。难道只是因为它倡导教育平等，要求残疾儿童和普通儿童具有同等的教育选择权，能够就读于同一间学校吗？显然不是。实际上，任何一种教育改革潮流，如果不能提升教育质量，最终都会消亡。融合教育自出现以来，就重视质量问题，这是其被众多国家推崇的重要原因之一。目前国内常见的学校教育质量评估类型主要分为两类：一是结果导向评估，主要关注学生最终取得什么成果；二是过程导向评估，更关注学校在教育过程中所提供的人力、物力资源是否达到某个标准。本章将循着结果导向型和过程导向型评估思路，介绍融合教育学校教育质量评估的相关研究结果。

一、结果导向融合教育质量评估：重视学生的发展

在基础教育阶段，学生核心素养的发展逐渐受到重视。例如：辛涛等人认为核心素养包括人文底蕴、科学精神、学会学习、健康生活、责任担当、实践创新六大方面[1]；张娜对三大国际组织核心素养指标分析后指出，它包括学生的品德、学习、身心、审美、非认知和认知

---

[1] 辛涛，姜宇. 基于核心素养的基础教育评价改革[J]. 中国教育学刊，2017，（8）：37-41.

因素[①]。围绕学生的核心素养，学者们提出了不少研究指标体系的设想，但集大成者可以说是教育部 2013 年制定的《关于推进中小学教育质量综合评价改革的意见》，这份文件要求对学生发展进行综合考察，并提出了具体的指标框架，要求从学生的品德发展、学业发展、身心发展、兴趣特长、学业负担等几个方面综合考察普通学校教育质量。这些研究结果和政策文件，无不表明当前对学生发展的评估，早已不受限于学业成就和/或认知领域的发展。对于融合教育学校培养的学生，除了考察他们的综合发展外，还着重强调他们的哪些方面要得到发展？此外，融合教育学校的学生包括两个群体，一是残疾学生，二是普通学生，只强调其中一个群体的发展，谈不上是有质量的融合教育。那么，对于不同群体的学生，考察的侧重点是否有所不同？

（一）从多元发展角度评估残疾学生

我国 2020 年颁布的《关于加强残疾儿童少年义务教育阶段随班就读工作的指导意见》中，在对残疾学生的评价部分中指出："要健全符合随班就读残疾学生实际的综合素质评价办法，将思想品德、学业水平、身心健康、艺术素养、社会实践、科学知识以及生活技能掌握情况作为基本内容，并突出对社会适应能力培养、心理生理矫正补偿和劳动技能等方面的综合评价，避免单纯以学科知识作为唯一的评价标准，同时将调整过的知识和能力目标作为评价依据，实施个别化评价。对于完成九年义务教育、有继续升学意愿的随班就读残疾学生，要安排学生参加当地初中学业水平考试或单独组织的特殊招生考试。各地教育行政部门应依据国家有关规定为随班就读残疾学生参加中

---

① 张娜. 三大国际组织核心素养指标框架分析与启示[J]. 教育测量与评价，2017，(7)：42-49.

考提供相应合理便利条件。"这一政策明确提出,要从多元角度评价融合教育学校残疾学生的发展。

从国内外已有研究看,人们虽然认可从多元角度评价残疾学生发展,但是相较而言,人们更关注残疾学生如下方面的发展。

1. 社会能力

残疾学生的社会能力是被探讨较多的内容之一。教师、家长非常关注残疾学生是否能适应环境、是否能发展出适宜的社会交往能力,并且积极参与各种学校活动。有研究者利用元分析技术,探讨残疾学生在融合教育学校以及在特殊教育学校中,社会技能和学业成就的发展状况,结果表明:在融合教育环境中,残疾学生的学业成就以及社会技能的发展产生了"小到中度"的积极效果;在融合教育学校就学的残疾学生比在特殊教育学校的学生,无论在学业还是在社会能力方面都表现得更出色[1]。肯普和米尔斯(Kemp[2] & Mills[3])通过实验和观察考察智力残疾儿童的社会能力,证明融合教育环境更有利于促进这些儿童社会交往能力的发展。视力障碍儿童的社会交往能力在融合教育环境中获得了积极发展[4]。对孤独症儿童而言,社会交往技能缺失是他们的核心症状,研究者经过系统研究,证实融合教育有助于这

---

[1] Baker ET, Wang M C. & Walberg H J. The effects of inclusion on learning[J]. Educational leadership. 1994, 52(4): 33–35.

[2] Kemp C. Investigating the transition of young children with intellectual disabilities to mainstream classes: An Australian perspective[J]. International Journal of Disability, Development and Education, 2003, 50(4): 403–433.

[3] Mills P E, Cole K N, Jenkins J R et al. Effects of differing levels of inclusion on preschoolswith disabilities[J]. Exceptional Children, 1998, (1): 79–90.

[4] Crocker A D, Orr R R. Social behaviors of children with visual impairments enrolled in preschool programs[J]. Exceptional Children, 1996, 62(5): 451–462.

些儿童通过同伴模仿发展其更高的社会能力[1][2]。在国内，研究者[3]也通过问卷调查，发现融合教育环境对不同类型的残疾儿童的社会交往能力均能产生积极影响。

2. 自信

自信是研究者考察残疾学生发展的重要议题。目前大部分的研究表明残疾儿童在融合教育环境感到满意、对自己更自信。格里菲思（Griffiths）对融合教育学校的残疾学生和特殊教育学校的学生进行调查，了解他们对自己以及对彼此的看法，结果发现：尽管特殊教育学校学生认为自己在学校得到很好的照顾，但是他们依然羡慕在融合教育学校就读的学生；反之，融合教育学校的残疾学生觉得在特殊教育学校就读的学生可能在某些方面获得更好的服务，但他们还是更喜欢自己所处的环境[4]。

3. 问题行为控制

残疾学生的问题行为是教师最为关注的问题之一，因为它直接涉及教师的课堂教学。因此对于残疾学生而言，如何在融合教育环境中，习得良好行为习惯、掌握控制不良行为的技能成为评价学生能力发展

---

[1] Garfinkle, Ann N, Schwartz, et al. Peer imitation: increasing social interactions in children with autismand other developmental disabilities in inclusive preschool classrooms[J]. *Topics in Early Childhood SpecialEducation*, 2002, (1): 26-38.

[2] McConkey R, Bhlirgri S. Children with autism attending preschool facilities: The experiences and perceptions of staff[J]. *Early Child Development and Care*, 2003, 173(4): 445-452.

[3] 杨希洁. 随班就读学校残疾学生发展状况研究[J]. 中国特殊教育, 2010, （7）：23-27.

[4] Griffiths E. 'They're Gonna Think We're the Dumb Lot Because We Go to the Special School' A Teacher Research Study of How Mainstream and Special School Pupils View Each other[J]. *Research in Education*, 2007, 78(1): 78-87.

的重要方面[1]。为了解决学生的问题行为，研究者还对教学策略开展了深入研究，发现了一些非常有效的策略，例如：积极行为支持（Positive Behavior Supports），即通过教育的手段发展个体的积极行为，用系统改变的方法调整环境，达到预防和减少个体问题行为的目的；认知行为管理（Cognitive Behavior Management），即教导学生监控自己的行为、学会判断行为的适宜度等[2][3]。

4. 学业成就

在开展融合教育的初期，人们更关心残疾学生的非学业能力发展状况。但随着融合教育水平的提高，研究者越来越重视残疾学生的学业成就发展。上面提到巴克、肯普和米尔斯（Bake, Kamp & Mills）等人的研究，也关注了残疾学生的学业成就问题。凯瑟琳（Kathryn）等人[4]发现，在融合教育学校就读的听力残疾儿童，他们在《斯坦福学业能力测验》中取得的分数尽管比普通儿童群体的分数低，但却比整个听力障碍儿童群体取得的分数高，这意味着听力障碍儿童在融合教育学校比在特殊教育学校能取得更好的学业成绩。近二十年来研究者对差异教学策略（Differentiated Teaching，即根据学生的不同需求设计不同的教学方案、采取不同的教学对策）、替代性评价（Alternative Assessment，即根据学生的能力发展目标设计不同的评价方式和评价

---

[1] Westling, D. Teachers and challenging behavior: Knowledge, views, and practices[J]. *Remedial and Special Education*, 2010, (4): 31, 48–63.

[2] Friend M, Bursuck W D. Bursuck. *Including students with special needs*[M]. New Jersey: Pearson, 2012. 368–404.

[3] Vaughn S, Bos C S, Schumm J S. *Teaching students who are exceptional, diverse and at risk in the general education classroom*[M]. New Jersey: Pearson, 2011. 121–142.

[4] Kreimeyer K H, Crooke P, Drye C, et al. Academic and social benefits of a co-enrollment model of inclusive education for deaf and hard-of-hearing children[J]. *Journal of Deaf Studies and Deaf Education*, 2000, 5(2): 174–185.

内容)、通用设计课程（Universal Design for Curriculum，即从教育的物理环境、课程、教学等方面为普通学生设计教育服务），以及对残疾学生的需要等方面做了大量的研究，探讨如何通过课程和教学的调整提高残疾学生的学业成就。同时，为了更好地评估残疾学生的学业成就，人们在残疾人考试便利方面进行了有益探索（详见 P242）。

（二）从学业成就和对残疾的接纳度评估普通学生

对于考察融合教育学校普通学生的发展，多年来研究者重点考察的内容围绕两个方面展开。

1. 学业成就

对于接纳了残疾儿童的班级，教师、家长以及研究者最关心的问题是：普通学生的学业成就发展会不会受到影响？因为教师要花更多的时间照顾残疾儿童，结果造成教师无法投入足够的精力教导普通儿童。但从目前国内外研究成果看，几乎没有研究显示普通学生的学业受到负面影响。例如斯托布（Staub）和佩克（Peck）在分析了多项研究成果后提出，融合教育学校中的普通学生，其学业能力未见任何发展缓慢现象[1]。肯普（Kemp）考察了融合教育环境中普通儿童的学业发展水平，发现他们的语言、认知、逻辑思维等能力的发展，不仅未受到特殊儿童的影响，而且与没有招收特殊儿童学校中的学生相比，他们的发展也没落后，甚至在有些标准化测验中得分还更高[2]。

---

[1] Staub D, Peck C A. What are the outcomes for nondisabled students?[J]. *Educational Leadership*, 1994, 52(4): 36–40.

[2] Kemp C. Investigating the transition of young children with intellectual disabilities to mainstream classes: An Australian perspective[J]. *International Journal of Disability, Development and Education*, 2003, 50(4): 403–433.

2. 普通学生对残疾的理解和接纳

普通学生对残疾学生的接纳程度会直接影响残疾学生的在校生活品质。因此，普通学生是否理解人与人的差异、对残疾的接纳程度、是否能从残疾学生的角度考虑问题，成为人们的关注点。斯托布和佩克（Staub & Peck）在综述中提道：各项研究结果表明，普通学生在与残疾学生的接触中，变得更接纳人与人的差异，自我意识增强了，而且能够和残疾学生建立友好的同伴关系[①]。肯普的研究结果说明，融合教育学校的普通学生，不会因为特殊儿童的残疾而排斥他们，普通学生不喜欢的人是那些有攻击性的学生[②]。哈珀（Harper）与其同事考察了普通学生与残疾学生之间的交往，以及普通学生彼此之间的交往，结果发现普通学生与残疾学生交往的形式和内容跟普通学生之间的交往的确有所不同，但是，在交往时间方面却无差异，这从另一个侧面反映出普通学生能够接纳残疾学生[③]。黑尔姆施泰特（Helmstetter）等人还曾对在美国华盛顿州中所有融合教育中学进行调查，也发现普通学生更具有尊重他人、尊重残疾人、尊重多样化的品质[④]。

---

① Staub D, Peck C A. What are the outcomes for nondisabled students?[J] *Educational Leadership*, 1994, 52(4): 36–40.
② Kemp C. Investigating the transition of young children with intellectual disabilities to mainstream classes: An Australian perspective[J]. *International Journal of Disability, Development and Education*, 2003, 50(4): 403–433.
③ Harper L V, McCluskey K S. Teacher - child and child - child interactions in inclusive preschool settings: Adults inhibit peer interactions[J]. *Journal of Research in Childhood Education*, 2003, (2): 163–18.
④ Helmstetter E, Peck C A. Giangreco M F. Outcomes of interactions with peers moderate or severe disabilities: A statewide survey of high school students[J]. *The Journal of the Association for Persons with Severe Handicaps*, 1994, 19(4): 263–276.

需要再次强调的是，对残疾学生和普通学生进行评估，其内容并不限定于上文介绍的几个方面。但上述评估内容，应成为评估融合教育学校学生发展的重点考察事项。

（三）为残疾学生提供考试便利

考试便利指的是根据残疾学生的特殊情况，对考试时间、考试环境、试题的呈现形式、答卷方式、评分方式等进行相应调整，使残疾学生能够和普通学生一样，平等地参加考试[①]。2017年，教育部、中国残联正式颁布了《残疾人参加普通高等学校招生全国统一考试管理规定》（以下简称《规定》），明确规定了视力障碍、听力障碍人士，以及肢体运动不便人士参加普通高考时应享有的考试便利条件。这一文件有效保障了残疾人参加普通高考的权利，同时也为各地融合教育学校残疾学生参加各级各类考试提供了参考样板。随着融合教育的发展，越来越多的残疾学生将和普通学生一起参加考试，人们对考试便利的研究也将持续进行。各招生考试机构应在保证考试安全和考场秩序的前提下，根据残疾考生的残疾情况和需要以及各地实际情况，从考场环境、考试时间、试题呈现方式、答题方式、评分等方面分别提供一种或几种必要条件和合理便利。

1. 考场环境调整

（1）在和普通学生同一考场中，设置特殊的隔离式考位。

（2）单独设置考试空间，减少视觉和听觉干扰。

（3）为残疾学生提供特殊装置或允许残疾学生携带特殊装置，包

[①] 田霖，韦小满. 我国残疾人参加普通高考的问题与对策[J]. 中国特殊教育，2015，（11）：3-8.

括：台灯、光学放大镜、电子助视器、助听器、人工耳蜗、助行器、轮椅、特殊桌椅、语音播报设备等。

（4）允许考生在独立空间里发出声音。

（5）在特批情况下，允许学生在家、在医院等地考试。

（6）优先进入考点、考场。

（7）配备考试辅助人员、手语翻译等。

（8）采用语音设备，以及盲文或文字标识设置环境提示。

（9）考试过程全程录音、录像并建档备查。

（10）残疾学生在考试期间可以服用经医疗部门允许的药品。

2. 考试时间调整

（1）允许考试时间延长，例如《规定》提出：使用盲文试卷的视力障碍考生的考试时间，在该科目规定考试总时长的基础上延长50%；使用大字号试卷或普通试卷的视力障碍考生、因脑瘫或其他疾病引起的上肢无法正常书写或无上肢考生等书写特别困难考生的考试时间，在该科目规定考试总时长的基础上延长30%。

（2）允许考生在考试中休息次数多一些。

（3）在确保考生不知道任何试题信息的前提下，将考试分成几个更短的时段。

（4）根据《规定》，其他考生进行外语听力考试期间，外语听力免考的残疾考生不得翻看试卷和作答。听力考试结束后，方可答题。

3. 试题呈现方式的调整

（1）为全盲生提供现行盲文试卷，为低视力学生或其他有视力障碍问题的学生提供大字号试卷。

（2）用语音播报题目，可以使用人工播报或录音播报。

（3）使用计算机呈现试题，根据学生需求配备适合的鼠标和键盘。

（4）学生如果有需求，教师将题目翻译成手语。

（5）采用固定试卷装置。

（6）每页试卷上题目数量少一些。

（7）题目之间留出更大的空白。

（8）通过语音或字体变化等形式，标注出题目的关键词。

4. 答题方式的调整

（1）视力障碍考生可以使用盲文笔、盲文手写板、盲文作图工具、无存储功能的盲文打字机等答题。

（2）提供电脑输入的答题方式，电脑鼠标和键盘适合学生使用。

（3）学生通过口语、手语、沟通板等方式答题，再由考试辅助人员如实转写答案。

（4）必要时监考教师为学生翻页。

（5）学生使用手语答题，由考试辅助人员如实转写答案。

（6）有特殊需要的残疾考生可以自带特殊桌椅参加考试。

（7）听力残疾学生可免考外语听力。

5. 评分的调整

（1）《规定》提出：经申请批准后免除外语听力考试残疾考生的外语科成绩，按"笔试成绩×外语科总分值/笔试部分总分值"计算。外语听力免考的残疾考生，听力考试部分作答无效。

（2）对于确实有书写障碍的学生，如果答题内容正确，但是有字词错误，仍可以酌情给分。

二、过程导向融合教育质量评估：重视学校提供的服务

与结果导向融合教育质量评估相比，国内外学者对过程导向融合教育质量评估的研究更为丰富。

（一）国外的相关研究

洛勒曼（Loreman）梳理了 2001—2012 年之间发表的 5204 份研究报告[①]，提出影响融合教育质量的投入因素主要包括：1. 政策——好的政策是开展融合教育的基础，正确解读融合教育相关政策有利于减少融合教育实践过程中产生的障碍；2. 教职工专业发展——教职工的专业水平影响融合教育的质量，教师经常觉得自己的教学水平不足以开展融合教育，因此是否开展教师在职教育非常重要；3. 资源和经费支持——和普通学生相比，残疾学生通常要获得更多的经费用来支付各种治疗费用，但这并不意味着花钱多就能提高教育质量，重点要看这些经费是否得到有效利用；4. 领导力——各个层级的有效领导是实施有质量的融合教育的基础因素，其中学校层次的领导尤为重要，它直接影响融合教育学校的办学水平；5. 课程——如果未开展课程调整使其适合所有学生的学习，那么残疾学生将无法从中受益，课程调整意味着教学内容的多样化、教师要采取差异化教学策略。

除此外，洛勒曼还认为影响融合教育质量的过程要素包括：1. 氛围——大至一个省，小至学校是否接纳学生的差异、是否尊重每个学生，尤其是教师对残疾学生以及融合教育的态度，影响教育实践的效果；2. 学校实践——学校的各项工作都会影响融合教育的质量，从课程表安排到组建不同的学生小组、学生交流等，都应该考虑不同学生的需求，因为融合教育一定是在学校开展各项工作中得以实施的；3. 班级实践——班级实践也会受到学校实践的影响，但它更强调教师能否采取灵活有效的教育教学策略；4. 合作和责任分担——学校是否具有合作能力，包括教职员之间的合作、教师和其他团队的合作、学校与

[①] Loreman T. Measuring inclusive education outcomes in Alberta, Canada[J]. *International Journal of Inclusive Education*, 2014, 18(5): 459−483.

社区的合作等，合作双方能否共同承担责任是融合教育学校机制的重要特征；5. 为个别学生提供支持——学校根据学生的需求提供校内外服务，使教师和各类专业治疗师、咨询师以及其他专业人员有效协作。

除了学者的研究以外，一些教育机构也提出自己的研究结论，例如：美国国家教育重建和全纳中心所做的一项全国调查报告中，提到促进学生发展的学校因素包括有远见的领导、普通教师和特殊教师合作、重新调整评估的目的、为教师和学生提供支持、学生和父母的有效参与[1]。

欧洲特殊需要教育发展中心提出，影响融合教育质量的关键要素包括学校的氛围和精神、领导风格、教师彼此请教的态度、聆听学习者的声音、从内部先建构支持机制再向外寻求支持[2]。

新西兰明确制定了融合教育学校考察指标[3]。新西兰绝大部分残疾学生在融合环境中就读，他们将残疾学生称为"有高需要的"（High Needs）学生。从考察指标中（见表 10-1），可以看到他们很重视残疾学生在参与学校生活的每个过程中是否得到适切的教育服务，以及学校是否为不同民族、不同家庭背景的残疾学生提供合适的支持。

---

[1] National Center on Educational Restructuringand Inclusion. *National study of inclusive education*[M]. NewYork: NCERI.1994. 8–12, 26.

[2] European Agency for Development in Special Needs Education. European Agency for Development in Special Needs Education Special Needs Education. Country Data 2012 [EB/OL]. https://www.european-agency.org/, 2014–10–21.

[3] Education Review Office. Including Students with High Needs[EB/OL]. http://www.ero.govt.nz/National-Reports/Including-Students-with-High-Needs-June-2010/Appendix-3-Evaluation Indicators, 2014–9–25.

表 10–1　新西兰融合教育学校考察指标

领域	指标
入学	
招生和引入	• 学校欢迎有高需要的学生。 • 学校准备好进行适当调整以支持有高需要的学生（比如不会建议家长让学生最好去其他地方）。 • 学校引入的步骤有序，欢迎有高需要的学生和家庭。在整个学年中，学校能很好地开展引入学生的工作。
鉴定学生需要和能力强项	• 学校具有高效的工作流程，能鉴定出有高需要的学生的教育需求。 • 学校能从学生的视角考虑学生如何融入学校和学习。 • 学校采用有效和可靠的方式，鉴定有高需要的学生的兴趣和强项，从而充分支持他们学习和发展。 • 学校有恰当的工作流程，鉴定出有身体、感觉、神经、心理、行为或智力方面有缺陷的学生的需要。 • 学校教职员理解他们的角色是让自己适应学生的需要，而不是让学生来适应学校。
参与	
和家庭的联系	• 学校尊重家长，尊重他们对自己孩子学习、发展和成绩的看法。 • 重视在家庭和学校之间建立一种建构性的伙伴关系，支持有高需要的学生渐进地融入学校。 • 学校主动和家庭建立积极关系（比如定期的家/校联系）。 • 给家庭反馈时要祝贺学生取得的成功，而不是只谈论负面或失败的感觉。 • 让家长参与 IEP 制订过程，定期给他们提供学生进步情况以及学生如何能在家完成学校学习任务的信息。
协调应提供的服务和支持	• 学校协调各方面的服务或人员以支持学生。 • 学校高度重视为有高需要的学生提供的专业服务和支持的协调及监督工作。 • 特殊教育需要协调员为教师和教师助手提供支持和指导。 • 特殊教育需要协调员监控有高需要的学生的进步情况。 • 教师们分享他们对学生的需要、兴趣等的了解情况。 • 如果没有教师助手，也能确保所有有高需要的学生能够上学。

续表

领域	指标
学校文化	• 董事会和校长在他们的评议、政策、工作流程、资源提供和计划制订中强调文化的重要性。 • 校长表率，重视满足所有学生的多样化需要。 • 全校都强调要满足所有学生，包括有高需要的学生的需要。 • 委员会提供合适的资源用以支持融合。 • 教师和学生对有高需要的学生持积极态度。 • 对普通学生进行引导，让他们学会训练、支持有高需要的学生。 • 学校不只是看到有高需要的学生的残疾，也认为他们是有能力取得成绩、有能力对学校做出贡献、具有优点的学生。 • 学校没有霸凌现象。 • 学校改变了物理环境以满足有高需要的学生的学习需求。 • 学校对有高需要的学生取得的成功表示庆贺。 • 教师能开放地和其他教师分享教学的成功和挑战。 • 委员会为有高需要的学生制订了合适的行为管理计划。
同伴关系	• 支持有高需要的学生和其他学生建立同伴关系。 • 有高需要的学生具有社会发展方面的支持。 • 有高需要的学生能和普通学生建立友谊。 • 有高需要的学生在校内和校外都能参与社会活动。
班级教学	• 有高需要的学生尽可能和同伴一起在普通班级上课。 • 学习项目符合 IEP 或其他学习计划提出的目标。 • 有高需要的学生能获得好的学习体验，而不只是"紧张"。 • 教师根据学生需要制订不同的教学方案。 • 课程支持有高需要的学生参与和互动。 • 有高需要的学生和其他学生一起合作学习。 • 有高需要的学生和其他学生及教师都有交流。 • 教师助手支持教师接纳有高需要的学生。 • 课堂教学强调多样化的重要性。
参与课外课程	• 有高需要的学生和普通学生在学校一起参与体育和文化活动。 • 有高需要的学生参与课外体育活动和其他学习活动。
学习支持	• 学校拥有高质量的环境和教育资源支持有高需要的学生。 • 学校对给予学生的学习支持质量和效果进行监控。 • 学习支持符合 IEP 计划，为学生制订了合适的学习和发展目标。

续表

领域	指标
教师专业发展和支持	● 教师获得高质量的专业支持以了解和支持有高需要的学生。 ● 教师能够获得专业发展和支持。 ● 教师和教师助手的专业发展能够帮助他们更好地开展教学。
考虑文化差异	● 学校能考虑有高需要的少数民族学生及其家庭的文化背景并做出回应。
成就		
高需要学生的成就	● 对所有学生保持高期望。 ● 有高需要的学生的成就能反映出他们获得了深刻和有意义的学习经验。 ● 有高需要的学生获得 IEP 目标期望的进步以及其他学业、智力、行为、交流、社会或生理方面的发展。 ● 有高需要的学生获得不同方面的成就,包括学业、领导、运动和文化等。
普通学生的利益	● 普通学生对班级里有高需要的孩子表现出耐心、热情、友好的态度。 ● 家长以及学校其他人认同普通孩子和有高需要的孩子在一起能有收获。

(二)国内的相关研究

1996 年到 2000 年期间,联合国儿童基金会和我国教育部开展了"贫困地区基础教育和早期儿童关爱"项目,其中将"爱生学校"建设作为重点工程[①]。这个项目虽然并不是针对残疾儿童设立,但是它所倡导的理念以及建设目标,恰好与融合学校一致,即教育应当以所有学生的发展利益为基础、以提高所有学生发展水平为目标。从某种程度上来说,它也是我国当时探索融合学校教育质量的一个先验项目。通过实践,参与项目的普通教育、特殊教育学者,普通中小学教师、家长,共同提出了衡量学校融合教育质量的基本指标体系。这一

---

① 注:内容选自教育部师范教育司内部资料——"爱生学校"的理论与实践。
相关资料由当时参与爱生学校创建的彭霞光老师提供,这一指标此前未在出版物上发表。

指标分为五个维度，具体如下表。

表 10-2　中国融合教育学校质量指标

维度	指标
管理与组织	1. 学校制订的发展规划及政策体现面向全体儿童的理念。 2. 学校设有专人负责协调特殊需要儿童教育事宜，直接对校长负责。 3. 校长将特殊需要儿童教育相关事宜纳入学校整体工作，并定期召开研究和协调会。 4. 学校建立了处理特殊需要儿童教育的各种支援及应急制度与措施。 5. 校内气氛融洽，互相支持与协助。 6. 学校协助所有新入职的员工融入校园。 7. 学校对从事特殊需要学生教学的教师建立了支持应援机制。 8. 学校尽量改善校舍条件与环境，方便所有人使用。 9. 学校公平分配资源，以支持融合教育校园的建设。 10. 学校入学招生政策不歧视、不拒收服务半径内适龄残疾儿童入学。 11. 学校举办的活动有助于教职员工照顾学生的个别差异。 12. 学校重视与家庭和社区的联系。
教师与教学	1. 教职员工设法消除特殊需要学生在学习及参与上的障碍。 2. 学校重视特殊需要学生参与各类教学小组学习。 3. 教师能够促进班级特殊需要儿童和普通儿童融合。 4. 所有学生均能参与课堂学习。 5. 教师们一起制订、实施与检讨教学计划。 6. 教师定期参加小组教学研讨及培训活动。 7. 教师在备课及教学过程中照顾学生差异。 8. 教师能够就特殊需要学生情况来调整课程内容。 9. 教师不单纯以分数衡量学生，能比较全面地评估学生的进步。 10. 教职员工发展资源，以支援学生的学习和参与。 11. 课堂教学能切合学生的个别差异。 12. 教师关注为所有学生提供学习支援和参与机会。 13. 教学助理关注为所有学生提供学习支援和参与机会。 14. 学生积极投入学习。 15. 学校采取多种评估方式提升所有学生的表现。 16. 所有学生均参与课外活动。 17. 有符合特殊需要学生情况的个别教育计划。

续表

维度	指标
校园环境和条件	1. 所有学生都感受到被尊重及重视。 2. 校方为新生协调各种支援措施。 3. 学校有辅助及支持与配合课程发展及学习的相关政策。 4. 欺凌行为已减少。 5. 停课处分的压力已减少。 6. 课堂教学与组织基于互相尊重。 7. 各种妨碍学生上学的因素已减少。 8. 学校建有致力减少歧视成分的措施。 9. 校方帮助新入学的学生适应学校环境。 10. 教职员工与家长建立伙伴关系。 11. 让所有学生均能参与学习。 12. 教职员工和学生之间互相尊重。 13. 学生互相帮助。 14. 教师对残疾学生有爱心、耐心并有适度期望。 15. 学校有安全、整洁、文明的校园。 16. 学生在校内、外均不使用歧视性语言。 17. 特殊需要学生有适合其需要的教材、材料、学具及特殊辅助设备等。 18. 校园周围 250 米内没有干扰性设施。 19. 学校每一个人都能方便使用干净卫生的男/女厕所。 20. 有 5 人以上残疾儿童的学校建立特殊教育资源教室。
学生表现	1. 学生热爱国家,拥护共产党。 2. 积极向上,思想进步。 3. 学生积极努力学习。 4. 所有学生的学业成绩都有进步。 5. 学生的多元智能得以发展。 6. 学生积极参与学校的活动。 7. 学生已掌握各种学习技巧。 8. 特殊学生基本无旷课情况。 9. 所有学生都感到学校生活很愉快。 10. 特殊需要学生的社会适应能力有明显提高或改善。

续表

维度	指标
学校与社区家庭	1. 学校定期与家长保持联系，并定期开展活动。 2. 特殊需要儿童家长参与个别化教育计划的制订和评估。 3. 家长配合学校促进特殊需要儿童发展。 4. 学校得到社区（乡/镇、村等）支持。 5. 学校倡导、组织师生参加或协助社区开展各种活动。 6. 学校得到医疗卫生、民政、残联等部门的配合支持。 7. 学校积极协调社区帮助适龄的特殊需要儿童入学。 8. 积极争取地区教研员（或巡回教师）、教科所等的支持。 9. 积极争取本地区特殊教育学校的支持。

除了学者的研究探索外，实践者也开始重视融合学校的质量问题。早在2004年，《现代特殊教育》在其11月份的刊物中，发表了一系列有关随班就读实践工作的文章，其中张咏梅[1]、王尚裕和徐咏鸿[2]、高喜刚[3]的文章，直接或间接讨论了评估学校教育质量的要素，归结起来有四个：一是随班就读管理，包括制定制度、组建领导团队；二是资源教室或特殊教育中心建设，使其发挥支持和引导随班就读工作的功能；三是开展随班就读师资培训工作；四是提供经费支持。

2009年，中央政府门户网上发表了我国随班就读支持保障体系建设的说明[4]，其中与融合教育学校教育质量有关的内容包括：1. 师资要求——有随班就读学生的学校，要安排责任心强、业务水平高且具有爱心的教师担任班主任和指导教师；2. 规章制度——建立健全学校

---

[1] 张咏梅. 构建支持系统推动随班就读工作持续发展[J]. 现代特殊教育，2004，(11)：5-7.
[2] 王尚裕，徐咏鸿. 努力让每个残疾孩子都上学[J]. 现代特殊教育，2004，(11)：7-8.
[3] 高喜刚. 强化校内随班就读管理，提高随读生的学习质量[J]. 现代特殊教育，2004，(11)：9-10.
[4] 中国残联. 我国正在建设的随班就读支持保障机制内容是什么？[EB/OL]. http://www.gov.cn/fwxx/cjr/content_1307178.htm，2014-9-25.

随班就读工作的规章制度和档案管理，为每一个随班就读学生建立完整的个别化教育档案；3. 管理教学——对随班就读的教学管理和教学进行研究，不断提高随班就读教育教学质量；4. 建设资源教室——在随班就读学生较多的学校建立资源教室，资源教室要配置一定数量的教具、学具和图书资料，条件允许的学校需添置相关的康复设备。资源教室要配备专职或兼职辅导教师；5. 教师培训——加强对随班就读学校干部和教师的业务培训，为他们提供资料，开展咨询、进行业务指导。除此以外，该文件还强调发挥特教学校的骨干作用，强调特教学校要对有随班就读学生的普通学校进行业务指导和组织师资培训，特教学校各类功能教室和设备要资源共享，成为对周边普通学校随班就读学生进行教育和训练的资源中心，特殊教育学校安排巡回指导教师配合做好普通学校随班就读的业务指导工作。

2020年教育部发布了《关于加强残疾儿童少年义务教育阶段随班就读工作的指导意见》，整个文件的结构框架，都可以视为评估融合教育学校教育质量的指南。根据文件政策，对融合教育学校教育质量评估时，可以从如下方面考察：1. 健全科学评估认定机制，考察学校对残疾学生是否进行规范评估、合理安置；2. 健全就近就便安置制度，考察学校是否接纳残疾学生入学，同时防止学生无故辍学；3. 完善随班就读资源支持体系，主要考察资源教室发挥的功能；4. 落实教育教学特殊关爱，强调学校是否创设友好接纳的氛围、是否为残疾学生进行教学调整、是否重视培养学生的劳动技能等；5. 教师发展，即学校如何提升普通教师的特殊教育专业能力、是否奖励随班就读教师；6. 组织管理，强调学校是否为学生提供"一人一案"管理，重视家校共育。

我国香港地区早已经通过指标体系评估融合教育学校质量。香港采取"全校推进"模式，对所有普通中小学进行改革。在这一模式中，所有普通学校也可以被视为融合教育学校。因此,香港地区没有专门提出"学校融合教育质量"考察标准,而是将融合教育质量的评估纳入整体教育评估中。香港教育行政部门主要根据《香港学校表现指标2008》[1]评估学校教育教学质量。这份文件内容由政府部门制定,但是学校可以弹性使用这份文件,即可以参照各项指标来改革学校、提高教育教学质量,也可以根据自己的实际发展情况,提出更明确的发展目标。政府组建的考察小组重点考察学校是否达到自己提出的办学目标。

香港特别强调学校要关注所有学生的学习效果和参与程度,强调教育的效能,它把学校的考察指标分为四个范畴。

第一,学生表现范畴:学生表现是学校需要关注的核心内容,学校要考察学生在"态度与行为"以及"参与和成就"两个方面的表现;学生的表现即为学校教育的主要成果,通过学生的表现可以评估学校的工作成效。

第二,学与教范畴:课程与评估非常重要,学校要根据学生的需要发展校本课程,同时要配合课程目标制定评估政策,进而提升学与教的成效。教师应该以生为本,制订清晰的教学目标,运用合适的教学策略和资源,照顾不同学生的需要。

第三,校风及学生支持范畴:学校要创建良好校风,执行全校参与策略,让学生彼此接纳,各展所长,帮助有特殊需要的学生融入校园生活。学校要和家庭以及社会形成良好合作关系。

第四,管理与组织范畴:优质学校基于"专业领导"和"学校管理"两个因素,进而促进其他三个范畴的工作。学校各层领导各司其

---

[1] 香港教育局. 表现指标及自评工具[EB/OL]. http://www.edb.gov.hk/sc/sch-admin/sch-quality-assurance/performance-indicators/index.html, 2014-9-25.

责，有共同的发展愿景，并有明确的发展方向；学校设置有效的措施支持教师获得专业成长，并建立了质量保障机制对学校工作进行监督和评估。

在四个范畴下，又各自分为若干评估项。每一项的评估结果，最后都要分成四个层次（见表10-3）。

表10-3 香港学校表现指标的四个层次及评估准则

表现层次	评估准则
优异	学校在有关方面表现经常以优点为主，能达到预期目标，成效显著，并可作为成功经验推介。
良好	学校在有关方面表现优点多于缺点，并向着预期目标发展，成效理想。
尚可	学校在有关方面表现优点及缺点参半，学校朝向预期的目标发展，工作渐见成效。
欠佳	学校在有关方面表现以缺点为主，成效未如理想，未能达到预期目标，须即时做出改善。

从国内外已有研究发现来看，评估融合教育学校提供的教育服务时，重点考察的内容可以归结为如下方面：1. 接纳氛围，即学校师生对残疾学生持接纳态度；2. 管理机制，即领导重视融合教育、学校制定相关制度和工作计划、学校设置专人管理，以及设有资源教室工作流程；3. 教师发展，即教师每年或每学期获得专业培训、外出参观、参加科研的机会，以及教师获得专家支持、教师津贴等；4. 专业支持，即学校是否有资源教室和资源教师，学校是否为残疾学生购买特殊设备和资料、打造无障碍环境，是否能够获得专业机构支持；5. 教育教学支持，即为残疾学生制订IEP，开设个别辅导课、为残疾学生特别设计教案、开展教学调整等。6. 家校合作，即学校和家长定期联系、制定家长参与学校工作的制度。但总体而言，我国目前只有少部分地

区以督导或评选方式，开展了融合学校教育质量的评估，与一些发达国家和地区相比，我国对融合教育质量的研究仍处于初步探索阶段，有关融合学校教育质量的评估内容、评估标准、评估方式、评估应用等，仍需要广大决策者、研究者以及实践者共同努力，拟定多样化评估方案，提升融合教育的整体质量。

第十一章　特殊教育学校在融合教育中的作用

特殊教育学校，即集中为残疾儿童提供教育服务的专门场所，是特殊教育发展早期主要的安置方式，在一定时期为残疾儿童入学率的提升发挥了不可替代的作用。近代世界特殊教育在聋校、盲校以及培智学校的建立、发展和推动下才得以成为一个独立的研究和实践领域。无疑，特殊教育学校的地位不容忽视。但是，近数十年来，融合教育已经成为一种世界潮流，不断深入开展，并进一步改变着我国的特殊教育安置格局，甚至重构着整个基础教育体系。2017年新修订的《残疾人教育条例》中明确提出，"残疾人教育应当提高教育质量，积极推进融合教育，根据残疾人的残疾类别和接受能力，采取普通教育方式或者特殊教育方式，优先采取普通教育方式"，这意味着普通学校是所有残疾儿童首选的安置场所，随班就读是我国特殊教育的主体安置方式。在此背景下，特殊教育学校无疑面临着生源减少、学生残疾程度加重等与学校生存直接相关的困境。为此，特殊教育学校必须进行改革和转型，突破长久以来封闭办学的现状，以融合教育为契机，利用自身丰富、专业的特殊教育资源，继续为普通学校及其教师、为随班就读的残疾学生提供专业支持和指导，成为融合教育支持保障体系中的重要组成部分，在我国特殊教育发展中发挥应有的骨干作用,与普通学校共同服务于随班就读残疾学生的成长和发展。

《残疾人教育条例》(2017)中指出:"县级以上地方人民政府教育行政部门应当统筹安排支持特殊教育学校建立特殊教育资源中心,在一定区域内提供特殊教育指导和支持服务。"这就从政策法规的高度为特殊教育学校的转型发展提供了要求、方向和契机,也规定了特殊教育学校在融合教育中的核心职能——指导和支持。当前,我国大部分地区均依托特殊教育学校建立了特殊教育资源中心,特殊教育学校逐步在推进区域融合教育深入开展的过程中扮演着重要的作用。本部分即对当前我国随班就读背景下特殊教育学校应当扮演的角色和所处的地位,以及发挥的主要职能进行分析和论述,从而进一步明确我国特殊教育学校转型发展和融合教育支持保障体系建设的相关问题。由于我国当前的区县级特殊教育资源中心大多均依托特殊教育学校建立,因此本章论述的特殊教育学校的地位、角色、职能等,即为当前我国特殊教育资源中心的地位、角色、职能,二者仅为称呼上的不同。

一、特殊教育学校的地位和角色

特殊教育学校是区域特殊教育发展的中坚力量,是特殊教育专业资源最集中的地方,这些资源包括特殊教育专业人员、专业场所以及各类专业设施、设备,这无疑能够为周围普通学校开展随班就读工作提供有力的专业支持。整体来看,特殊教育学校在融合教育推进工作中扮演着服务者、合作者、资源协调者等角色。

(一)特殊教育学校是融合教育的服务者

由于客观条件的限制,当前我国随班就读支持保障体系建设还不够完善,普通学校缺乏特殊教育专业人才,资源教师队伍专业性和稳定性较低，普通教师缺乏必要的特殊教育专业素养，在开展随班就读工作的过程中面临着专业资源不足、教学质量不高等困境。因此，专业服务和专业支持，无疑是特殊教育学校首先需要向融合教育学校提供的支持和保障。特殊教育学校需要扮演好融合教育服务者的角色，这是特殊教育学校成功转型、实现可持续发展的关键。特殊教育学校作为"服务者"和"支持者"，不断提升自身的专业水平，推动区域内融合教育的规范开展，提升普通学校残疾学生的受教育质量。特殊教育学校为融合教育学校提供的服务从内容、形式及对象上均没有固定的要求和限制，应当是广泛而开放的。服务的形式可以包括巡回指导、专业培训、专业咨询、教学研讨、担任教学助手等；服务内容可以包括开展专业评估、进行个案分析、指导 IEP 制订、开展康复训练、进行行为干预等，服务对象既包括普通学校的教师、管理人员，也可以是在普通学校就读的残疾学生及其家长。同时，特殊教育学校提供的服务不是一成不变的，更应该在服务的过程中根据融合教育学校和残疾学生的需求不断调整、更新和完善，因此，特殊教育学校扮演的"服务者"是一个动态、开放的角色。

（二）特殊教育学校是普通学校的合作者

融合教育的背景下，普通教育和特殊教育早已不是二元对立的关系，除了为融合教育学校提供专业支持和专业服务之外，特殊教育学校更是融合教育学校的合作者，与后者一同承担着教育随班就读残疾学生的责任。普通学校负责提供良好的融合教育学校氛围、包容宽松的教室环境、接纳友善的伙伴、弹性的课程设计、灵活的评估方式等，让残疾学生最大限度地接受普通教育，融入普通环境，为最终融入主流社会打好基础。虽然融合教育主张将残疾学生接受教育的地点设置为普通学校，但并不一定意味着普通学校负有教育残疾学生的全部责任，尤其在当前我国随班就读支持保障体系仍不健全、普通学校特殊教育资源欠缺的背景下，更需要特殊教育学校发挥自身的专业优势，与普通学校通力合作，共同服务于残疾学生的成长和发展。特殊教育学校教师应当以"合作者"的角色为普通学校的教师提供支持和服务，也以"合作者"的身份与普通学校教师一起参与特殊儿童的评估与教学，共同解决特殊儿童随班就读过程中的各种难题，开展随班就读的研究工作。特殊教育学校教师可以作为资源教师到普通学校为随班就读残疾儿童提供专业训练，也可以协助随班就读教师开展有关特殊教育评估、个别化教育计划制订、分层课程设计、教学方法研讨等活动，也可以作为随班就读辅导教师，直接进入融合教育课堂，与普通教师开展合作教学。

（三）特殊教育学校是融合教育各方关系的协调者/各方资源的整合者

融合教育的成功实施是一个系统工程，不仅需要普通学校这一教育主体的变革和努力，还需要特殊教育学校的专业服务和支持，而特殊教育学校在提供专业服务和支持的时候更需要整合包括医疗、残联、社区、康复机构等其他专业资源，以帮助残疾学生获得最科学、最有效的教育和干预服务。无疑，整合融合教育开展所需的各方资源，并协调各方关系的任务则需要区域特殊教育资源中心，即特殊教育学校来承担。在对残疾学生开展评估时，特殊教育学校需要联络各类专业人员、学生家长、科任教师、资源教师、教育行政人员等，组建评估团队，组织收集评估材料，向特殊儿童家长及随班就读教师提供评估结果、教学及评估建议，为特殊儿童的随班就读提供有效支持；在制订个别化教育计划时，特殊教育教师同样需要组建跨专业的专业团队，筹划并组织开展个别化教育计划会议；在教育教学中，特殊教育学校需联系课程与教学、特殊教育学、心理学等领域的专家,组织开展巡回指导,为残疾学生课程调整、实施、评价、课堂管理等提供科学建议;此外,必要时特殊教育学校还需要出面协调家长和普通学校教师之间出现的有关安置决策、教学实施、学生进步评估、活动安排等方面的矛盾,促进普通学校教师与其他特殊教育相关人员的沟通与交流,使各方融合教育的参与者顺畅、有序地开展工作,从而形成促进融合教育深入开展、提升残疾学生受教育质量的合力。

(四)特殊教育学校是融合教育的倡导者

特殊教育学校一直以来都是特殊教育发展的名片,应当积极扮演融合教育倡导者的角色。当前,我国部分地区普通学校对于接收残疾学生的法律义务认识还不到位,对于残疾学生的接纳程度有限,依然认为教育残疾学生是特殊教育学校的职责,缺乏基本的融合教育理念,一定程度上阻碍了我国融合教育实践的推进。在此情况下,特殊教育学校从某种程度上作为特殊教育的代名词,应当依托自身在区域内的专业地位,统筹社区、残联、残疾学生家长等资源,对融合教育进行大力倡导。通过重申国际融合教育的发展背景、趋势,以及我国随班就读相关政策法规的规定、宣传和表彰在融合教育上表现突出的普通学校、展示成功融合的残疾学生风采等方式对融合教育进行大力倡导,强调融合教育开展的必然性和合理性,引导普通学校转变观念,积极履行法律义务,创造条件招收残疾学生并进行系统变革,以自身努力不断践行融合教育理念,树立开放、包容的办学理念,从而在全社会营造良好的融合教育氛围。

二、特殊教育学校的职能

基于特殊教育学校在融合教育中扮演的上述多重角色,特殊教育学校无疑需要在融合教育的开展中发挥多项实际职能，以推动融合教育规范、健康发展。《残疾人教育条例》（2017）中规定特殊教育资源中心应承担的与随班就读相关的工作包括"指导、评价区域内的随班就读工作；为区域内承担随班就读教育教学任务的教师提供培训；派出教师和相关专业服务人员支持随班就读"，在此要求的指导下，特殊教育学校在融合教育中应当发挥的具体职能如下。

（一）巡回指导

实施融合教育的最主要人员——普通学校的普通教师，一方面由于其职前缺乏融合教育相关素养的培养，另一方面由于其承担着大量的普通班级教育教学及管理工作，加上当前普通学校特殊教育专业人员配备不足，支持保障不够完善，因此普通教师在面临残疾学生相关问题和困惑的时候很难有足够的时间和精力主动、便利地获取到专业支持，导致问题不能得到及时、有效的解决，影响其从事融合教育工作的积极性和所提供服务的专业性。因此，依托特殊教育学校建立的特殊教育资源中心的首要职能，便是以固定频率或随机方式派出相关专业服务人员前往区域内的普通学校，对其融合教育工作的开展进行巡回指导，为普通学校的教师答疑解惑。巡回指导服务可以由普通学校提出申请，也可以由特殊教育学校定期或不定期主动走访，提供服务。巡回指导的内容广泛，形式多样，包括与普通学校教师一同开展案例研究、指导特殊教育资源教室的建设和运行、制订或修订残疾学生个别化教育计划、随堂听课评课、进行课程设计、协助评估筛查、分析学生的行为问题、参与随班就读工作总结、解决学校与残疾学生家长的分歧，等等，既可以由巡回指导教师与一线教师一对一进行，也可以召开相关人员的集体座谈。无论针对何种内容、以何种形式开展的巡回指导，均以解决实际问题为最终目标。特殊教育学校应制定巡回指导制度，对巡回指导的人员安排、流程、内容等进行规定，以促进巡回指导工作顺利开展。不同区县特殊教育资源中心巡回指导的流程可能存在一定的差异，下图为北京市海淀区特殊教育研究与指导中心制定的巡回指导流程图，具有较强的代表性，呈现出一个特殊学生从发现到评估，再到进行妥善安置并制订一系列教育干预计划的完整过程，而在这一过程中均需要特殊教育学校或资源中心专业人员的参与和指导。

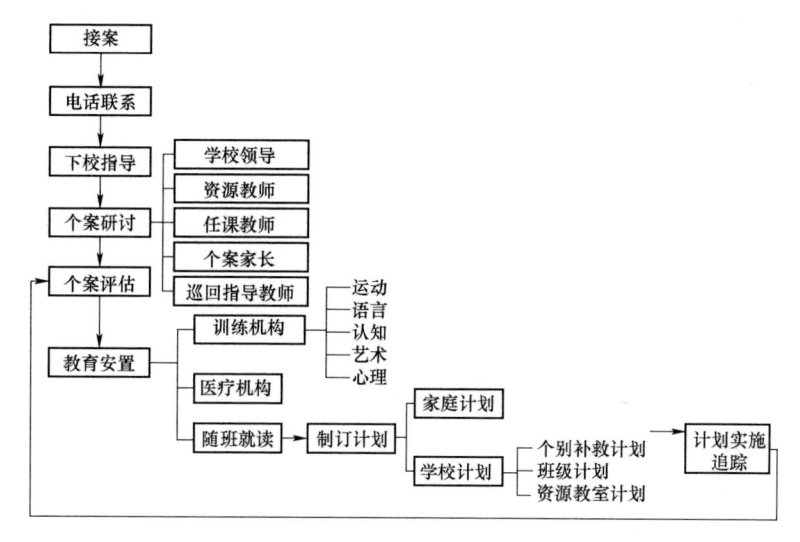

图 11-1　北京市海淀区特殊教育研究与指导中心巡回指导工作流程①

（二）专业培训

虽然我国相关法规、政策均提出了"普通师范专业开设特殊教育相关课程"的要求，但我国长期以来普通教师与特殊教育教师分开培养的体制并未得到实质改变，相关课程开设情况不够理想，大多数普通教师入职前严重缺乏特殊教育相关素养的培养和训练，对于残疾学

---

① 王红霞. 巡回指导的理论与实践[M]. 北京：华夏出版社，2017：37.

生的身心特点、融合教育相关实践等较为陌生，导致其在教育教学及管理过程中面临诸多困境。在此情况下，当前普通教师融合教育素养的培养大多需要通过职后培训来进行。特殊教育学校除了对普通教师进行巡回指导外，还承担着为区域内随班就读教师开展专业培训的职能。与巡回指导职能的灵活性相比，职后培训职能显得更加系统化、规范化，特殊教育学校需要根据当前我国随班就读实践对普通教师素养的现实需求构建培训框架和内容，同时选派实践经验丰富的骨干教师，组建专家团队，对区域内的普通教师进行系统培训，促进随班就读教师的专业成长。

除了对普通学校教师进行培训之外，特殊教育学校还承担着对随班就读残疾学生家长进行培训的职能。与普通学生相比，残疾学生家长的观念和专业素养对学生的教育效果有着更加显著的影响。残疾学生家长对于融合教育和随班就读的正确理解、对残疾孩子身心特征的科学认识、对残疾孩子的正确期望、对有效教育和干预策略的掌握，以及与普通学校通力协作的能力，这些均能够有效促进随班就读残疾学生的发展，使融合教育效果最大化，也是特殊教育学校教师对家长进行培训的主要内容和目标。

（三）资源教室（部分时间抽离的康复训练）

特殊教育资源教室，作为普通学校特殊教育资源的集中地，是学校随班就读工作开展的关键支撑，对提升残疾学生的受教育质量具有不可替代的重要作用。虽然教育部颁布的《普通学校特殊教育资源教室建设指南》中已规定"招收5人以上数量残疾学生的普通学校，一般应设立资源教室"，但由于客观条件的限制，我国当前资源教室的建设和利用效果并不理想。同时，由于专业背景、编制、岗位设置等原因，普通学校的资源教师大多为非特殊教育专业毕业的教师兼职担任,导致资源教室发挥的实际作用有限。在此背景下,特殊教育学校可以发挥自身在专业设备、专业场地以及专业人员上的优势,发挥区域内资源教室的功能,辐射周边的普通学校,为在普通学校随班就读的残疾学生提供部分时间抽离的康复训练和补救教学,以弥补普通学校支持服务的不足,帮其更好地适应普通学校的学习和生活。

(四)专业评估

从特殊学生的发现、鉴别和确认,到个别化教育计划的制订与修订,再到教育教学效果的衡量和追踪,都离不开专业评估。可以说,专业评估工作贯穿着对残疾学生提供特殊教育服务的始终,是特殊教育开展的基础性工作。欧美等特殊教育发展水平较高的国家均建立了较为完善的特殊儿童评估体系,为在各个机构接受教育的残疾学生提供专业、持续的评估服务。我国的相关工作还不够成熟,对于残疾学生除了进行必要的医疗诊断外,教育评估工作还比较薄弱,而真正能够为残疾学生教育教学提供有效建议和依据的评估应当是围绕残疾学生教育需求开展的教育评估。同时,对于残疾学生的教育评估是一个系统工程,单靠普通学校的专业力量远远不足,因此特殊教育学校发挥对特殊儿童的评估和鉴定的作用是目前我国特殊教育及融合教育发展的现实诉求。首先,特殊教育学校可以作为评估体系的中心协调员角色,联络专业人员(如医生、心理学专家、特殊教育专业人员、教师)、家长和儿童,为评估进行资料收集和准备,联系专业机构,准备评估工具,联络特殊教育学校和普通学校相关管理人员、教育行政人员等。其次,特殊教育学校可以对评估结果进行综合整理和总结,向特殊儿童及其家长告知评估结果,以此为依据为特殊儿童提供教育安置建议,为特殊儿童与学校的沟通建立桥梁。再次,特殊教育学校可以对随班就读儿童的教育效果进行监控,为其提供持续评估和规划。

（五）直接教学

除了针对普通教师开展巡回指导、专业培训等间接服务于残疾学生的支持工作外，特殊教育学校还可以根据实际需要承担部分针对残疾学生的直接教学职能。特殊教育学校可以派出教师和专业人员去普通学校担任资源教师或普通课堂的教学助手，直接对残疾学生开展专业辅导和补救教学。同时，对于发挥区域资源教室功能的特殊教育学校，教师无疑也相应承担了对残疾学生的直接教学工作，在部分抽离时间中对随班就读的残疾学生进行补救教学和专业干预，使其在普通学校的教育效果得到最大化。在此过程中，特殊教育学校及其教师的专业能力得到了最大限度的发挥，在减轻普通学校教师工作负担的同时提升了残疾学生教育服务的科学性和有效性。

（六）教育研究/研究辐射

积极开展科学研究，是促进各类教育教学改革科学、规范、健康发展的重要基础。整体而言，融合教育和随班就读是一种较为复杂的教育现象，且在我国的发展水平还不高，其运行和保障机制仍不够健全和成熟，因此还存在着很多值得研究和探讨的问题。这些问题包括：普通教师、资源教师以及巡回指导教师等各类专业人员的协同合作机制，普通学校内部进行调整和变革的内容和途径，普通学生及其家长与残疾学生及其家长的沟通协调，随班就读中的家校合作，针对残疾学生的教育教学调整及多元评估，普通学校特殊教育资源及服务的配置及利用（包括资源教室的建设和运作），个别化教育计划的制订与实施，等等，这些问题的研究和探讨都需要特殊教育学校教师发挥自身的专业优势，积极参与，在普通学校背景下与普通教师开展合作探究。首先，特殊教育学校教师可以根据自己的亲身体验和实际需要提出选题建议，以聚焦随班就读开展过程中的重点难点问题；其次，还可以以集中研讨研究方案、编制研究工具、参与实地调研和报告撰写等方式实际参与研究过程，与普通学校教师合作开展研究；最后，还可以对研究成果进行宣传、展示和推广，为更大区域内随班就读工作的开展提供借鉴和启示。

（七）转介与转衔服务

在普通学校随班就读的过程中，残疾学生可能会面临从小学到初中、从初中到职业教育或高中教育、从普通学校到特殊教育学校的转介，以及从学校到社会生活的转衔，而高质量的转介和转衔服务将有效提升残疾学生的受教育质量和生活质量。在为残疾学生提供转介和转衔服务的过程中，同样离不开特殊教育学校的参与和支持。在美国，除了个别化教育计划之外，专业团队还会为每一个残疾学生制订一份个别化转衔服务计划（Individualized Transitional Service Plan, ITSP），以帮助残疾学生顺畅地实现不同阶段的转衔，获得学业或职业、生活领域的成果。转介和转衔工作具体涉及残疾学生学习及生活情况评估、学生及家长意愿调研、各类资源的获取及协调整合、相关机构条件评估与联络，等等，在我国当前的情况下，这些工作主要由特殊教育学校来完成，同样是随班就读整体工作的一部分。

（八）督导检查

当前，各级政府对随班就读质量及特殊教育资源配置水平的重视程度越来越高，均将随班就读的开展情况作为评估其履职水平的重要指标之一。受教育行政部门委托，定期对区域内随班就读工作的开展情况进行评估、督导与检查，同样是区域特殊教育资源中心的重要职责。首先，特殊教育学校需要协调、组织各领域的专家并派出教师组成专业评估团队就随班就读督导检查工作进行部署和安排；其次，需要承担包括制定督导评估方案，研发督导评估指标，协调和联络相关事宜，开展实地调研（听课评课、随班就读管理体系和制度建设评估、相关资料审查、资源教室建设和运作情况评价、学生进步情况评估、家长满意度调研等）等各项具体的督导检查工作；最后，还需要对评估资料进行汇总和整理，撰写评估报告，总结区域随班就读工作开展的成效和存在的突出问题，进而提出针对性的改进建议，为相关政策的制定和完善提供依据。

融合教育背景下，随着特殊教育学校角色的转变以及职能的丰富，特殊教育教师的角色也相应发生了变化，逐渐从原来隔离环境中单一的教学工作中走出来，进入普通学校这一更加广阔、复杂，更需要合作、交流的环境中，其工作内容也发生了较大的转变（表 11–1）。

表 11–1 特殊教育教师从隔离到融合工作环境所经历的转变[①]

层面	隔离环境中	融合和合作环境中
工作的目的和意义	➢ 教导特殊学生 ➢ 为学生在普通班级和学校的学习，以及社区生活做准备 ➢ 重视学业技能	➢ 支持有特殊需求的学生 ➢ 提高学生在普通班级的参与度，并保证这样的参与对这位学生来说是有意义的，且可以为学生在融合的世界生活做准备 ➢ 重视学业技能、学习策略、社会能力和自尊
角色和贡献（具体工作内容）	➢ 通过 IEP 为特殊学生提供服务 ➢ 为某一类特殊学生提供服务 ➢ 独立承担教学任务 ➢ 自己做课程与教学的决策 ➢ 强调对于缺陷的补救	➢ 为所有学生提供支持和服务 ➢ 提供跨类别的特殊教育服务 ➢ 与普通教师一起教学，重视团队合作 ➢ 与普通教师合作做课程与教学的决策 ➢ 以学生的优势能力协助弱势能力，提高其在班级中的参与度，提升其成就感

① 钮文英. 拥抱个别差异的新典范——融合教育（第二版）[M]. 中国台北：心理出版社，2015：557.

续表

层面	隔离环境中	融合和合作环境中
结构、时间表和技能（如何提供服务）	➢ 在隔离的空间中工作，与普通教师没有联系 ➢ 安排抽离的时间教导特殊学生 ➢ 依照预先安排的课程进行教学 ➢ 对一组同质性高的学生提供小组或个别教学	➢ 在与普通教师共用的教室中，以教学团队的方式一起工作 ➢ 安排时间教导教室中的所有学生 ➢ 弹性地调整普通课程 ➢ 对各种不同需求的学生，提供全班、小组或个别的教学 ➢ 发展作为一位协同合作者所需的能力

三、特殊教育学校与普通学校合作中的关键问题

（一）明确各自在随班就读工作中的角色和职责

无疑，随班就读是通过普通学校与特殊教育学校合作为残疾学生提供适宜的教育安置方式，因此二者需要首先明确自身在教育和指导残疾学生中的角色和职责。一方面，普通学校是随班就读的主战场，是为残疾学生提供教育教学和指导的最重要主体。为残疾学生开展道德教育、学科教学、技能培养、习惯训练等是普通学校和普通教师义不容辞的责任，普通教师必须将残疾学生视为其教育对象的一部分，充分承担起教育和指导残疾学生的责任，而非依旧认为这是资源教师甚至特殊教育学校教师的责任。另一方面，由于我国当前随班就读支持保障体系建设还不够完善，普通学校内部特殊教育专业资源还非常有限，需要区域特殊教育学校的支持，因此特殊教育学校在随班就读工作中扮演着上述多重角色，发挥着重要的评估、指导、咨询等职能。最后，需要说明的是，普通学校和特殊教育学校在随班就读工作中的角色和职责可能因地区随班就读发展水平的不同而有所差异，同时其角色与职责也并非一成不变，二者应当根据当地支持保障体系建设的

具体情况以及随班就读学生的需求进行动态调整，以有效满足随班就读学生的发展需要。

（二）建立良好的沟通合作机制

普通学校和特殊教育学校在明确各自在随班就读工作中教育和指导残疾学生的职责后，更需要建立良好的沟通合作机制，使相关工作运转顺畅，普通教育和特殊教育服务高效衔接，以提升残疾学生在普通学校的受教育质量。当前，普通学校与特殊教育学校之间的合作主要以特殊教育学校开展的定期和不定期的巡回指导为载体展开，因此，首先需要完善巡回指导的相关制度，对巡回指导的人员、频率、时间、范围及指导内容、具体对接及负责人员、经费保障等相关问题进行全面规范。除此之外，还需要为普通学校教师获取专业支持建立畅通的渠道，除了定期的巡回指导之外，普通学校教师同样能够在需要时得到及时、有针对性的帮助。特殊教育学校与普通学校的具体合作方式既包括间接的专题研讨、个案分析，也可以包括课堂上直接的合作教学，但只有相关制度健全，长效机制顺畅，特殊教育学校与普通学校的合作才能切实有效地展开，而避免走向形式化、零散化。

（三）增进普通学校与特殊教育学校之间的了解

随班就读的开展打破了普通教育和特殊教育之间的藩篱，原本几乎没有联系的两类学校需要进行沟通和合作以有效教育和指导残疾学生。但是，在此之前，普通教育和特殊教育是两个独立运行的系统，有着独立的课程标准、教材体系及运行管理模式，二者几乎没有业务上的交集。特殊教育学校教师往往也局限在自己的工作岗位和环境中，专注于小班额班级中残疾学生的教育教学和个别化指导，对普通教育系统的课程、教材体系及运行管理模式等较为陌生，而随班就读开展的主阵地是普通学校，残疾学生需要以修习普通学校课程、教材为主，参加普通学校的考试、评估及各类活动，因此，特殊教育学校教师要想在随班就读指导工作中充分发挥作用，必须将自己置于普通教育背景内，了解普通教育的课程、教材及运行管理模式，在普通教育的大背景下思考和回应残疾学生的学习及发展需要，感受普通教师的需求和困惑，从而更好地扮演随班就读支持者的角色。同样，由于职前培养中特殊教育相关内容的缺乏，普通学校教师对于残疾学生身心发展特征、教育干预策略等的了解知之甚少，大多数教师没有接触过残疾学生，且对于特殊教育学校可提供的资源和支持缺乏足够的了解，导致其在随班就读工作中难以及时寻求并得到专业协助，自我效能感降低，影响残疾学生的教育质量。综上，随班就读工作将普通学校和特殊教育学校有机联系起来，二者首先需要增进对于对方资源、制度、运行模式等方面的了解，在此基础上建立有效的沟通合作机制，从而共同提升残疾学生受教育质量。

图书在版编目（CIP）数据

融合教育学校教学与管理 / 彭霞光等编著. --北京：华夏出版社有限公司，2023.1（2025.3 重印）
ISBN 978-7-5222-0013-2

I.①融… II.①彭… III.①学校教育－研究 IV.①G4

中国版本图书馆 CIP 数据核字（2022）第 202855 号

©华夏出版社有限公司 未经许可，不得以任何方式使用本书全部及任何部分内容，违者必究。

融合教育学校教学与管理

编　　著	彭霞光　杨希洁　冯雅静　黄汝倩　吴　扬
责任编辑	许　婷　李傲男
出版发行	华夏出版社有限公司
经　　销	新华书店
印　　装	三河市少明印务有限公司
版　　次	2023 年 1 月北京第 1 版 2025 年 3 月北京第 2 次印刷
开　　本	880×1230　1/32 开
印　　张	9
字　　数	188 千字
定　　价	49.00 元

华夏出版社有限公司　地址：北京市东直门外香河园北里 4 号
　　　　　　　　　　　邮编：100028　网址：www.hxph.com.cn
　　　　　　　　　　　电话：（010）64663331（转）
若发现本版图书有印装质量问题，请与我社营销中心联系调换。